国家社科基金重大招标项目（16ZDA153）阶段性成果
中宣部文化名家暨"四个一批"人才专项经费资助项目
云南省"万人计划"云岭学者专项经费资助项目

中国特色民族团结进步事业丛书
主编　王德强

交互与共同
新时代民族团结的伦理路向

杜帮云 / 著

社会科学文献出版社
SOCIAL SCIENCES ACADEMIC PRESS(CHINA)

中国特色民族团结进步事业智库资助项目
云南省高等学校民族团结进步理论与实践协同创新中心资助项目
云南大学"双一流"经费资助项目
国家社科基金一般项目（18BZX127）最终成果

总　序

王德强

民族是客观存在的实体，而不是"想象的共同体"。人类社会是民族的大千世界，当今世界仍有两三千个民族。民族多，国家少；多民族国家多，单一民族国家少，是当今世界的常态。如何处理统一性和多样性之间的关系，实现"尊重差异、包容多样"的国民整合，是世界性的难题。

在漫长的历史发展进程中，解决民族问题的观念和实践多以消除差异为目标，其手段不外乎武力征服、强迫同化、驱赶围困，甚至赶尽杀绝。这种手段或政策，在西方殖民主义时代形成了通则，并被推向极致，为今天世界民族问题留下了诸多的"历史遗产"。

殖民时代结束后，随着同化、熔炉政策的整体性失败，多元文化主义开始成为西方国家解决民族问题的潮流，但是好景不长，"多元文化主义已经过时"的论调接踵而来，与之相呼应，"文明冲突论"甚嚣尘上。世界许多国家似乎对多样性失去了兴致，对处理统一性和多样性之间的关系失去了耐心、穷尽了智慧。

与此形成鲜明对照的是，中国共产党始终坚持把马克思主义基本原理同中国多民族国情相结合，开辟了中国特色解决民族问题的正确道路，缔造了中国特色民族团结进步辉煌事业。实践证明：只有坚持马克思主义的立场、观点和方法才能正确处理民族问题。

新民主主义革命时期，中国共产党根据马列主义关于民族问题的理论与国家学说，结合中国民族问题的现状，明确提出了民族平等、民族团结这一马克思主义正确处理民族问题的原则。民族平等是民族团结的前提和基础，民族团结是民族平等的目标和实现形式。1922年，中共二大宣言指出：中国的反帝国主义运动要并入世界被压迫民族的民族革命浪潮中，与世界无产阶级革命运动联合起来。"世界无产阶级联合起来"的主张是中国共产党民族团结进步思想的萌芽。在第二次国内革命战争时期，中国共产党明确提出了民族平等政策，中华苏维埃第一次全国代表大会决定：凡是居住在苏维埃共和国的少数民族劳动者，在汉人占多数的区域，和汉族的劳苦人民一律平等，享有法律上的一切权利，并履行相应义务，而不加任何限制。1934年5月5日，中国共产党在《党团中央为声讨国民党南京政府告全国劳动群众书》中首次提出了民族团结的主张，指出不分党派、职业、民族、性别、信仰都团结起来，一致抗日。在长征途中，中国共产党始终团结各民族，并建立了多个少数民族地方自治政府，积累了民族团结和民族工作的宝贵经验。抗日战争全面爆发后，中国共产党提出了联合国内各种力量建立广泛的抗日民族统一战线的主张，1937年8月15日《中国共产党抗日救国十大纲领》中明确提出"抗日的民族团结"，主张全民族的联合和一致对外。在整个抗日战争时期，中国共产党都坚持民族团结、一致抗日的主张和政策。从第一次国内革命战争到第二次国内革命战争，中国共产党解决民族问题、处理民族事务的政策主张从民族"联合"走向民族"团结",并在抗日战争的历史背景下,实现了从民族"联合"到民族"团结"的根本转型。

解放战争时期,中国共产党客观分析当时的形势,把抗战时期民族团结、抗日救国的政策主张,发展为各民族团结起来,共建独立、自由、和平、统一和强盛的人民民主共和国的主张。1947年5月,针对当时一些人提出的内蒙古"独立自治"的错误倾向和分裂活动,中央明确提出建立第一个省级自治区——内蒙古自治区。新中国成立前夕,在总结新民主主义革命胜利的经验基础上,中国共产党继承和发展了马克思主义的民族团结观。《中国人民政治协商会议共同纲领》明确规定:"中华人民共和国境内各民族一律平等,实行团结互助,反对帝国主义和各民族内部的人民公敌,使中华人民共和国成为各民族友爱合作的大家庭。反对大民族主义和狭隘民族主义,禁止民族间的歧视、压迫和分裂各民族团结的行为。"这一规定丰富和深化了中国共产党关于民族团结理论与政策的内涵,并成为新中国处理民族问题的基本原则。

中华人民共和国成立后,中国共产党全面开创中国特色民族团结进步事业。创建统一的多民族国家,实行民族区域自治保障民族平等和各民族团结;在民族地区政权建设进程中把民族因素与区域因素相结合,历史与现实相结合,政治与经济相结合,因地制宜,实行民族区域自治,增强各民族的团结,维护国家统一;派出中央民族访问团,毛泽东手书"中华人民共和国各民族团结起来!"为访问团壮行,访问团累计行程8万多公里,足迹遍布除西藏以外的所有民族地区,宣传党的民族政策,消除民族隔阂,化解矛盾纠纷,促进各民族的团结。继而又开展了民族大调查、民族识别等工作,极大地丰富和深化了对多民族国情的认识,为全面实行民族区域自治和促进民族团结创造了条件,分类指导,改革少数民族地区社会经济制度。中华人民共和国成立以来终结了民族压迫、剥削、歧视的历史，全面建立了促进民族平等团结、共同繁荣发展的崭新的政治经济社会文化制度，民族团结达到了全新的水平。从新中国成立到"文化大革命"前这段时期，各民族的团结达到了空前的高度，民族工作迎来了"第一个黄金时期"。

20世纪70年代末，真理标准的大讨论和党的十一届三中全会，拉开了思想解放和改革开放的历史帷幕，重新驶入了巩固和加强我国民族团结进步事业的正确航道。1979年全国边防工作会议重申了党的民族政策，确定了新时期民族工作的主要任务："在全党、全国各族人民中间，普遍地、深入地、大张旗鼓地进行民族政策再教育，认真检查民族政策的执行情况，切实解决存在于民族关系方面的问题，消除不利于民族团结的因素。"各地在贯彻落实中央的这一精神过程中，创造性地开展了形式多样的民族团结进步宣传活动，取得良好的效果。改革开放以来，中国共产党高度重视民族团结进步事业，以邓小平为核心的第二代中央领导集体开创性地提出了"汉族离不开少数民族，少数民族也离不开汉族"的重要思想，并在党的十三届四中全会以后最终形成了中国共产党关于中国民族关系"三个离不开"的基本认识。同时，根据党和国家中心工作的历史性转变，及时将民族工作的中心转移到社会主义现代化建设上来，加大民族政策贯彻落实力度，特别强调了发展是解决民族问题的核心，并逐步形成了"各民族共同团结奋斗，共同繁荣发展"的新时期民族工作主题。"两个共同"的思想深刻阐释了维护民族团结和加快民族地区发展的辩证关系。在实践层面制定并实施西部大开发战略，制定实施人口较少民族发展、兴边富民、少数民族事业发展三个专项规划，采取一系列重大举措加快少数民族和民族地区发展；专门研究部署加快西藏、新疆等边疆民族地区经济社会发展，推进民族团结进步事业；定期召开民族团结进步表彰大会，总结经验，表彰先进；全面、深入地开展民族团结进步创建活动；等等。在改革开放的进程中，在复杂多变的国际环境中，我国不仅保持了民族团结、边疆稳定和国家统一，而且全面推进了中国特色民族团结进步事业。

党的十八大以来，以习近平同志为核心的党中央，深刻洞察世界政治经济格局的走向与变化，全面分析和科学研判我国民族工作新的阶段性特征，深入研究党和国家事业发展对民族工作的时代要求，提出了一系列关于做好民族工作的新理念、新思想、新战略，科学回答了新形势下推进中国特色民族团结进步事业发展的一系列重大理论和实践问题，全面阐释了中国特色解决民族问题的正确道路，彻底澄清了近年来民族工作领域理论上的一些模糊认识，切实纠正了实践中的一些不恰当做法，开启了中国特色民族团结进步事业的新航程。民族地区的五大文明建设全面推进，各民族之间的交往交流交融全面展开、深入发展。

在理论层面，深化了对多民族国情的认识，强调多民族是"特色"、是"有利因素"，多元一体是"重要财富"、是"重要优势"。这一新定位、新认识，为族际交往从"各美其美"走向"美人之美，美美与共"，提供了内在根据；强调中华民族和各民族的关系，是一个大家庭和家庭成员的关系，各民族之间是大家庭里不同成员之间的关系，一家人都要过上好日子，全面建成小康社会，一个民族也不能少；为增强中华民族共同体意识、加快共有精神家园建设，为夯实民族团结进步事业的物质基础指明了方向。

在实践层面，多措并举，综合施策。强调推动民族工作要做到物质力量和精神力量并用，一把钥匙开一把锁：物质层面的问题要靠物质力量、靠发展来解决；精神层面的问题要靠精神力量、靠思想教育来解决。强调法律保障和争取人心并重：习近平总书记既强调要用法律来保障民族团结；又强调"做好民族工作，最管用的是争取人心"，要"绵绵用力，久久为功"，强调人心是最大的政治，强调要在全社会不留死角地搞好民族团结宣传教育。民族团结宣传教育应少做"漫灌"，多做"滴灌"和精耕细作。强调城市民族工作中对少数民族流动人口既不能搞关门主义，也不能放任自流，关键是要抓流出地和流入地的两头对接，着力点是推动建立相互嵌入的社会结构和社区环境。党的十八大以来关于民族事务治理的新理念、新思想、新战略，从理论和实践层面科学回答了新的历史阶段民族工作中面临的新问题、新挑战，丰富和发展了马克思主义民族理论。

由云南省高等学校民族团结进步理论与实践协同创新中心和中国特色民族团结进步事业智库推出的"中国特色民族团结进步事业丛书"全面总结中国特色民族团结进步的成功经验，深刻阐释中国特色解决民族问题的正确道路，深入揭示各民族共同团结奋斗、共同繁荣发展的内在逻辑，深入研究推进中国特色民族团结进步事业面临的新情况、新问题，以期不断巩固和加强中国特色民族团结进步事业，并通过讲述中国故事，传播中国声音，彰显中国特色民族团结进步事业的价值和意义，为化解"文明冲突"和民族纷争，促进文明互鉴、族际和谐提供借鉴。

2017 年 4 月 22 日于临沧

目 录

导 论 ……………………………………………………… 1

第一章 新时代民族团结概念及伦理深蕴 …………………… 18
 第一节 新时代民族团结的概念释要 …………………… 18
 第二节 新时代民族团结的伦理主旨 …………………… 26
 第三节 新时代民族团结的伦理精义 …………………… 43

第二章 新时代民族团结的正确伦理导向 …………………… 53
 第一节 新时代民族团结伦理导向的底色 ……………… 53
 第二节 新时代民族团结的基本伦理导向 ……………… 66
 第三节 新时代民族团结的重要伦理导向 ……………… 77

第三章 新时代民族团结的主要伦理资源 …………………… 93
 第一节 新时代民族团结的马恩社会伦理资源 ………… 93
 第二节 新时代民族团结的中华传统伦理资源 ………… 121
 第三节 新时代民族团结的当代西方伦理资源 ………… 141

第四章　新时代民族团结的理论伦理探索 …………… 174
第一节　新时代民族团结的伦理地位 …………… 174
第二节　新时代民族团结的伦理基础 …………… 182
第三节　新时代民族团结的伦理方法 …………… 198

第五章　新时代民族团结的实践伦理展望 …………… 220
第一节　新时代民族团结的伦理运用 …………… 220
第二节　新时代民族团结的伦理建设 …………… 254
第三节　新时代民族团结的伦理愿景 …………… 278

结　语 …………………………………………………… 304

参考文献 ………………………………………………… 309

后　记 …………………………………………………… 319

导 论

一 研究缘起

全国各族人民共同团结奋斗是新时代新征程上创造新伟业的基本要求。党的二十大报告开篇即提出："自信自强、守正创新，踔厉奋发、勇毅前行，为全面建设社会主义现代化国家、全面推进中华民族伟大复兴而团结奋斗。"[1] 巩固和加强民族团结，适时推动民族团结进步创建向铸牢中华民族共同体意识创建的重心移动转换，着力推动中华民族走向包容性更强、凝聚力更大的命运共同体，是新时代民族工作、思想理论工作、精神文明建设工作等的共同使命任务。

伦理是个体与个体（或群体与群体）、个体与群体在道德上深层连结的律令表达，"伦理是连结，连结是伦理"[2]，"伦理者，群道也"[3]，"伦理的实质是人类各种良好关系、良好秩序的建立和

---

[1] 习近平：《高举中国特色社会主义伟大旗帜 为全面建设社会主义现代化国家而团结奋斗——在中国共产党第二十次全国代表大会上的报告》，人民出版社2022年版，第1页。
[2] 〔法〕埃德加·莫兰：《伦理》，于硕译，学林出版社2017年版，第61页。
[3] 黄建中：《比较伦理学》，人民出版社2011年版，第26页。

持续"①。伦理是规范社会关系，使其紧密而有秩序的"道理""条理""情理"。民族团结首先是民族共同体成员在伦理意义上的相互连结或紧密结合，它所表征的是良善的民族伦理关系和尊异重同的民族伦理意识。民族团结归根到底是伦理问题，对新时代民族团结进行伦理研究十分必要。

本书在深入了解和深刻分析国内外、各学科研究现状的基础上，以马克思主义为指导，以建设中华民族共有精神家园为目标，以"交互"与"共同"为核心理念，以铸牢中华民族共同体意识为主旨，以全面建设社会主义现代化国家为背景，坚持理论与实践相统一、逻辑与历史相统一、价值与事实相统一的方法，从伦理视角对新时代民族团结展开系统研究。本书无论是在思想内容还是在表达形式上，较以往学者对该问题的研究，都有一定的开拓性和独创性。

二 研究价值

以往几无研究民族团结的哲学伦理学专著，本书从伦理视角系统研究新时代民族团结，其研究价值的追问，其实是"新时代民族团结何以进入伦理学研究视野"的问题。本书的研究，无论是从理论上看，还是从实践上看，都有重要价值。

（一）学术价值

丰富伦理学对团结的研究。团结作为一种连结是伦理学的重要研究对象，以往伦理学主要研究团结友善、团结互助、团结奋斗、正义与团结、自由与团结、友谊与团结等。本书从民族伦理学角度详细研究了民族团结。

---

① 王中江：《关系世界、相互性和伦理的实态》，《武汉大学学报》（哲学社会科学版）2020年第3期。

深化新时代民族团结理论。民族团结现象纷繁复杂，有必要深刻把握其本质。迄今，几无研究民族团结的哲学专著。本书从哲学伦理学的高度对民族团结进行系统化、理论化的探究，对其中蕴含的伦理观念和道德价值等进行反思、阐释和论证。

挖掘新时代民族团结建设资源。民族团结既具有"团结"概念的一般性，又具有"民族"群体的特殊性。"中华民族大团结"既具有"中华民族"的民族性，也具有"同一个地球"的世界性。新时代民族团结既具有"新时代"的时代性，又具有"一脉相承"的历史继承性。古今中外的文明中，蕴含着大量团结资源。本书以马克思主义为指导，大力发掘、精心整理、深入分析这些资源，为新时代民族团结的理论与实践创新提供参考借鉴。

（二）应用价值

为新时代民族团结政策服务。任何政策都隐含着伦理，具有伦理价值取向。政府作出的每一个重要决策都离不开伦理，它要么是合乎伦理的判断，要么是不合伦理的判断。研究政策中的伦理，一方面是为政策提供合理性辩护或支撑，另一方面是为了使政策更好地蕴含伦理、呈现伦理。新时代民族团结政策中的伦理主要体现为经济之共同富裕、政治之人民民主、文化之尊异聚同、社会之公平普惠、生态之共筑共享。正是有这些"善""好"的伦理奠基，新时代民族团结政策才深入人心并得以顺利施行，才不断促进全国各族人民幸福生活指数的提升。

为新时代民族团结教育服务。船的力量在帆上，人的力量在心上，做民族团结重在交心。民族团结教育是一项心与心交流以及"善""好""正义""正当"观念如何深入人心的人心工程。"人群相待相倚之生活关系"为"伦"，人之"直心"为"德"。从功能和作用看，伦理道德可以协调民族关系、沟通人心从而促进民族团结。民族团结教育在很大程度上是从认知走向认同的伦理道德教育。从伦理道德的起源、本质、教育方法、教育规律等各方面看，它与"情"和"理"都密切相关。民族团结教育既要动之以情，以情感人，又要晓之以理，以理服人。

为新时代民族团结理论建构服务。理论区别于经验常识，"理论是规范人们的思想和行为的概念系统"[①]。民族团结作为一种理论，需形成准确、完整的概念和体系。本书从伦理角度系统论述了新时期民族团结的基本概念、伦理主旨、伦理精义、指导思想、制度保证、价值导向、理念支撑、重要地位、伦理基础、伦理方法等，这些可为民族团结构建提供重要理论支持。

为新时代民族团结进步创建服务。民族团结不能停留在理论层面，更重要的是进行广泛实践，落到实处，取得实效。民族团结建设不能停留在高层和表层，更重要的是深入基层。加强民族团结进步示范区和示范单位建设，把工作重心下沉到农村村落、城市小区、企业车间、机关科室、学校班级等个体组成的基层，是推动新时代民族团结更加全面、深入、细密发展的可行方法和有效路径。基层民族团结进步创建，需要外在形式和内在精神合而为一，这种内在精神本质上是伦理精神。民族团结进步创建注重内在精神，就是要重视创建活动的伦理内涵、弘扬爱国团结互助勤劳等民族伦理精神、培育各族群众的伦理情感。

三 国内外研究现状

团结是共同体存在和发展的要件，是分工合作、互利共赢的基础，无论是国内还是国外的学者，都对其十分重视。但是，国

---

① 孙正聿：《理想信念的理论支撑》，吉林人民出版社2014年版，第1页。

内外关注的重点以及思考问题的理路不尽相同。总的来说，国内更重视内容上的政治团结、民族团结，国外更重视形式上的思辨论证。当前，世界百年未有之大变局加速演进，团结是全球各国都无法回避的问题，国内外在理论和实践上可相互学习、优势互补。我国研究民族团结，在坚持自己主流意识形态的同时，可适当借鉴国外的思维方法，以开阔视野、增强学术含量和学理深度。

（一）国内研究现状

国内有少数学者从伦理学视角研究团结，有众多学者从民族学、政治学、思想政治教育等视角研究民族团结。前者精深，但还有很大的研究空间。后者硕果累累，极大促进了我国的民族团结进步事业。

团结的伦理研究。一是团结与伦理道德建设。武东生《"和而不同"、"推己及人"与团结友善》[1]、王颖《团结友善刍议》[2]、谢惠媛《创新与超越：人类命运共同体对"团结悖论"的破解》[3]、左高山《论团结问题》[4]、曹刚《当代社会团结的伦理反思》[5]、贺来《"个体化"的反思与"社会团结"的可能性》[6]、王道勇《社会团结中的集体意识：知识谱系与当代价值》[7]、严庆《中国式现代化对"共同体团结悖论"的破解》[8] 等论述了伦理道德视野中的团结。罗国杰主编《道德建设论》[9]、范鹏《"礼"、

---

[1] 武东生：《"和而不同"、"推己及人"与团结友善》，《道德与文明》2002年第2期。
[2] 王颖：《团结友善刍议》，《高校理论战线》2003年第9期。
[3] 谢惠媛：《创新与超越：人类命运共同体对"团结悖论"的破解》，《马克思主义与现实》2019年第5期。
[4] 左高山：《论团结问题》，《伦理学研究》2020年第3期。
[5] 曹刚：《当代社会团结的伦理反思》，《伦理学研究》2021年第4期。
[6] 贺来：《"个体化"的反思与"社会团结"的可能性》，《浙江社会科学》2021年第9期。
[7] 王道勇：《社会团结中的集体意识：知识谱系与当代价值》，《社会科学》2022年第2期。
[8] 严庆：《中国式现代化对"共同体团结悖论"的破解》，《西北民族研究》2022年第6期。
[9] 罗国杰主编《道德建设论》，湖南人民出版社1997年版，第357~366页。

"忠"、"孝"的现代诠释》①、舒晓虎《"新邻里主义"与新城市社区认同机制》②等论述了家庭或社区之邻里团结。汪茵《良好的人际关系是集体主义精神的基础》③、寇东亮《"他者意识"：社会主义和谐人际关系的伦理基础》④等认为团结互助是集体主义的价值取向和灵魂。二是国外团结理论的伦理分析与应用。代表性研究成果为任彩虹《哈贝马斯与霍耐特团结观之辨析》⑤、黄泰轲《罗蒂人类团结思想探析》⑥、林远泽《人何以知而不行？——论以本真与团结责任为基础的德行教育理念》⑦、王露璐《乡村伦理共同体的重建：从机械结合走向有机团结》⑧、庄晨燕《"德治"与民族地区乡村社区建设——基于"社会团结"道德理论的思考》⑨、崅怡《论欧洲卫生资源分配的团结观及启示》⑩。团结是伦理学的重要议题，虽然我国公民道德建设非常重视，且马克思主义理论研究和建设工程（简称"马工程"）教材《伦理学》《思想道德与法治》等都有相关内容，但伦理学界对其研究并不多，需进一步加强。民族团结是民族伦理学的题中应有之义，在伦理学研究中不可缺位。

民族团结理论研究。一是马克思主义民族团结思想研究。刘

---

① 范鹏：《"礼"、"忠"、"孝"的现代诠释》，《孔子研究》1997年第4期。
② 舒晓虎：《"新邻里主义"与新城市社区认同机制》，《社会主义研究》2013年第4期。
③ 汪茵：《良好的人际关系是集体主义精神的基础》，《中国青年政治学院学报》2006年第5期。
④ 寇东亮：《"他者意识"：社会主义和谐人际关系的伦理基础》，《社会主义研究》2007年第4期。
⑤ 任彩虹：《哈贝马斯与霍耐特团结观之辨析》，《伦理学研究》2009年第4期。
⑥ 黄泰轲：《罗蒂人类团结思想探析》，《伦理学研究》2020年第6期。
⑦ 林远泽：《人何以知而不行？——论以本真与团结责任为基础的德行教育理念》，《哲学分析》2010年第2期。
⑧ 王露璐：《乡村伦理共同体的重建：从机械结合走向有机团结》，《伦理学研究》2015年第3期。
⑨ 庄晨燕：《"德治"与民族地区乡村社区建设——基于"社会团结"道德理论的思考》，《中央民族大学学报》（哲学社会科学版）2021年第6期。
⑩ 崅怡：《论欧洲卫生资源分配的团结观及启示》，《伦理学研究》2018年第3期。

红艳《论马克思恩格斯的民族团结思想及时代价值》①、毕跃光《列宁主义关于民族团结联合与民族发展进步的理论与实践》②、邓磊《民族团结：新时代国家治理的重要价值取向——毛泽东民族团结思想新探》③、刘玲《邓小平民族团结思想的历史发展及当代启示》④、冶萍《论江泽民的民族团结思想》⑤、于潜驰《民族团结理论新解——学习胡锦涛同志民族团结思想》⑥、乌小花《习近平新时代民族团结进步思想的多维度与新内涵》⑦ 等对了解马克思主义民族团结思想的发展历程很有参考价值。二是中国共产党民族团结理论与政策研究。赵铁锁《中国共产党民族团结政策的历史考察》⑧、熊坤新《中国共产党关于民族团结的理论与实践及启示》⑨、陈建樾《激荡与互动：中国共产党民族团结思想的提出与清晰化》⑩、彭谦《中国共产党维护和促进民族团结的百年历史实践》⑪ 等呈现了中国共产党近百年在民族团结方面的主张及行动准则。三是铸牢中华民族共同体意识研究。王延中《凝聚与

---

① 刘红艳：《论马克思恩格斯的民族团结思想及时代价值》，《民族论坛》2009 年第 9 期。
② 毕跃光：《列宁主义关于民族团结联合与民族发展进步的理论与实践》，《黑龙江民族丛刊》2017 年第 1 期。
③ 邓磊：《民族团结：新时代国家治理的重要价值取向——毛泽东民族团结思想新探》，《中南民族大学学报》（人文社会科学版）2020 年第 5 期。
④ 刘玲：《邓小平民族团结思想的历史发展及当代启示》，《西南民族大学学报》（人文社科版）2018 年第 11 期。
⑤ 冶萍：《论江泽民的民族团结思想》，《改革与开放》2009 年第 7 期。
⑥ 于潜驰：《民族团结理论新解——学习胡锦涛同志民族团结思想》，《黑龙江民族丛刊》2010 年第 2 期。
⑦ 乌小花：《习近平新时代民族团结进步思想的多维度与新内涵》，《中央民族大学学报》（哲学社会科学版）2017 年第 6 期。
⑧ 赵铁锁：《中国共产党民族团结政策的历史考察》，《中国延安干部学院学报》2010 年第 2 期。
⑨ 熊坤新：《中国共产党关于民族团结的理论与实践及启示》，《云南民族大学学报》（哲学社会科学版）2013 年第 3 期。
⑩ 陈建樾：《激荡与互动：中国共产党民族团结思想的提出与清晰化》，《西南民族大学学报》（人文社科版）2017 年第 2 期。
⑪ 彭谦：《中国共产党维护和促进民族团结的百年历史实践》，《贵州民族研究》2021 年第 5 期。

发展——中华民族共同体建设调查研究》[1]、詹小美《铸牢中华民族共同体意识研究》[2]、王瑞萍《铸牢中华民族共同体意识若干重要问题研究》[3]、张健《中国共产党构筑中华民族共同体的历程与道路研究》[4]、虎有泽《铸牢中华民族共同体意识研究》[5]、麻国庆《民族研究的新时代与铸牢中华民族共同体意识》[6]、郝时远《文化自信、文化认同与铸牢中华民族共同体意识》[7]、关健英《中华民族共同体的伦理认同研究论纲》[8]、杨明洪《探寻铸牢中华民族共同体意识的政治伦理线索》[9] 等从不同角度对铸牢中华民族共同体意识进行了深入研究。四是其他民族团结理论研究。徐杰舜《中国民族团结考察报告》[10]、孙浩然《云南宗教文化与民族团结的关系研究》[11]、张少春《互嵌式社会与民族团结：人类学的视角》[12]、王德强《亲历与见证：民族团结誓词碑口述实录》[13]、陈玉瑶《国民团结：法国的理念与实践》[14] 等深入考察了民族团结的总体状况、影响因素、历史记忆等。总体来看，我国民族团结理论成果丰硕，为解决现实问题提供了重要支撑，但全面、系统论

---

[1] 王延中：《凝聚与发展——中华民族共同体建设调查研究》，中国社会科学出版社 2022 年版。
[2] 詹小美：《铸牢中华民族共同体意识研究》，人民出版社 2022 年版。
[3] 王瑞萍：《铸牢中华民族共同体意识若干重要问题研究》，中国社会科学出版社 2021 年版。
[4] 张健：《中国共产党构筑中华民族共同体的历程与道路研究》，中国社会科学出版社 2019 年版。
[5] 虎有泽：《铸牢中华民族共同体意识研究》，中国社会科学出版社 2019 年版。
[6] 麻国庆：《民族研究的新时代与铸牢中华民族共同体意识》，《中央民族大学学报》（哲学社会科学版）2017 年第 6 期。
[7] 郝时远：《文化自信、文化认同与铸牢中华民族共同体意识》，《中南民族大学学报》（人文社会科学版）2020 年第 6 期。
[8] 关健英：《中华民族共同体的伦理认同研究论纲》，《伦理学研究》2022 年第 4 期。
[9] 杨明洪：《探寻铸牢中华民族共同体意识的政治伦理线索》，《社会科学研究》2022 年第 6 期。
[10] 徐杰舜：《中国民族团结考察报告》，民族出版社 2004 年版。
[11] 孙浩然：《云南宗教文化与民族团结的关系研究》，社会科学文献出版社 2017 年版。
[12] 张少春：《互嵌式社会与民族团结：人类学的视角》，社会科学文献出版社 2018 年版。
[13] 王德强：《亲历与见证：民族团结誓词碑口述实录》，社会科学文献出版社 2018 年版。
[14] 陈玉瑶：《国民团结：法国的理念与实践》，社会科学文献出版社 2019 年版。

述的专著并不多,且民族团结政策研究还停留在阐述层面,需从学理角度进行深入解析。

民族团结实践研究。一是民族团结教育研究。韦兰明《民族团结教育论》[①]、李资源《论中国共产党民族团结教育思想与实践》[②]、欧阳长青《论民族团结教育的价值、属性及其实践路径》[③]、罗建河《中国民族团结教育政策的历史回顾与新时代展望》[④]等从不同角度详细探讨了民族团结教育。二是民族团结进步创建研究。周竞红《内蒙古民族团结进步理论与实践》[⑤]、张瑞才《大理州民族团结进步示范区创建的十大经验》[⑥]、赵新国《新时代云南建设民族团结进步示范区的实践创新研究》[⑦]、严庆《聚力铸牢中华民族共同体意识的民族团结进步创建联盟论析》[⑧]、高永久《全面推进中华民族伟大复兴对民族团结进步事业的实践要求》[⑨]等阐述了民族团结进步创建的成效、经验、特色、困难、对策、建议等。民族团结实践具有直接现实性,因此,学界进行了大量研究。不过,无论是民族团结教育还是民族团结进步创建研究,一则学术专著和发表在高级期刊上的论文少,二则缺乏伦理分析的视角。

---

① 韦兰明:《民族团结教育论》,广西师范大学出版社2013年版。
② 李资源:《论中国共产党民族团结教育思想与实践》,《中南民族大学学报》(人文社会科学版) 2011年第5期。
③ 欧阳长青:《论民族团结教育的价值、属性及其实践路径》,《民族教育研究》2019年第3期。
④ 罗建河:《中国民族团结教育政策的历史回顾与新时代展望》,《中南民族大学学报》(人文社会科学版) 2023年第4期。
⑤ 周竞红:《内蒙古民族团结进步理论与实践》,社会科学文献出版社2017年版。
⑥ 张瑞才:《大理州民族团结进步示范区创建的十大经验》,《学术探索》2021年第5期。
⑦ 赵新国:《新时代云南建设民族团结进步示范区的实践创新研究》,《云南民族大学学报》(哲学社会科学版) 2018年第6期。
⑧ 严庆:《聚力铸牢中华民族共同体意识的民族团结进步创建联盟论析》,《中央民族大学学报》(哲学社会科学版) 2023年第4期。
⑨ 高永久:《全面推进中华民族伟大复兴对民族团结进步事业的实践要求》,《西南民族大学学报》(人文社科版) 2023年第2期。

从研究动态看，与实现中华民族伟大复兴的逻辑相统一，创建民族团结进步示范区、构筑中华民族共有精神家园、铸牢中华民族共同体意识等是学术前沿和热点。今后，新时代民族团结的基本理念、方针政策、成功经验，特别是如何从物质共同富裕、思想凝聚统一的方方面面铸牢中华民族共同体意识，会得到大量更加深入和细致的研究。党的二十大报告指出："以铸牢中华民族共同体意识为主线，坚定不移走中国特色解决民族问题的正确道路，坚持和完善民族区域自治制度，加强和改进党的民族工作，全面推进民族团结进步事业。"[①] 因此，研究的重点是铸牢中华民族共同体意识、坚持和完善民族区域自治制度、全面推进民族团结进步事业等。这其中核心或重心是"铸牢中华民族共同体意识"，因为"当今世界面临百年未有之大变局，中华民族伟大复兴进入关键时期，涉疆、涉藏、涉港、涉台国际斗争异常尖锐，国内民族地区发展不平衡不充分问题突出，影响各民族交往交流交融的因素复杂多样。如果不从根本上铸牢中华民族共同体意识，就难以应付民族复兴道路上出现的现实风险，即使实现了民族复兴，也会埋下长久隐患"[②]。正是这样，本书对民族团结的研究，自始至终都以铸牢中华民族共同体意识为主旨、主线和方向。

无论是以往还是当前，无论是政策解读还是学理剖析，民族团结问题研究的主要视角是民族学、社会学、政治学、历史学等，有必要从探究"连结"关系的学问——伦理学切入。另外，为使理论走向深处，需从实证研究范式向逻辑思辨范式扩展。本书许

[①] 习近平：《高举中国特色社会主义伟大旗帜 为全面建设社会主义现代化国家而团结奋斗——在中国共产党第二十次全国代表大会上的报告》，人民出版社2022年版，第39～40页。
[②] 中共中央统一战线工作部、国家民族事务委员会编《中央民族工作会议精神学习辅导读本》，民族出版社2022年版，第46页。

多地方进行的正是这种尝试。

(二) 国外研究现状

在国外，古希腊思想家就论述过团结，但对团结进行大量研究乃是近代以降。现当代社会，团结的重要性日益凸显，"团结问题逐渐成为21世纪的一个问题"[1]。国外研究团结，其主要视角是社会伦理、政治伦理等，其特点是注重论证和思辨。

族际整合研究。由于中西方概念和话语的差别，西方很少用"民族团结"一词，但有与其相似的"族际整合""国族整合""移民整合""共同体凝聚"之说。迈克尔·舒德森《文化与民族社会的整合》[2]、T. K. 奥门《种族、族群和阶级：对三者交互关系的分析》[3] 等论述了文化与族际整合的关系。戈登《美国生活中的同化》[4]、凯勒《欧洲种族与文化权利反思》[5]、徐利奥·里奥斯《西班牙的加泰罗尼亚问题》[6] 等论述了西方的种族、族群、族际问题。这些研究可为分析民族团结提供比较和对照。

社会团结研究。埃米尔·涂尔干《社会分工论》[7] 将社会团结分为机械团结和有机团结两种，这两种团结形式在我国都长期存在，因此，涂尔干的团结理论对思考我国的民族团结问题有启迪作用。罗蒂《偶然、反讽与团结》[8] 与齐格蒙特·鲍曼《流动的现代性》[9] 论

---

[1] 李义天：《共同体与政治团结》，社会科学文献出版社2011年版，第179页。
[2] 〔美〕迈克尔·舒德森：《文化与民族社会的整合》，李贝贝译，《国际社会科学杂志》（中文版）1995年第1期。
[3] 〔印〕T. K. 奥门：《种族、族群和阶级：对三者交互关系的分析》，李贝贝等译，《国际社会科学杂志》（中文版）1995年第1期。
[4] 〔美〕戈登：《美国生活中的同化》，马戎译，译林出版社2015年版。
[5] 〔英〕凯勒：《欧洲种族与文化权利反思》，王雪梅等译，《世界民族》2001年第2、3期。
[6] 〔西〕徐利奥·里奥斯：《西班牙的加泰罗尼亚问题》，栾昀译，《世界民族》2014年第2期。
[7] 〔法〕埃米尔·涂尔干：《社会分工论》，渠敬东译，三联书店2017年版。
[8] 〔美〕罗蒂：《偶然、反讽与团结》，徐文瑞译，商务印书馆2003年版。
[9] 〔英〕齐格蒙特·鲍曼：《流动的现代性》，欧阳景根译，中国人民大学出版社2018年版。

述了自由与社会团结，伽达默尔《友谊与团结》[1] 论述了友谊与社会团结，这些有助于理解民族团结。

政治团结研究。亚里士多德《尼各马可伦理学》[2] 指出，团结与政治实践相关，团结就是政治的友爱。阿伦特《论革命》[3] 论述了政治哲学中排外的团结、包容的团结和普遍的团结。艾丽斯·M. 杨《正义与差异政治》[4] 论述了差异政治视域中的团结。罗尔斯《政治自由主义》[5] 论述了"重叠共识"基础上的团结。哈贝马斯《包容他者》[6]、查理斯·泰勒《自我的根源》[7]、霍耐特《为承认而斗争》[8] 论述了基于尊重、认同、承认的团结。李义天主编《共同体与政治团结》[9] 一书中，霍林格、王尔德等指出，共同体不等于政治团结；金利卡指出，良善的共同体有利于政治团结的建构；卡尔霍恩指出，公共领域有利于实现政治团结。西方政治哲学对特殊与普遍、差异与共识的研究，对尊重、认同、承认、共同体与团结关系的思考，为本书提供了理论借鉴。

国外有独特的种族、移民、宗教、文化、价值观等，其理论不能照抄照搬，但上述学者对团结的深度论证、伦理追问、多方考察值得我们学习。另外，在研究国内团结理论的同时，了解国外团结理论，有利于我们在比较中坚定自信、增强自觉。

从研究动态看，自由主义、个人主义、文化多元主义等是西

---

[1] 〔德〕伽达默尔：《友谊与团结》，林维杰译，《安徽师范大学学报》（人文社会科学版）2002年第5期。
[2] 〔古希腊〕亚里士多德：《尼各马可伦理学》，廖申白译，商务印书馆2017年版。
[3] 〔美〕阿伦特：《论革命》，陈周旺译，译林出版社2019年版。
[4] 〔美〕艾丽斯·M. 杨：《正义与差异政治》，李诚予等译，中国政法大学出版社2017年版。
[5] 〔美〕罗尔斯：《政治自由主义》，万俊人译，译林出版社2002年版。
[6] 〔德〕哈贝马斯：《包容他者》，曹卫东译，上海人民出版社2002年版。
[7] 〔加拿大〕查理斯·泰勒：《自我的根源》，韩震等译，译林出版社2012年版。
[8] 〔德〕霍耐特：《为承认而斗争》，胡继华译，上海世纪出版集团2005年版。
[9] 李义天主编《共同体与政治团结》，社会科学文献出版社2011年版。

方的主流，但这也会带来与团结有关的诸多问题（比如，能否在个人主义基础上实现团结、多元主义是否有利于团结等），因此，其相关研究不会止步。可以预见，这些研究，多为推崇集体意识、共同体责任，以及尊重差异、彼此承认等，这也是本书所强调的。

四 研究内容、研究方法与创新之处

全面建设社会主义现代化国家和全面推进中华民族伟大复兴，离不开全体中华儿女的精诚团结和共同努力奋斗。巩固和加强民族团结、构筑中华民族共有精神家园、铸牢中华民族共同体意识是新时代诸多学科研究的热点和重点，学术界自然会呈现出越来越多的优秀成果。本书选取特定的角度、采用特定的方法，立足国内、放眼世界，站在前人的肩膀上对该问题展开更加深入而系统的研究，力求不落窠臼，避免人云亦云和亦步亦趋，最大限度地体现特色和新意。

（一）研究对象

本书以新时代民族团结为对象，对其进行较为全面的伦理研究：其一，从伦理内涵、伦理主旨、伦理精义方面分析新时代民族团结概念及伦理深蕴；其二，从马克思主义民族伦理关系、社会主义思想道德等方面说明新时代民族团结的伦理导向；其三，从马克思恩格斯的社会伦理、中华传统伦理文化、当代西方伦理文化等视角阐释新时代民族团结建设的资源借鉴；其四，对新时代民族团结的重要地位、伦理基础、伦理方法进行理论伦理探索；其五，对新时代民族团结的伦理运用、伦理建设和伦理愿景等进行实践伦理展望。

（二）思路框架

本书包括导言、正文五章和结语。导言阐明研究缘起、研究价值、国内外研究现状以及研究内容、研究方法与创新之处，结语作出总结等。正文以"概念—导向和资源—理论和实践"为构架，分为以下三大部分。

第一部分（第一章），对新时代民族团结的基本概念及伦理意蕴进行论说。包括新时代民族团结概念释要，以及新时代民族团结的伦理主旨和伦理精义。

概念释要：主要是基于"民族""团结"阐释"民族团结""新时代民族团结"。

伦理主旨：首先阐述新时代民族团结的核心伦理要素，即"交互性"要素和"共同性"要素。其次论述新时代民族团结的核心伦理理念"交互"与"共同"，以及伦理线索"交互—共同"。最后在如前这些论述的基础上推论出新时代民族团结的伦理主旨，即铸牢中华民族共同体意识。

伦理精义：新时代民族团结的伦理精义，即"交嵌相促"（交），"和睦互勉"（互），"甘苦与共"（共），"凝聚统一"（同）。

上述伦理主旨与伦理精义从新时代民族团结的概念中析出，它们高度统一、协同互补，构成全书的线索、灵魂和神韵。

第二部分（第二、三章），对新时代民族团结的正确伦理导向和主要伦理资源进行论述。

正确伦理导向：对新时代民族团结来说，马克思主义是理论指导，中国特色社会主义是制度保证，集体主义是价值取向，爱国主义是精神纽带，平等是基石，互助是保障，和谐是本质，进步是归宿。

主要伦理资源：一是马克思恩格斯的共同体、交往伦理，二是中华传统文化中的仁爱、和合、大同伦理，三是当代西方差异性、共同性、主体间性伦理。

第三部分（第四、五章），对新时代民族团结的理论伦理和实践伦理进行研究。理论伦理包括新时代民族团结的伦理地位、伦理基础和伦理方法。实践伦理包括新时代民族团结的伦理运用、伦理建设和伦理愿景。

伦理地位：民族团结事关民族大义和人民幸福。前者是从定性上而言的，后者是从定位上而言的。

伦理基础：一是集体意识，即中华民族共同体意识；二是交互关系，即"交往交流交融"的石榴籽型族际亲和关系；三是价值共识，即社会主义核心价值体系、核心价值观共识。

伦理方法：一是和谐共融，即承认差异增进共同；二是义利统一，即义以为上义利双成；三是德法结合，即德润人心法安天下；四是自强厚德，即立足中国面向世界。

伦理运用：主要是将与"交互""差异""共同"等相关的伦理理念运用于维护和促进新时代民族团结的具体政策。一是"共同富裕"之经济政策，二是"人民民主"之政治政策，三是"尊异聚同"之文化政策，四是"公平普惠"之社会政策，五是"共筑共享"之生态政策。

伦理建设：一是以情感人以理服人做好民族团结教育，二是整合各种优秀伦理资源建设民族团结，三是民族团结进步创建如何注重伦理内涵，四是民族团结与中国式现代化的互促共进。

伦理愿景：中华和美是新时代民族团结的伦理画卷，世界大同是新时代民族团结的伦理境界。

（三）主要目标

从伦理视角把握团结的概念和资源。以往伦理学很少对团结概念进行分析，也没有从马中西伦理学各方面梳理、总结有助于团结建设的资源，本书立足"民族团结"，尽力实现这些目标。

从伦理视角系统研究新时代的民族团结。对新时代民族团结进行伦理分析、考察、考量和展望，探究其伦理本质、价值、基础、方法、道义性和合理性、前景和境界等，以期形成一个较为完整的理论体系。

（四）研究方法

本书以马克思主义为指导，综合运用多种方法展开研究。本书用到的最典型的方法有以下几种。

一是系统论方法。民族是复杂的系统，要用系统论方法全面、联系、发展地加以认识和把握。团结的前提是多样与差异，团结的精神基础是集体意识、主体间意识等，要用系统论方法阐明集体和个体的关系、个体和个体的关系以及差异性和共同性的关系等。民族团结、民族认同等有高低不同的层次，有复杂的内部结构，需要科学理解、优化整合，这些都离不开系统论方法。

二是文献研究法和比较研究法。搜集、整理、比较马中西伦理学史上与民族团结有关的文献，为本书全面、深入研究奠定基础。阅读马克思主义民族理论与政策方面的文献，把握我国民族团结的类别与核心要义。

三是理性思辨法和价值分析法。本书进行的是伦理研究，因此用伦理学的理性思辨法研究团结的本质、民族团结的伦理基础、共同体与民族团结、公平正义与民族团结等，用价值分析法确立价值标准，进行价值判断、价值选择和价值评价。

四是跨学科研究法。研究对象同一、研究问题相关和研究视角相近等决定，本书研究需借鉴民族学、人类学、历史学、政治学、社会学、法学、教育学、心理学等学科的研究方法。民族工作鲜明的思想性、政治性和政策性决定，本书要借鉴马克思主义民族理论与政策、思想政治教育这两个学科的研究方法。

（五）创新之处

创新是学术的灵魂和生命，是在前人研究基础上的开拓进取。本书的创新之处主要体现在以下两个方面。

在学术思想和学术观点方面，本书认为，第一，民族团结本质上是民族伦理问题，要用正确伦理导向来引领，用社会基本伦理精神来维系，用优秀伦理文化来培育，用中国式现代化进程中的理论伦理实践伦理来发展。第二，新时代民族团结的核心伦理理念是"交互"与"共同"。"交互"主要表征民族成员之间、各民族之间的团结，"共同"主要表征民族整体的团结。"交互"团结与"共同"团结相互促进，前者促进后者紧密化，后者促进前者整体化。"交互—共同"融贯新时代民族团结伦理。第三，团结涉及利益、情感、价值等，新时代民族团结的伦理基石是中华民族共同体意识，族与族、族与国的主体间意识，社会主义核心价值体系和核心价值观共识。第四，铸牢中华民族共同体意识是新时代民族团结高质量发展的纲领、主旨、主线和方向。新时代民族团结关键在于做到中华民族共同体的"共"与"同"："共"要求各民族在中华民族大家庭中共商、共建、共治、共享、共富、共担、共进、共生、共融、共识、共休戚、共存亡、共荣辱、共命运、共祸福等。"同"要求各民族高度认同共同的祖国、民族、历史、文化、政治等，要求各民族同心同德、同向同行、共同奋斗。

在研究视角和研究方法方面，本书建基于伦理学研究民族团结。以往学者们主要从民族学、社会学、政治学等视角，用各自的学科方法研究民族团结。民族团结首先是一个民族伦理问题，本书主要以伦理学为视角、用伦理学的基本理论和基本方法进行研究。本书的研究，既注重导向又注重资源，既注重理论又注重实践，既注重当前又注重长远，既注重国内又放眼世界。

第 一 章
新时代民族团结概念及伦理深蕴

概念是思维的出发点，是认识的基础性前提。只有对概念进行专业分析、精准把握、全面阐释，后续研究才能做到主题突出、视角显见、逻辑清晰、条理分明、体系严谨。本章基于马克思主义民族理论与政策、中国特色社会主义理论与实践，借鉴民族学、社会学、政治学等学科的相关知识，用哲学伦理学的思维方法考察了"新时代民族团结"概念的伦理意涵，并基于此论述了新时代民族团结的伦理主旨和伦理精义。无论是从概念的伦理意涵看，还是从伦理主旨和伦理精义看，新时代民族团结之要都是"交互"与"共同"。因此，"交互—共同"是本书贯穿始终的中心或线索。

第一节 新时代民族团结的概念释要

研究团结及民族团结，首先要澄清相关概念。"在我国，'团结'似乎是一个不言自明的道理，很少有人对这个概念本身去加以界定和分辨"[①]，而且，没有多少学者对"民族团结"概念进行

[①] 陈玉瑶：《国民团结：法国的理念与实践》，社会科学文献出版社2019年版，第13页。

专门研究和探讨。本书基于系统观念认为，民族团结的核心含义是各民族的"和"与"合"。"和"强调各民族的和谐、和睦与和爱，"合"强调中华民族的认同、凝聚与统一。这两个方面相辅相成，相得益彰。

一　民族

"民族"即"我们共同体"。"民族"在中国古代文献中"既指宗族之属，又指华夷之别"[①]。现代意义上的"民族"是一个表示人群共同体的概念，它在英文中有两种含义，一指由历史文化联结而成的世居性群体，即 nationality；二指民族国家（nation-state）之民族，即 nation，又称为国族，国族由一个或多个民族构成。现代意义上的"民族"引入中国后，相应地也有两种含义，一指包括汉族、各少数民族在内的民族单元，二指由这些民族单元组成的、与国家结合在一起而具有国家形式的中华民族。在当代中国民族理论与政策话语中，民族概念是这样界定的："民族是在一定的历史发展阶段形成的稳定的人们共同体。一般来说，民族在历史渊源、生产方式、语言、文化、风俗习惯以及心理认同等方面具有共同的特征。有的民族在形成和发展的过程中，宗教起着重要作用。"[②] 2005 年中央民族工作会议作出的这个界定，既适用于"56 个民族"之民族，也适用于"中华民族"之民族。

从词义上看，"中华民族"是历史上的"中华"概念和现代意义上的"民族"概念的结合，它是中国境内从古到今各民族的总称。"中华"之"中"即"中国"；"中华"之"华"即"华

[①] 郝时远：《中文"民族"一词源流考辨》，《民族研究》2004 年第 6 期。
[②] 国家民族事务委员会、中共中央文献研究室编《民族工作文献选编（二〇〇三——二〇〇九年）》，中央文献出版社 2010 年版，第 91~92 页。

夏"。"中"侧重方位,寓意"天下之中"或"天地之间,四方之内";"华"指身着华美衣帽、讲究礼仪的文化美盛民族,即中国各族。何谓"中国"?"宅兹中国"(《何尊》铭文),"中于天地者为中国"(扬雄《法言·问道》)。何谓"华夏"?"冕服华章曰华,大国曰夏"(《尚书正义》),"华夏"即"身穿华服的礼仪之邦",或"光荣伟大的各族"。"中国"与"华夏"同义,"华、夏,皆谓中国也。中国而谓之华夏者,夏,大也,言有礼仪之大,有文章之华也"(《十三经注疏·春秋左传正义》)。"中华者,中国也。亲被王教,自属中国,衣冠威仪,习俗孝悌,成身礼仪,故谓之中华。"(王元亮《唐律疏议释文》)总的来看,"中华民族"之"中华",一是强调共同的地理方位("天下之中"),二是注重共同的文化涵养("冕服华章")。

中国自古以来就是统一的多民族国家,但作为各民族总称的"中华民族",这个概念出现的时间并不长。1902年,梁启超先生在《论中国学术思想变迁之大势》一文中首次提出"中华民族"。"中华民族"提出之初仅指国内最大的民族——汉族,后来发展为国内诸族"组成的一大民族"。孙中山指出:"合汉、满、蒙、回、藏诸地为一国,即合汉、满、蒙、回、藏诸族为一人。是曰民族之统一。"[①] 顾颉刚指出:"凡是中国人都是中华民族。"[②] 费孝通指出,中华民族是由各民族组成的统一体,各民族和中华民族虽然都称"民族",但层次不同,"中华民族作为一个自觉的民族实体,是在近百年来中国和西方列强对抗中出现的,但作为一个自在的民族实体则是几千年的历史过程所形成的"[③]。"中华民族"

---

① 《孙中山全集》第2卷,中华书局1982年版,第2页。
② 刘梦溪主编《中国现代学术经典——顾颉刚卷》,河北教育出版社1996年版,第785页。
③ 费孝通:《中华民族多元一体格局》,中央民族大学出版社2018年版,第17页。

称谓出现的时间不长,但"中华民族"之实深厚久远。

"中华民族"概念的基本内涵为中国境内各民族的总称。今天,56个民族"多元一体",这个"一体"即"中华民族"。共同的地域、血脉、心理、政治、历史、文化等促成了"民族"的产生和发展。"中华民族"具有地理、血亲、心理、政治、历史、文化等丰富的意涵,各民族共同生活在中国疆域里,以兄弟姐妹、骨肉同胞相称,心心相印、情投意合,共享悠久灿烂的中华历史文化,共属于一个政治国家。其中,文化意义最为深层和核心——纵览历史,在中华大地上将各民族联结成中华民族共同体、维系其存在发展最基本的纽带是兼容并包、源远流长的中华文化;横观世界,海内外中华儿女共同的心灵根脉是博大精深、薪火相传的中华文化。

尽管历史长河里中华民族生生不息、绵延不绝,但"中华民族"概念的外延不是一成不变的。今天的"中华民族"不完全等同于历史上的"中华民族"。在漫长的历史演进中,作为中华民族的有机组成部分,有的民族消失了,有的民族新生了,有的迁徙出去融进了其他民族,有的又迁徙进来融入了中华民族。要用发展的眼光动态地、历史地看"中华民族",不能简单地说,那些消失了的、迁徙出去的民族,在历史上不属于中华民族;也不能简单地说,那些新生的、后来融入的民族,不是中华民族的有机组成部分。

近代以来,中华民族内受封建主义压迫,外遭帝国主义侵略,陷入深重苦难和极度屈辱的深渊。中国共产党诞生后,以"敢叫日月换新天"的勇气,团结带领全国各族人民进行殊死抗争和浴血奋斗,最终建立了各族人民共同当家作主的社会主义新中国,开创了历史新纪元。这时,"中华民族"概念也最终形成并确立。

部分组成整体，在社会主义新中国，56个民族是"部分"，中华民族是由这些"部分"组成的有机的民族整体。在社会主义新中国，"中华民族的概念已经等同于国家"①，中华民族共同体已具有国家形式。"民族国家的现代化进程是一个民族国家的各个地区、各个族体趋向整合和同一而形成国族统一性（national unity）的过程。"②"民族国家在给民族披上国家的外衣的同时，也加强了民族的内部凝聚，从而给国家注入了巨大而持久的活力。"③ 在社会主义新中国的语境下，中华民族和中华人民共和国是族国同构、本质等同、一体两面、互为表里的关系。

二 团结

中文中的"团结"由"团""结"二字组成。"团"即聚拢成团，"结"即牢固地编织在一起。团结既指人们的和睦友好，又指人们的联合统一。英文中的"团结"单词"solidarity"来自法语"solidarité"。英语和法语中的团结，在广义上指"共同体内各成员之间的相互依赖关系""休戚与共"，狭义上指民法中的"连带责任"，即"共同负责"的连带关系。从中西语义可看出，团结是一个表示人际或人群关系的概念，它体现的是共同体内部各成员之间的紧密联系、友好互助关系以及共同体的凝心聚力、整体统一。也可以说，团结是"人们基于一定的利益、目的、理想而建立的协调、和谐、一致的社会关系。从动态看，它包含着人际之间出于团结的动机所采取的各种社会行为；从静态看，它表现为这些

---

① 刘莉、陈星灿：《中国考古学——旧石器时代晚期到早期青铜时代》，陈洪波等译，生活·读书·新知三联书店2017年版，第19页。
② 宁骚：《民族与国家：民族政策与民族关系的国际比较》，北京大学出版社1995年版，第243页。
③ 周平：《中华民族：一体化还是多元化？》，《政治学研究》2016年第6期。

社会行为所造成的社会稳定有序状态。更进一步的把团结概括为在社会这个大系统中,种种团结意识—团结行为—团结关系—团结状态所构成的纵横交错的过程与类型多样的关系的总和"①。

团结至少具有这样一些本质特征。首先,团结不意味着个体之间无矛盾,而是说矛盾可以通过恰当的方式得到解决,从而达到和谐状态。其次,团结不意味着不允许个体差别存在,团结不是绝对同一、机械同一,而是有差别地统一、有机统一。最后,团结意味着秩序、责任和义务,它有特殊的社会道德功能,它是命运共同体存在的基础。

团结最初是一个伦理学概念。"团结"在伦理学中出现得较早,两千多年前,亚里士多德在《尼各马可伦理学》中即指出:"团结也似乎是一种友善","团结似乎就是政治的友爱","当城邦的公民们对他们的共同利益有共同认识,并选择同样的行为以实现其共同的意见时,我们便称之为团结","团结只存在于公道的人们之间"。②"团结"的伦理道德之维在近代再次引起学者们的重点关注。"在19世纪的法国,'团结'曾被推崇为贯穿整个时代的道德哲学主题。也就是说,'团结'首先是作为道德哲学,即伦理学概念得到关注的。这种关注表现为直到19世纪末期,'道德团结'的主题仍然备受追捧,尤其表现在《论道德团结》先后两次再版上。"③ 团结概念在伦理学中源远流长,今天学术界对"团结"的研究,尽管主要集中于社会学、民族学、政治学等领域,但不能缺少伦理的视角。

---

① 苏昌培:《团结学》,社会科学文献出版社1992年版,第2页。
② 〔古希腊〕亚里士多德:《尼各马可伦理学》,廖申白译,商务印书馆2017年版,第295~296页。
③ 陈玉瑶:《国民团结:法国的理念与实践》,社会科学文献出版社2019年版,第14~15页。

三 民族团结

民族团结一词由"民族"和"团结"组成。尽管西方有对"团结"的广泛论述,但"民族团结"的直接表达并不多见,它主要用于中国语境。那么,在中国,何谓民族团结?从民族学角度看,民族团结是"各民族间和各民族内部在共同利益基础上结成的平等互助、友好合作的关系。是马克思主义处理民族问题的一项基本原则。它以消灭民族压迫和民族歧视实现民族平等为前提。实行世界范围内的各民族无产阶级和劳动人民的团结,是国际主义和爱国主义相结合精神的体现"[1]。从伦理学角度看,"民族团结指各民族之间友好相处、互相支援、共同发展的民族关系……民族团结也是中华民族兴盛的必要条件。中国50多个民族,只有团结一致,互相学习、互相支援,共同促进和共同发展,才能形成统一的、富有生气的整体"[2]。这两个定义具有典型性和代表性,它们在思想观念上高度一致,只是学科视角有差别。

从上述定义可以看出,民族团结侧重于讲民族之间、民族内部的关系,但也不仅仅是讲"关系",还讲"国际主义""爱国主义""形成统一的、富有生气的整体"等。民族团结既要注重"关系",也要注重"整体"。就"关系"而言,我国已建立平等团结互助和谐的社会主义民族关系,并通过加强民族交往交流交融、互嵌等不断巩固和发展。就"整体"而言,在全面建设社会主义现代化国家的新征程上,我国要铸牢中华民族共同体意识,并努力推动构建人类命运共同体。

---

[1] 陈永龄主编《民族词典》,上海辞书出版社1987年版,第348页。
[2] 罗国杰主编《中国伦理学百科全书》应用伦理学卷,吉林人民出版社1993年版,第158页。

四 新时代民族团结

基于以上"民族团结"的一般定义和历史思维、辩证思维、系统思维等方法,本书从中国化时代化出发,从民族伦理视角对新时代民族团结概念进行如下界定,并将这种界定贯穿于本书的各章节。

民族团结,广义上指民族的整体团结、内部团结和外部团结,狭义上仅指民族的整体团结和内部团结。新时代民族团结,广义上指中华民族的整体团结、内部团结和外部团结(外部团结即中华民族与世界其他民族的团结),狭义上仅指中华民族的整体和内部团结(见表1)。本书立足国内,面向世界,因此,一方面主要研究中华民族的整体和内部团结,另一方面有时也涉及外部团结。

表1 新时代民族团结的类别和含义

类别		含义
中华民族的	整体团结	中华民族共同体的凝聚与统一。其主体是各民族或全体中国人民。新时代特别强调铸牢中华民族共同体意识。
	内部团结	中华民族内部各成员之间的和睦与和爱。新时代特别强调民族交往交流交融,相互嵌入,相互了解、相互尊重、相互包容、相互欣赏、相互学习、相互帮助。
	外部团结	中国坚持推动、积极参与构建人类命运共同体,与世界其他民族、国家团结合作。

要着重指出的是,中华民族的整体团结和内部团结是密不可分的。整体由部分组成,没有中华民族的内部团结,就不可能有中华民族的整体团结。部分是整体的部分,中华民族的内部团结是在中华民族这个整体之中的团结。相关的,2014年中央民族工作会议指出:"中华民族和各民族的关系,是一个大家庭和家庭成

员的关系，各民族的关系，是一个大家庭里不同成员的关系。"这里讲了两种关系：其一，"中华民族和各民族的关系，是一个大家庭和家庭成员的关系"，这要求维护好中华民族的整体团结；其二，"各民族的关系，是一个大家庭里不同成员的关系"，这要求维护好中华民族的内部团结。[①] 前后两种"关系"表明：维护好中华民族的整体团结是各族人民的最高利益，维护好中华民族的内部团结是维护好中华民族整体团结的前提条件和根本保证。这两者有机联系，相辅相成，相互促进。

第二节 新时代民族团结的伦理主旨

近代以来的中国面对国际国内的复杂形势，比以往更需要自觉地树立民族意识、加强民族团结。无论是民族独立、国家统一，还是强国建设、民族复兴，都需要各民族和衷共济、和睦相处与和谐发展。中国共产党是为民族谋复兴、为人民谋幸福的政党，从其诞生之日起，就高度重视民族团结。一百多年来，党以马克思主义为指导，带领全国各族人民团结奋斗，在这个过程中，也形成了先进的民族团结理论与政策，积累了丰富的民族团结实践经验。1992 年，我国召开首次中央民族工作会议，为中国特色社会主义民族团结工作确定了大政方针和主要任务。中国特色社会主义进入新时代以来，民族团结工作在继承中发展，在发展中创新，不断取得新成就。新时代民族团结要求"必须高举中华民族大团结旗帜，促进各民族在中华民族大家庭中像石榴籽一样紧紧

[①] 国家民委民族理论政策研究室编《中央民族工作会议创新观点面对面》，民族出版社 2015 年版，第 151 页。

抱在一起"①。在团结其他民族国家方面，中国积极"促进世界和平与发展，推动构建人类命运共同体"②。新时代民族团结的传承与创新发展，总结起来看，一是注重交互性，二是注重共同性。"交""互"与"共""同"有机联系，前者是后者的过程，后者是前者的结果。"交互"与"共同"是新时代民族团结伦理的内核。"交互—共同"融会贯通新时代民族团结伦理。与此紧密联系的"铸牢中华民族共同体意识"，是新时代民族团结的伦理主旨。

一 新时代民族团结的核心伦理要素

中国共产党一百多年来民族团结的理论与政策一脉相承，与时俱进。新时代民族团结的思想理念是对以往党的民族团结思想理念的传承与创新发展。从伦理角度看，新时代民族团结的核心要素有"交互性"和"共同性"两大类，而每一类中又有运用于各种具体情景的表述。这些核心伦理要素相互联系，相互依存，相互渗透。

（一）"交互性"要素

1. "交往交流交融"

"交往交流交融"是民族团结的基本实现路径。交往，即你来我往，促使各民族彼此熟悉。交流即把自己有的提供给对方，促使各民族取长补短。交融，即交汇融合，促使各民族相互认同。"民族交往交流交融"是胡锦涛在 2010 年 1 月召开的中央第五次西藏工作座谈会上首次提出的。2014 年 9 月，习近平在中央民族工作会议上对其作出了系统阐述："加强各民族交往交流交融，尊

---

① 《习近平谈治国理政》第 4 卷，外文出版社 2022 年版，第 244 页。
② 习近平：《高举中国特色社会主义伟大旗帜 为全面建设社会主义现代化国家而团结奋斗——在中国共产党第二十次全国代表大会上的报告》，人民出版社 2022 年版，第 60 页。

重差异、包容多样，让各民族在中华民族大家庭中手足相亲、守望相助。"① 其中，"尊重差异、包容多样"指明了交往交流交融的基本遵循，这是民族团结的前提；"让各民族在中华民族大家庭中手足相亲、守望相助"表达了交往交流交融的美好愿景，这是民族团结的结果。2021年8月，习近平在中央民族工作会议上，从铸牢中华民族共同体意识的角度多次提到，要"促进各民族交往交流交融"。其中，最重要的有两点。第一，就精神和思想意识层面而言，"必须促进各民族广泛交往交流交融，促进各民族在理想、信念、情感、文化上的团结统一，守望相助、手足情深"②。第二，就各方面全方位而言，要促进各民族交往交流交融，"逐步实现各民族在空间、文化、经济、社会、心理等方面的全方位嵌入"③。由此可见，促进各民族交往交流交融是巩固和加强民族团结极其重要的途径。

2．"交心"

"交心"是新时代民族团结的重要方法论。团结是人的团结，是人与人、心与心的联结。人心是最大的政治，民族团结工作要在争取和凝聚人心上下功夫。习近平指出，"船的力量在帆上，人的力量在心上。做民族团结重在交心，要将心比心、以心换心"④，争取人心要"坚持重在平时、重在交心、重在行动、重在基层"⑤。只有语重心长、真心实意、用真心换真情，干群之间、民族之间才会同心同德、心心相印、心贴心、心连心。"交心"的工

---

① 《中央民族工作会议暨国务院第六次全国民族团结进步表彰大会在北京举行》，《人民日报》2014年9月30日。
② 《习近平谈治国理政》第4卷，外文出版社2022年版，第244页。
③ 《习近平谈治国理政》第4卷，外文出版社2022年版，第247页。
④ 中共中央文献研究室编《习近平关于社会主义政治建设论述摘编》，中央文献出版社2017年版，第153页。
⑤ 《关于加强和改进新形势下民族工作的意见》，《人民日报》2014年12月23日。

作做好了，各族人民便能"人心归聚、精神相依""人心凝聚、团结奋进"，便能"同心共筑中国梦"。

3."离不开"

"离不开"简洁而准确地表达了各民族之间唇齿相依、肝胆相照的关系。中华人民共和国成立后，各民族共同当家作主，共同生活在中华民族大家庭中，毛泽东多次提到，汉族和少数民族相互依赖，谁也离不开谁。党的十一届三中全会以后，以邓小平为核心的党中央领导集体提出了"两个离不开"，即"汉族离不开少数民族，少数民族也离不开汉族"。这一观点后来被江泽民发展完善为"三个离不开"。江泽民指出："在我们祖国的大家庭里，各民族之间的关系是社会主义的新型民族关系，汉族离不开少数民族，少数民族离不开汉族，少数民族之间也相互离不开。"[①]习近平同样特别重视"离不开"。2014年9月，他在中央民族工作会议上指出："我国历史演进的这个特点，造就了我国各民族在分布上的交错杂居、文化上的兼收并蓄、经济上的相互依存、情感上的相互亲近，形成了你中有我、我中有你，谁也离不开谁的多元一体格局。"[②]

4."相互"

民族团结是一个各民族彼此联系、交流互动的过程，它具有"相互"的特点。2014年5月，习近平在第二次中央新疆工作座谈会上指出："各民族要相互了解、相互尊重、相互包容、相互欣赏、相互学习、相互帮助，像石榴籽那样紧紧抱在一起。"[③] 2014

[①] 刘先照主编《中国共产党主要领导人论民族问题》，民族出版社1994年版，第237~238页。
[②] 《中央民族工作会议暨国务院第六次全国民族团结进步表彰大会在北京举行》，《人民日报》2014年9月30日。
[③] 《坚持依法治疆团结稳疆长期建疆 团结各民族人民建设社会主义新疆》，《人民日报》2014年5月30日。

年12月，中共中央、国务院印发的《关于加强和改进新形势下民族工作的意见》对这"六个相互"再次进行强调。2019年9月，习近平在全国民族团结进步表彰大会上的讲话中指出："各民族在文化上要相互尊重、相互欣赏，相互学习、相互借鉴。"[1]"相互"讲的是民族主体间性或民族交互主体性。"相互"意味着在民族团结中，各民族都是能动、积极的主体，而不是被动、消极的客体。"相互"是"共同"的基础，"相互"问题解决不好则很难有"共同"，"相互"问题解决好了则"共同"水到渠成。

（二）"共同性"要素

1. "大家庭"

"家庭"是一个带有强烈情感色彩和中国味道的概念。家庭团结不像基于理性的、以法律为保障的经济领域的契约团结。家庭团结在很大程度上表现为家庭成员的道德自觉。中华民族是一个"人人为大家、大家为人人"的大家庭，各民族是中华民族这个大家庭的成员，家庭成员相亲相爱、紧密团结则家庭和谐、万事兴旺。1949年9月，中国人民政治协商会议通过的具有临时宪法地位的《共同纲领》规定："中华人民共和国境内各民族一律平等，实行团结互助，反对帝国主义和各民族内部的人民公敌，使中华人民共和国成为各民族友爱合作的大家庭。"[2] 毛泽东指出："从中华人民共和国成立的那一天起，中国各民族就开始团结成为友爱合作的大家庭。"[3] 1954年9月制定的《中华人民共和国宪法》明确规定："我国各民族已经团结成为一个自由平等的民族大家庭。"[4] 2018年3月，习近平在第十三届全国人民代表大会第一次

---

[1] 习近平：《在全国民族团结进步表彰大会上的讲话》，人民出版社2019年版，第9页。
[2] 中共中央统战部：《民族问题文献汇编》，中共中央党校出版社1991年版，第1290页。
[3] 《毛泽东文集》第6卷，人民出版社1999年版，第229页。
[4] 韩大元：《1954年宪法与新中国宪政》，湖南人民出版社2004年版，第666页。

会议上的讲话中指出："在几千年历史长河中，中国人民始终团结一心、同舟共济，建立了统一的多民族国家，发展了56个民族多元一体、交织交融的融洽民族关系，形成了守望相助的中华民族大家庭。"① 2019年9月，习近平在全国民族团结进步表彰大会上的讲话中指出："中华民族是一个大家庭，一家人都要过上好日子。"② 各族人民亲如一家，情同手足，紧密联系，中华民族大家庭团结凝聚，友爱和睦，克勤克俭，是实现社会主义现代化和中华民族伟大复兴的根本保证。

2. "与共"

"与共"即"共同担当、共同享受""在一起、永不分离"等。它讲的是一种向往和追求团结的期盼和态度。它既表达了共同体成员"同呼吸、共命运、心连心"的决心，也宣示了其责任和担当。1990年，著名民族学家费孝通先生提出"美美与共"③，认为各民族各国家在优秀文化方面应相互尊重和包容、相互学习和借鉴。2021年8月，习近平在中央民族工作会议上指出："要引导各族人民牢固树立休戚与共、荣辱与共、生死与共、命运与共的共同体理念。"④ 这"四个与共"是基于数千年中华各民族的共同发展总结而来的，是坚定不移地巩固和加强中华民族大团结的新时代表述，深刻阐释了中华民族共同体意识的内涵与本质。

3. "认同"

认同是民族团结必不可少的心理、情感与思想基础，认同即认可、同意与归属意识。没有认同，团结就没有"凝结核"，就不知道从哪里来、到哪里去。习近平高度重视与民族团结相关的各

---

① 《习近平谈治国理政》第3卷，外文出版社2020年版，第141页。
② 《习近平谈治国理政》第3卷，外文出版社2020年版，第300页。
③ 费孝通：《人的研究在中国：个人的经历》，《读书》1990年第10期。
④ 《习近平谈治国理政》第4卷，外文出版社2022年版，第245页。

种认同。2014年3月,他在参加全国政协十二届二次会议少数民族界委员联组会讨论时提出"四个认同",即"对伟大祖国的认同、对中华民族的认同、对中华文化的认同、对中国特色社会主义道路的认同"。2015年8月,他在中央第六次西藏工作座谈会上提出"五个认同",即"对伟大祖国、中华民族、中华文化、中国共产党、中国特色社会主义的认同"。这里,增加了对中国共产党的认同,是一种发展和强调,意味着党的领导十分重要——中国共产党是各民族的主心骨,是全心全意为人民服务的政党,只有在党的领导下才能实现中华民族大团结,汇聚强国建设、民族复兴的磅礴力量。"五个认同"紧密联系、相互促进,它们内在统一于铸牢中华民族共同体意识、构建中华民族共有精神家园。在"五个认同"中,"文化认同是最深层次的认同,是民族团结之根、民族和睦之魂。文化认同问题解决了,对伟大祖国、对中华民族、对中国共产党、对中国特色社会主义道路的认同才能巩固"。"加强中华民族大团结,长远和根本的是增强文化认同"。[①]并且,"社会主义核心价值观是文化认同的基础","讲文化认同,最核心、最关键的就是要增进各族群众对社会主义核心价值观的认同"。[②] 认同是共同体存在和发展的关键因素,没有认同,就没有共同体。加强各方面的认同是铸牢中华民族共同体意识的重要任务。在2021年召开的中央民族工作会议上,习近平再次强调"五个认同",并指出:"只有铸牢中华民族共同体意识,才能增进各民族对中华民族的自觉认同","推动中华民族成为认同度更

[①] 国家民族事务委员会编《中央民族工作会议精神学习辅导读本》增订版,民族出版社2019年版,第195~196页。
[②] 国家民族事务委员会编《中央民族工作会议精神学习辅导读本》增订版,民族出版社2019年版,第199页。

高、凝聚力更强的命运共同体"。①认同是中华民族具有亘古不灭、顽强不息生命力的奥秘所在。中华民族在近代遭受外敌入侵重大劫难的时候之所以没有分崩离析，靠的就是中华儿女高度的国家认同、民族认同和文化认同，靠的就是深埋在中国人民心中的"国土不可分、民族不可散、文明不可断"的坚强信念。

4."共同"

"共同"是存异求同，是差异的整合。"共同"意味着团结起来的个体组合成新的主体，能产生更大更强的力量，要一起追求更高更远的目标。2003年3月，胡锦涛在全国政协十届一次会议上首次提出"两个共同"作为处理民族问题的一个重大战略思想。"两个共同"，即"共同团结奋斗，共同繁荣发展"。这两个"共同"相辅相成、相互促进，"只有各民族共同团结奋斗，各民族共同繁荣发展才能具有强大动力。只有各民族共同繁荣发展，各民族共同团结奋斗才能具有坚实基础"②。新时代，"两个共同"思想得到了进一步发展。习近平指出，加强和改进党的民族工作，"必须把推动各民族为全面建设社会主义现代化国家共同奋斗作为新时代党的民族工作的重要任务，促进各民族紧跟时代步伐，共同团结奋斗、共同繁荣发展"③。维护和促进民族团结的"共同"，除了"共同团结奋斗、共同繁荣发展"外，还有很多，比如"保证各民族共同当家作主、参与国家事务管理"，"各民族共同维护好国家安全和社会稳定"等。④

---

① 《习近平谈治国理政》第4卷，外文出版社2022年版，第245页。
② 胡锦涛：《在中央民族工作会议暨国务院第四次全国民族团结进步表彰大会上的讲话》，《人民日报》2005年5月28日。
③ 《习近平谈治国理政》第4卷，外文出版社2022年版，第244页。
④ 《习近平谈治国理政》第4卷，外文出版社2022年版，第244、245页。

5. "共同体"

"共同体"囊括了以上各种团结理念。共同体是一个大家庭，共同体具有共同性和整体性，共同体成员具有相互性和依存性。交往交流交融交心促进共同体成员的团结，认同促进共同体成员的凝聚统一。"共同体"是我国民族团结思想在新时代的综合创新与境界提升。在我国民族团结视域中，"共同体"的主要内涵是"中华民族共同体"，同时，它也有"人类命运共同体"之外延。

（1）"中华民族共同体"

"中华民族共同体"在新时代民族团结思想中占有核心地位。我国各民族在长期的历史发展中形成了"多元一体"的中华民族共同体。其中，各民族是"多元"，中华民族是"一体"。在"多元"和"一体"的关系中，"一体"包含"多元"，"多元"组成"一体"；"一体"离不开"多元"，"多元"也离不开"一体"；"一体"是方向和主线，"多元"是要素和动力。党的十八大以来，"习近平总书记审古今之变、察时代之势……创造性提出'铸牢中华民族共同体意识'的重大原创性论断，并将其确立为新时代党的民族工作的主线"[①]。习近平对"中华民族共同体意识"的表述经历了"树立"—"培养"—"培育"—"铸牢"的演进过程。2014年5月，习近平在第二次中央新疆工作座谈会上提出"在各民族中牢固树立中华民族共同体意识"。同年9月，习近平在中央民族工作会议上提出"积极培养中华民族共同体意识"。2015年8月，习近平在中央第六次西藏工作座谈会上提出"大力培育中华民族共同体意识"。2017年10月，习近平在党的十九大报告中提出"铸牢中华民族共同体意识"。随后，"铸牢中华民族

[①] 中共中央统一战线工作部、国家民族事务委员会编《中央民族工作会议精神学习辅导读本》，民族出版社2022年版，第44页。

共同体意识"被写进党章。2019年9月，习近平在全国民族团结进步表彰大会上的讲话中指出："实现中华民族伟大复兴的中国梦，就要以铸牢中华民族共同体意识为主线，把民族团结进步事业作为基础性事业抓紧抓好。"① 2020年9月，习近平在第三次中央新疆工作座谈会上再次强调，要以铸牢中华民族共同体意识为主线，不断巩固各民族大团结。2020年10月，党的十九届五中全会讨论决定把"铸牢中华民族共同体意识，促进各民族共同团结奋斗、共同繁荣发展"作为推动我国社会主义政治建设的一个重要目标。2021年8月，习近平在中央民族工作会议上强调，要以铸牢中华民族共同体意识为主线，推动新时代党的民族工作高质量发展。2022年10月，习近平在党的二十大报告中重申"以铸牢中华民族共同体意识为主线"，"全面推进民族团结进步事业"。② 马克思主义理论站在整体、全局、长远的高度，始终实事求是，将普遍真理与本土的文化、历史相结合，始终站在时代前沿，随着实践的变化而发展。"铸牢中华民族共同体意识"是马克思主义民族理论中国化、时代化的最新成果，"这一重大理论创新，源自中华民族互鉴融通、兼容并蓄的优秀文化传统，源自近代以来中国各族人民同仇敌忾、共御外侮的历史发展进程"③。这一重大理论创新，紧扣时代脉搏，把握时代大趋势，旨在解决新时代面临的新问题。

（2）"人类命运共同体"

"人类命运共同体"与"中华民族共同体"一外一内，协调

---

① 《习近平谈治国理政》第3卷，外文出版社2020年版，第299页。
② 习近平：《高举中国特色社会主义伟大旗帜 为全面建设社会主义现代化国家而团结奋斗——在中国共产党第二十次全国代表大会上的报告》，人民出版社2022年版，第39~40页。
③ 国家民族事务委员会编《铸牢中华民族共同体意识——全国民族团结进步表彰大会精神辅导读本》，民族出版社2021年版，第11页。

统一。2011年9月,《中国的和平发展》白皮书在讲到经济全球化对国际关系的影响时,首次提出"命运共同体"概念。2012年11月,党的十八大明确提出"倡导人类命运共同体意识"。2013年3月,习近平在莫斯科国际关系学院的演讲中提出"构建人类命运共同体"。2017年1月,习近平在联合国日内瓦总部发表了题为《共同构建人类命运共同体》的主旨演讲。2017年10月,习近平在党的十九大报告中提出"坚持和平发展道路,推动构建人类命运共同体"。2022年10月,习近平在党的二十大报告中指出:"构建人类命运共同体是世界各国人民前途所在。"[①] 民族团结"是国际主义和爱国主义相结合精神的体现"[②],新时代民族团结不仅指中国国内的民族团结,而且包括中华民族与世界其他民族的合作共赢、和睦相处等。中国共产党不仅为中国人民谋幸福,为中华民族谋复兴,而且为世界谋大同。

新时代,中国共产党不仅致力于实现伟大的中国梦,而且坚持推动构建人类命运共同体。习近平总书记关于"两个共同体"的系列重要论述,层次分明,结构清晰,全面完整。中华民族共同体存在于人类命运共同体的大视野和大环境中,不能只见"中华民族共同体"这个中国之"我们"而不见"人类命运共同体"这个更大的世界之"我们"。因此,讲民族团结不能仅仅限于国内,而是既要追求中华民族大团结,也要追求世界人民大团结。这体现了中国共产党人全面辩证长远的眼光,恢宏的世界胸怀与坚定的大国担当。新时代民族团结,既要立足国内,自信、自尊、自立,又要面向世界,尊重差异、包容多样、求同存异。新时代

---

① 习近平:《高举中国特色社会主义伟大旗帜 为全面建设社会主义现代化国家而团结奋斗——在中国共产党第二十次全国代表大会上的报告》,人民出版社2022年版,第62页。
② 陈永龄主编《民族词典》,上海辞书出版社1987年版,第348页。

民族团结，要充分彰显中国共产党的责任、使命和担当，充分发挥中华优秀文化的精神动力和价值支撑作用，要在全世界大力推广中国民族团结的成功经验，为人类命运共同体的构建贡献中国智慧和中国方案。

二 新时代民族团结的核心伦理理念及伦理线索

"交互性"要素和"共同性"要素有机统一，构成新时代民族团结伦理的主体框架。"交互"理念和"共同"理念是新时代民族团结的核心伦理理念，它们融合在一起，贯穿新时代民族团结伦理。

（一）"交互"与"共同"是新时代民族团结伦理的内核

1. "交互"与"共同"相辅相成有机统一

何谓"交互"？"交"即交接、交换等，"互"即互相、互动等。"交"有"互"之意，"互"亦有"交"之意。"交互"即彼此连结、发生关系，它侧重讲"你中有我、我中有你"的"和"。

何谓"共同"？"共"即与共、共存等，"同"即认同、同一等。"共"有"同"之意，"同"亦有"共"之意。"共同"即一同、一起、属于大家的，它侧重讲总体、整体、有机体的"合"。

"交互"与"共同"是什么关系？从联系的普遍性看，任何事物都存在内部联系、外部联系和整体联系。内部联系和外部联系即"交互"，整体联系即"共同"。系统是相互联系的要素构成的整体。从系统的结构性原则看，要素和要素之间如果联系紧密，结构不断优化，系统这个有机共同体就会牢固，其功能就会大于各要素机械相加之和。因此，在系统内部加强要素之间的"交互"，有利于系统这个共同体的发展。从系统的开放性原则看，开放是实现系统有序发展和功能优化的必要条件，只有加强外部联系，或者说，加强与外界的"交互"，系统这个有机体才具有生命活力，不断更新、完善和进步。由此可见，加强"交互"是有利于"共同"的。甚至可以说，加强内部和外部的"交互"是巩固和发展共同体的必要环节或过程。另外，从系统的整体性原则看，部分依赖于整体（或要素依赖于系统），脱离了整体的部分，就会失去原有的性质和功能。因此，要以整体统筹各部分，并不断加强部分与整体的联系。这种促进"共同"的整合，就是协调平衡部分与部分的关系并努力增进各部分的共同性，显然，与此同时也增强了交互性。综上，"交互"与"共同"尽管在侧重点上不同，但它们是相互依存、相互促进、相互统一的。

2. "交互"与"共同"的伦理意涵

"交互"主要表征个体与个体之间的连结关系，"共同"主要表征个体与整体的连结关系。"交互"连结能促进"共同"连结的紧密化，"共同"连结能促进"交互"连结的整体化。

伦理的本质是关系性连结，"伦理的使命可以集中于一个词：连结""连结是首要的伦理律令"[①]。"伦理"和"道德"这两个词常常被等同使用，但它们有细微差别。"道德"侧重于个人品性，"伦理"侧重于社会关系。正因为如此，学术界常常把道德和伦理细微区分为个人道德和社会伦理。当然，这种区分不是绝对的，因为社会是由个人组成的。正是这样，社会公德、职业道德、家庭美德等与社会伦理多有重合。"伦理"主要调整个体与个体、个体与整体的关系，使其符合"人伦、规则、条理、秩序"。这种关系不是从空间位置方面讲的，而是指个体与个体的相互尊重承认关系以及个体与整体的心理情感认同关系等。

---

① 〔法〕埃德加·莫兰：《伦理》，于硕译，学林出版社2017年版，第281、156页。

综上可见,"交互"与"共同"具有深厚的伦理内涵,表征社会伦理关系,是非常重要的伦理理念。

3."交互"与"共同"在民族团结伦理中的地位

民族团结伦理的要义是民族的"交互"与"共同",即民族的"和"与"合"。从民族看,在中国这样一个统一的多民族国家中,最主要的民族关系有两类,一是民族成员之间及民族之间的"交互"关系,二是各民族组成中华民族这个有机整体的"共同"关系。从团结看,团结是一个表示人们"聚拢成团,编织成结"的概念,团结总体上有两种,一是个体与个体或整体与整体的团结,即"交互"团结,二是个体与整体的团结,即"共同"团结。民族团结是民族与团结的合成词,民族与团结的关键都是"交互"与"共同",因此民族团结伦理的要义就是民族的"交互"与"共同"。民族"交互"即各民族的交往交流交融,相互嵌入,相互了解,相互尊重,相互包容,相互欣赏,相互学习,相互帮助。民族"共同"即各民族成员"与共"与"认同",以及凝聚成共同体。

与传统伦理学相比,现代伦理学更强调主体性。现代伦理学讲主体性,主要是为了避免群体淹没个体。本书之所以在大多数地方都使用现代词语"交互"与"共同",而不用传统词语"和"与"合",就是为了突出新时代民族团结中两种相辅相成的主体性,即交互主体性与共同主体性。"交互主体"即交往的各方互为主体,"共同主体"即共同体的各成员共同组成主体。

(二)"交互—共同"融贯新时代民族团结伦理

新时代民族团结可分为民族内部团结、民族外部团结和民族整体团结。民族内部团结即民族成员之间的团结。民族外部团结即民族之间的团结。无论是民族成员之间的团结,还是各民族之间的团结，都是一种主体间团结或交互团结。因此，民族团结总体上可分为民族交互团结和民族整体团结两类。交互团结以"交互"为主要伦理特征，整体团结以"共同"为主要伦理特征，但"交互"中有"共同"，"共同"中也有"交互"。

"交互与共同"既是新时代民族团结的伦理本质，也是新时代民族团结的伦理路向。本质即事物的根本性质，或事物本身所固有的属性。新时代民族团结具有交互性和共同性这两种根本伦理属性。路向即道路延伸的方向，引申为个人或社会努力的目标。新时代民族团结以增强交互性和增进共同性为努力的方向和目标。新时代民族团结顺应伦理本质，朝着伦理路向不断前进，其根本目的或宗旨是铸牢中华民族共同体意识。

"交互—共同"是本书新时代民族团结伦理理论体系的中心或线索。从伦理导向上看，无论是集体主义、爱国主义，还是平等、互助、和谐、进步，都具有"交互"与"共同"意蕴。从伦理资源看，无论是马克思恩格斯的共同体伦理、交往伦理，中华传统伦理中的仁爱、和合、大同，还是当代西方的差异性伦理、共同性伦理、主体间性伦理，都蕴含着"交互"与"共同"。从伦理理论看，无论是民族大义、人民幸福等伦理地位，还是集体意识、交互关系、价值共识等伦理基础，和谐共融、义利统一、德法结合、自强厚德等伦理方法，都以"交互"与"共同"为灵魂。从伦理实践看，无论是共同富裕、人民民主、尊异聚同、公平普惠、共筑共享的政策伦理，以及注重情理、理念、精神的伦理建设，还是中华和美、世界大同的伦理愿景，都将"交互"与"共同"作为最深层的伦理追求。

三 新时代民族团结以铸牢中华民族共同体意识为伦理主旨

主旨，即主要的旨意，或主要的目的或意图。新时代民族团结，其伦理主旨在于铸牢中华民族共同体意识。新时代民族团结以铸牢中华民族共同体意识为伦理主旨，可从以下三个方面来理解。

一是何以必要。新时代铸牢中华民族共同体意识意义重大。习近平在2021年中央民族工作会议上强调，铸牢中华民族共同体意识"是维护各民族根本利益的必然要求"，"是实现中华民族伟大复兴的必然要求"，"是巩固和发展平等团结互助和谐社会主义民族关系的必然要求"，"是党的民族工作开创新局面的必然要求"。[①] 汪洋在这次会议的总结讲话中指出，要"深刻认识铸牢中华民族共同体意识的历史必然性、极端重要性和现实针对性，使之贯穿民族工作各领域全过程"[②]。铸牢中华民族共同体意识是历史发展的必然，是强国建设、民族复兴的现实需要，是防范、抵御民族领域重大风险隐患的根本保障，是民族工作中补短板、强弱项的重要方略。新时代的一切民族工作都要以铸牢中华民族共同体意识为纲领、主线、方向，民族团结工作当然也要遵循这个要求。铸牢中华民族共同体意识的伦理进路是以"四个共同"为立足点和出发点，引领全国各族人民牢固树立"四个与共"、不断增强"五个认同"等，新时代民族团结只有以铸牢中华民族共同体意识为伦理主旨才符合历史必然和时代要求。

二是何以可能。新时代民族团结以铸牢中华民族共同体意识为伦理主旨是合理且可行的。我国作为统一的多民族国家，各民族的团结最终体现在民族国家的整体团结上，即体现在中华民族大团结上。铸牢中华民族共同体意识，从行动上说就是维护和促

[①] 《习近平谈治国理政》第4卷，外文出版社2022年版，第245页。
[②] 《以铸牢中华民族共同体意识为主线 推动新时代党的民族工作高质量发展》，《人民日报》2021年8月29日。

进中华民族大团结,整合、凝聚各族人民的力量努力建设好中华民族大家庭。因此,新时代民族团结要将铸牢中华民族共同体意识作为伦理主旨,贯穿其全过程和各方面。铸牢中华民族共同体意识与新时代民族团结内在统一。一方面,中华民族共同体意识是新时代民族团结的根本,对新时代民族团结起着引领和凝聚作用。另一方面,新时代民族团结为铸牢中华民族共同体意识提供良好的条件和环境,只有各民族团结和睦、同心同德,才能铸牢中华民族共同体意识。铸牢中华民族共同体意识和新时代民族团结一脉相承,是新时代民族团结高质量发展的重要体现。

三是何以实现。如前所述,"交互"与"共同"是新时代民族团结伦理的内核。新时代民族团结以增强各民族的交互性和增进中华民族的共同性的方式铸牢中华民族共同体意识。首先,增强交互性铸牢中华民族共同体意识。一个由多民族组成的民族共同体,如果各民族处于松散、隔离甚至对立状态,它就会面临分崩离析的危险。在中国特色社会主义新时代,各民族的交往交流交融、相互嵌入等能缩小人们在空间、文化、经济、社会、心理等方面的距离或差距,能夯实中华民族共同体的内部结构,使这个共同体稳定和密实,使各族人民的共同体意识不断由自发走向自觉。其次,增进共同性铸牢中华民族共同体意识。共同性是共同体的基本属性,是共同体存在和发展的基础,没有共同性就没有共同体,失去共同性就意味着共同体生命的衰弱或完结。在中国式现代化进程中,国家通过扩大中等收入群体、促进边疆民族地区发展、促进基本公共服务均等化、全面推进乡村振兴等推动全体人民共同富裕,通过坚定共同理想信念、弘扬中国精神、培育和践行社会主义核心价值观、加强公民道德建设等构筑中华民族共有精神家园,通过建设共同的政治法律制度、设立国家标志、推广普及国家通用语言文字等塑造国家意志，使各族人民在利益、情感、信念、精神、价值、道德、语言等方面有越来越多的"共同"，各族人民的中华民族共同体意识就会浓郁和强烈。需要说明的是，"交互"与"共同"紧密联系，很多时候，增强交互性会产生增进共同性的结果，增进共同性的同时也增强了交互性，因此，要用联系观念和整体观念看待这两种铸牢中华民族共同体意识的方式。

总之，新时代民族团结的高质量发展重在铸牢中华民族共同体意识。新时代民族团结要以增强各民族的交互性和增进中华民族的共同性的方式，不断推动中华民族成为认同度更高、凝聚力更强的命运共同体。

第三节 新时代民族团结的伦理精义

团结本质上是一个调整个体与个体、个体与群体关系的伦理学范畴。团结的基本伦理特征是"和"与"合"，即"交互"与"共同"。这些伦理特征体现在团结的局部与整体。团结的基本伦理精神是和谐、亲近、仁爱、责任、义务、集体主义等。这些伦理精神既根植于中华优秀传统文化和革命文化，也为社会主义道德所力倡。依据团结的基本伦理特征和基本伦理精神，结合我国当前的实际情况以及铸牢中华民族共同体意识的必然要求，本书把新时代民族团结的伦理精义总结为"交嵌相促""和睦互勉""甘苦与共""凝聚统一"等。

一 交：交嵌相促

"交嵌"即"交"与"嵌"。在新时代民族团结中，"交"即交往交流交融、交心等，"嵌"即嵌入、互嵌等。民族的"交"与"嵌"相互促进。一方面，民族的交往交流交融有利于各民族在空间、文化、经济、社会、心理等方面的全方位嵌入。另一方面，推动建立相互嵌入式社会结构和社区环境也有利于各民族的交往交流交融。

"交"与"嵌"都是巩固和加强民族关系、维护和促进民族团结、铸牢中华民族共同体意识的重要手段。"交嵌相促"能增强民族伦理连结和深化民族伦理情感，促进民族之间的互利与互助。

改革开放和社会主义市场经济的发展，为民族之间的交往交流创造了良好条件。改革开放后，许多少数民族同胞进入经济发达的地区务工，内地也有大量游客到边疆民族地区欣赏山水风光、体验民族风情。社会主义市场经济体制建立后，各民族的贸易往来得到了空前发展。这些都极大地促进了各民族的交往交流，在此过程中也增进了民族之间的相互了解与信任。

中国特色社会主义进入新时代，随着物质文明建设和精神文明建设的全面推进，各民族的往来合作不断加强。新时代，党和政府加大对少数民族的帮扶力度，通过广大干部群众大量艰苦卓绝的工作，各少数民族纷纷整族脱贫，民族地区的交通、通信、水电、教育、医疗等问题得到历史性解决。在脱贫攻坚过程中，和谐、友善等社会主义核心价值观得到了进一步的彰显和深化，手足相亲、守望相助、扶贫济困的中华传统美德得到了大力的传承和发扬。新时代，党和政府高度重视民族团结中的"民心"和"人心"。一方面，认为民族团结工作重在交心。干部要把各族群众当亲人，要将心比心、以心换心，要多做温暖人心、凝聚人心、争取人心的好事实事。另一方面，认为民族团结离不开民族间的交往交流交融。各民族要广泛交往，全面交流，深度交融。新时代全面深入持久开展民族团结进步创建工作，构建相互嵌入式的社会结构和社区环境，促进各民族共建美好家园，引导各族群众交知心朋友、做和睦邻居、结美满姻缘。特别是，党的二十大召开后，中共中央统战部、国家民委、教育部、文化和旅游部等共同组织实施"三项计划"①，助力民族团结进步事业在新的发展征程中再上新台阶。

二 互：和睦互勉

中华传统美德强调社会和谐，倡导亲仁善邻。早在上古时代，就讲求族内、族际和睦友好。据《尚书》记载，尧"克明俊德，以亲九族。九族既睦，平章百姓。百姓昭明，协和万邦。黎民于变时雍"（《尚书·尧典》）。之后的殷周时代注重"亲""友"伦理。殷之伦理道德注重宗族内部的团结和同宗同族的相亲相近。此外，"善兄弟为友"（《尔雅·释训》），殷人还注重作为兄弟手足之情的"友"，认为兄弟之间应该顺而有序、和睦相处。再后，中华文化中又产生了诸多类似的团结观念和伦理思想。比如，《论语》中讲"己所不欲，勿施于人"，"君子成人之美，不成人之恶"，"四海之内皆兄弟"（《论语·颜渊》）。又如，《孟子》中讲"天时不如地利，地利不如人和"（《孟子·公孙丑下》），"出入相友，守望相助，疾病相扶持，则百姓亲睦"（《孟子·滕文公上》）。再如，"不独亲其亲，不独子其子"（《礼记·礼运》），"兼相爱，交相利"（《墨子·兼爱》），"仇必和而解"（张载《正蒙·太和篇》），等等。正是有这些不断传承发展的共同的伦理道德观念作思想共识和行动指南，几千年来，中华各民族才兄弟情深、和睦融洽、

---

① "三项计划"即"各族青少年交流计划""各族群众互嵌式发展计划""旅游促进各民族交往交流交融计划"。

友好相处。

平等基础上的和睦友善和团结互助是社会主义道德的重要内容，各民族的和睦友好在社会主义新中国得到了质的飞跃。从总体上看，我国各民族在历史的绝大多数时间里是睦邻友好的，但受私有制和阶级、大汉族主义和地方民族主义、等级主义文化的影响，民族之间难免存在隔阂与摩擦。汉族征服和奴役少数民族、一些民族对另一些民族的称呼带有歧视性和侮辱性等问题客观存在。新中国的成立和社会主义制度的建立，为民族之间的和睦友好创造了根本前提。经济基础方面，消灭了私有制，从而消除了民族间不平等的主要根源。法律方面，宪法规定，各民族一律平等，禁止民族间的歧视和压迫。政治方面，实现民族区域自治，为民族平等提供了基本制度保障。解放后，一些少数民族直接从原始社会、奴隶社会跨越到社会主义社会，在经济、政治、文化、社会生活等方面实现了巨大飞跃。"新中国成立后，内地建设大军带着先进技术和人才，来到民族地区帮助各族群众发展生产，留下了各民族团结合作的佳话。"[1]

我国各民族在互补互济互尊互爱中发展进步。"独学而无友，则孤陋而寡闻。"（《礼记·学记》）"每个民族同另一个民族相比都具有某种优点"[2]，每个民族都有自己的优势，也有自己的短板，民族团结则有助于各民族相互学习、取长补短。"有力者疾以助人，有财者勉以分人，有道者劝以教人。"（《墨子·尚贤下》）一些民族相对贫困，另一些民族相对富裕，发扬民族团结精神才会有扶弱济贫、扶危济困。天有不测风云，人有旦夕祸福，如果民

---

[1] 国家民族事务委员会编《中央民族工作会议精神学习辅导读本》增订版，民族出版社2019年版，第85页。
[2] 《马克思恩格斯文集》第1卷，人民出版社2009年版，第354页。

族团结，一些民族遭遇地震、洪水等灾祸时，就会得到其他民族的救济，这样就会顺利渡过难关。反之则是避之若浼，冷眼旁观，甚至幸灾乐祸。"万物并育而不相害，道并行而不相悖。小德川流；大德敦化。"（《礼记·中庸》）团结状态是和而不同、周而不比、兼容并蓄的状态。民族团结则各民族追求自己的美好生活，不欺压对方，不损人利己；各民族的文化、习俗、信仰等互不干涉、互不歧视。我国各民族相互连结、相互依存、相互亲近、相互扶持，谁也离不开谁。新时代民族团结伦理，在"互"方面最主要的是六个"相互"，即各民族相互了解、相互尊重、相互包容、相互欣赏、相互学习、相互帮助。

事业成于和睦，力量生于团结，全国各族人民手足相亲、守望相助，是全面建设社会主义现代化国家、全面推进中华民族伟大复兴的坚实基础和不竭动力。各民族和睦互勉，是新时代民族团结伦理的基本诉求。

三 共：甘苦与共

"甘苦与共"即共享欢乐与幸福、共担痛苦与磨难，共享尊严荣耀、共担责任使命。这也就是习近平在2021年中央民族工作会议上强调的"休戚与共、荣辱与共、生死与共、命运与共"[1]。

团结包含着"休戚与共"的责任和义务。在罗马法中，团结意味着个体担负其所属整体的债务或义务，即"当某个人无法负担债务之时，共同体内的所有其他人都有义务代其偿付。反过来，这个人对共同体内其他所有成员也负有同样的义务"[2]；在法语中，团结意味着义务、休戚与共、连带责任（共同责任）等。另外，

---

[1] 《习近平谈治国理政》第4卷，外文出版社2022年版，第245页。
[2] 王晖：《法律中的团结观与基本义务》，《清华法学》2015年第3期。

王尔德指出:"在本质上,团结是彼此支持的团体成员之间的相互同情感和责任感"①;斯特鲁认为,团结是"时刻准备以如下方式与他人共享资源,即,把个人的贡献通过税收和国家所组织的再分配而给予那些生活难以温饱或需要的人"②。由此可见,团结要求共同体成员之间相互协作、相互帮助、患难与共。

中国文化特别强调责任和义务。中国文化注重社会关系,认为个人与他人、社会紧密联系,思与行不能仅仅以自己为出发点和落脚点,认为人们在社会生活和社会交往中要共同承担责任、相互履行义务、同甘共苦,而不是只顾自己、把个人自由看得高于一切、动辄主张自己的权利。这为休戚与共、团结合作奠定了坚实的伦理文化基础。

中华民族是世界上最伟大的民族,中国人民向来讲求休戚与共、团结奋进。在漫长的历史发展中,中国人民创造了灿烂辉煌的物质文明和精神文明。但自近代的鸦片战争起,中华民族屡遭列强侵略,国家蒙辱、人民蒙难、文明蒙尘。在亡国灭种的危急关头,全国各族儿女团结一心,同仇敌忾,共御外侮,加深了各族人民休戚与共、荣辱与共、生死与共、命运与共的团结意识。中国共产党诞生后,作为"领头雁",团结和带领全国各族人民,与各种敌对势力奋力抗争,最终取得胜利,建立了社会主义新中国,实现了民族独立。新中国成立后,全党全国各族人民同心同德,同心同向,团结协作,大力推进社会主义建设,取得了举世瞩目的发展成就。目前,我国经济总量已跃居世界第二,并且全面建成小康社会,新时代新征程的使命任务是全面建成社会主义现代化强国、全面推进中华民族伟大复兴。

---

① 李义天:《共同体与政治团结》,社会科学文献出版社 2011 年版,第 193 页。
② 李义天:《共同体与政治团结》,社会科学文献出版社 2011 年版,第 194 页。

在困难和灾难面前，中华各民族风雨同舟、休戚与共的团结精神体现得最为明显。1998年抗洪抢险、2008年汶川抗震救灾、2008年迎战雪灾、2010年甘肃舟曲特大泥石流全国大救援等之所以能迅速取得决定性胜利，都是因为各族人民有"一方有难，八方支援"的同胞情义。2019年底，新冠病毒突袭而至，疫情来势汹汹，严重威胁人们的身体健康，但我们仅仅用几个月的时间就夺取了全国抗疫斗争重大战略成果。这种成功，非常重要的一点就是，全国人民团结一心、众志成城、共克时艰。

实现中华民族伟大复兴是一百多年来全体中华儿女的共同心愿。在"复兴"的视域中，"甘苦与共"即中华各民族共担民族复兴的时代重任、共享民族复兴的伟大荣光。新时代是推动中华民族走向伟大复兴的关键时期。今天，全国各族人民正手拉手、心连心，为全面建成社会主义现代化强国而团结奋斗。这种团结奋进的场景，即"中华民族一家亲，同心共筑中国梦"。

四　同：凝聚统一

我国民族团结最重要的伦理指向就是增强中华民族的凝聚力和向心力，铸牢中华民族共同体意识。伦理道德"以能固其群、善其群、进其群者为归"，"无公德则不能团，虽有无量数束身自好、廉谨良愿之人，仍无以为国也"（梁启超《新民说·论公德》），"公德盛者其群必盛，公德衰者其群必衰"（梁启超《论中国国民之品格》）。团结作为一种伦理或"公德"，其重要功能之一是凝聚群体的力量，使人们人心归聚、精神相依。民族团结，各民族"相善其群"，就会心往一处想、智往一处谋、力往一处使，共同攻坚克难，共同强内御外，共同收获幸福。反之，民族分裂，就会孤立无援、丧权辱国、任由外敌蹂躏；民族斗争，就会造成内耗和损失，最终谁也不会成为赢家。

个体与集体的关系问题是一个极其重要的伦理问题。个体是否应该服从集体、以个体利益为重还是以集体利益为重、各自为政还是万众一心等，对这些问题的不同回答则形成了个体主义与集体主义等观点对立。团结是集体主义的集中体现，它青睐集体主义而非个体主义。

民族的凝聚统一即各民族凝结成统一的有机整体以确保其生存和发展的内在动力。"民族凝聚力是一个国家的国民与国民之间、民族与民族之间、地域与地域之间相互吸引、相互认同、相互融合以及相互帮扶的内在力量。"[1] 民族凝聚力表现为，在一个由民族个体组成的民族整体内，整体对个体的吸引力、个体对整体的向心力以及个体之间的亲和力。中华民族凝聚力是中华民族共同体集体主义精神的彰显和体现。对共同体而言，个体主义盛行则共同体松散，集体主义占主导地位则共同体凝聚和统一。在集体与个体的关系中，中国文化向来强调集体本位，认为集体高于个体。我国社会主义道德的基本原则是集体主义，集体主义强调集体利益高于个体利益。由此可见，我国的文化特质和社会制度都有利于团结，有利于各民族凝聚和统一成更大的民族共同体。

我国幅员辽阔，少数民族众多，各民族凝聚为一个休戚相关、荣辱相生、生死相依、命运相连的中华民族命运共同体，这在世界上绝无仅有。生活在中华大地上的各民族之所以能凝聚统一，是因为有自成一体的地理单元、相互依赖的经济关系、大一统的政治信念、多元一体的文化样态、同仇敌忾的历史命运等。有学者指出，中华民族的凝聚统一"有其物质基础和历史过程，更有

---

[1] 吴潜涛、杨峻岭：《大力弘扬"一方有难、八方支援"的社会主义互助精神》，《思想政治工作研究》2008年第7期。

其思想基础和精神纽带。在凝聚各民族的思想基础和精神纽带中，最重要的就是伟大的中华民族精神"①。而在中华民族精神中，最重要的就是"集体高于个体"等有利于凝心聚力、团结统一的精神。

自秦汉始，我国就是一个统一的多民族国家。秦始皇统一全国建立中央政权，并统一文字、货币、度量衡、车辙。汉武帝采纳董仲舒的建议，将重视整体的儒家思想确立为官方意识形态，实现了思想上的大一统。这些都为中国成为统一的多民族国家奠定了重要基础。从秦汉到隋唐再到元明清，民族交融的程度越来越深，文化交流的速度越来越快，民族统一的范围越来越广。两千多年来，各民族间虽有纷争、摩擦、碰撞甚至兵戎相见，但凝聚和统一始终是中华民族的主流。近代列强入侵，强烈的危机意识更加促使中华各民族团结一心、一致对外。香港、澳门、台湾都是中国不可分割的神圣领土，由于各种原因，中华人民共和国成立后的较长一段时间内，它们都"流浪"在外。今天，香港和澳门已回归祖国，但台湾问题还未得到解决，台独分子仍妄图分裂祖国。2021 年 7 月 1 日，习近平总书记在庆祝中国共产党成立 100 周年大会上的讲话中指出："包括两岸同胞在内的所有中华儿女，要和衷共济、团结向前，坚决粉碎任何'台独'图谋，共创民族复兴美好未来。"② 2022 年 10 月 16 日，习近平总书记在党的二十大报告中指出："我们坚持团结广大台湾同胞，坚定支持岛内爱国统一力量，共同把握历史大势，坚守民族大义，坚定反'独'促统。"③ 维护国家主权和领土完整，实现祖国完全统一，是大势

---

① 伍雄武：《中华民族的形成与凝聚新论》，云南人民出版社 2014 年版，第 1 页。
② 《习近平谈治国理政》第 4 卷，外文出版社 2022 年版，第 14 页。
③ 习近平：《高举中国特色社会主义伟大旗帜 为全面建设社会主义现代化国家而团结奋斗——在中国共产党第二十次全国代表大会上的报告》，人民出版社 2022 年版，第 59 页。

所趋、大义所在和民心所向，谁也阻挡不了。任何分裂国家的图谋都是不可能得逞的，台湾地区的领导人，欲成为历史之英雄，而不是历史之罪人，就应该自觉顺应历史发展的总方向和总进程。

  凝聚和统一是新时代民族团结最重要的伦理诉求。新时代的全部主题归结起来就是实现中华民族的伟大复兴，这既需要各民族紧密凝聚在一起，共同团结奋斗，共同繁荣发展，也必然要求国家统一，坚决反对任何分裂祖国的行径和图谋。"中华民族共同体意识是国家统一之基、民族团结之本、精神力量之魂"[①]，新时代要不断铸牢中华民族共同体意识，巩固和发展民族团结的大局，不断提升民族团结的新高度。

---

① 《中共中央办公厅国务院办公厅印发〈关于全面深入持久开展民族团结进步创建工作铸牢中华民族共同体意识的意见〉》，《中国民族》2019 年第 11 期。

第 二 章
新时代民族团结的正确伦理导向

方向决定道路，道路决定命运，民族团结只有沿着正确的方向道路前进，才能日益巩固和发展。我国是以马克思主义为指导思想的社会主义国家，坚持马克思主义理论指导、走中国特色社会主义道路是我们民族团结的科学指引和根本遵循。新时代要大力加强社会主义思想道德建设，铸牢民族团结的集体主义、爱国主义基础。新时代要牢固树立社会主义民族伦理观，从平等、互助、和谐、进步各方面加强民族团结。

第一节　新时代民族团结伦理导向的底色

民族团结建立在一定的指导理论和社会制度基础之上。新时代民族团结的理论指导是马克思主义，制度保证是中国特色社会主义。以马克思主义为理论指导，我们才能把握民族团结的大局，厘清民族团结的本质、抓住民族团结的关键、明确民族团结工作的方法。以中国特色社会主义为制度保证，坚持中国共产党的领导，我国的民族团结事业才稳固，才有"主心骨"，才会一往无前、不断谱写新篇章。

一　马克思主义：民族团结的理论指导

马克思主义具有鲜明的科学性、人民性、实践性和发展性等，它是指导我们认识世界和改造世界的锐利思想武器。民族问题具有长期性、重要性和复杂性等，要用马克思主义的唯物史观和唯物辩证法看待、发展我国的民族团结。

（一）唯物史观与民族团结

我国辉煌灿烂的历史和文化是各民族共同创造的，中华民族的团结统一是老祖宗留给我们的宝贵财富，是我们的重要优势。在新的历史条件下，我们要将中华民族几千年团结统一的优秀传统传承和发扬光大。中华民族凝聚和统一的历史是世世代代的中国人民书写的，历久弥新的中华民族团结统一精神是世世代代的中国人民培育的。人民性是马克思主义民族团结观的根本特性。我国新时代的民族团结要坚持人民的主体地位，一切为了人民，一切依靠人民。人类生活在同一个地球村里，各国各民族应该同舟共济、互利共赢。因此，民族团结的理论和实践，不能囿于国家内部，还要放眼世界。也就是，不能只讲国内团结，还要讲世界团结。新时代民族团结要在建设中华民族共同体的基础上，努力推动构建人类命运共同体。

1. 历史地看待我国的民族团结

民族是在历史运动中形成和发展的，认识和理解民族必须采用唯物史观的方法。中华民族是在数千年的历史发展过程中逐步形成的。早在上古时代，中原地区就出现了以炎黄二帝为祖先和首领的氏族大融合、大联盟。进入文明社会后，若干民族聚合成"华夏"，并不断融合其他民族而形成汉族。以汉族为凝聚的核心，中华大地上的各民族群体"经过接触、混杂、联结和融合，同时也有分裂和消亡，形成一个你来我去、我来你去，我中有你、你中有我，而又各具个性的多元统一体"①。这个自在的民族实体，经过近代的民族自觉而称为中华民族。

中华民族的发展史就是一部团结的历史。中华各民族世世代代共居于同一片土地上，虽有隔阂、纷争，但多数时间里政治上统一稳定、经济上相互依赖、文化上融会贯通、情感上相互亲近，各民族长期和睦生活在一起、交往交流交融，共同开疆拓土、共同书写历史、共同创造文化、共同培育精神，由此形成了一个团结融合、休戚与共的命运共同体。中华民族具有追求团结统一的天然条件、内生动力和性格特征。中华民族自古以来就是一个包容、和谐、团结的民族。今天的民族团结是在新的历史条件下，对以往民族团结的继承和发展。

2. 基于人民推进新时代民族团结

人民性是马克思主义最鲜明的品格和最根本的属性。唯物史观认为，人民群众是社会历史的创造者，人民利益是社会评价的最高标准。新时代必须树立人民至上、人民利益高于一切的价值取向，坚持以人民为中心，尊重人民的主体地位，发挥人民的首创精神，一切为了人民，一切依靠人民。

民族团结工作说到底是群众工作，民族团结进步说到底是为了人民幸福。新时代要把民族团结工作做到人民群众的心坎上，要引导各族群众自觉维护民族团结，使其真正认识到民族团结的极端重要性——团结稳定是福，分裂动乱是祸。新时代要努力创造条件，使各族群众居住在一起、生活在一起、学习在一起，交流往来，融通互动，不断增进了解，加深友谊和情感。新时代要

---

① 费孝通：《中华民族多元一体格局》，中央民族大学出版社2018年版，第17页。

充分发挥各族群众的积极性、主动性和创造性，促进各民族共同团结奋斗，共同繁荣发展。新时代要进一步提高社会生产力水平，采取更好更多的措施帮助少数民族发展经济、改善民生。新时代要大力促进教育公平、医疗公平、经济分配公平、生态环境正义等，提高各族群众的生活质量，不断满足人们对美好生活的需要。新时代要用法律保障社会团结，切实维护国家安全和社会稳定，守护各族群众的平安。习近平指出："让改革发展成果更多更公平惠及各族人民，不断增强各族人民的获得感、幸福感、安全感"，"让各族人民共创美好未来、共享中华民族新的光荣和梦想"。[①]

3. 放眼世界发展新时代民族团结

马克思恩格斯使用"民族""团结"概念，旨在号召世界各民族国家的工人阶级团结起来，共同反抗资产阶级，因此他们提出了"全世界无产者，联合起来"[②]的战斗口号。马克思主义的最高理想是解放全人类，实现每个人的自由全面发展，建立世界大同的共产主义社会。因此，以马克思主义为理论指导讲社会主义民族团结，不能局限于国家内部，而要有宽广的人类情怀。

马克思总览他所处时代的社会与经济发展，运用唯物史观创立了世界历史理论。世界历史理论指出，进入资本主义社会后，由于资本在全球范围内流动、市场经济向全球各地拓展，历史便突破狭隘而孤立的地域历史向世界历史转变。在资本和市场全球化带来的世界普遍交往中，各个国家和民族相互作用、相互渗透，"各个相互影响的活动范围在这个发展进程中越是扩大，各民族的原始封闭状态由于日益完善的生产方式、交往以及因交往而自然形成的不同民族之间的分工消灭得越是彻底，历史也就越是成为

---

① 习近平：《在全国民族团结进步表彰大会上的讲话》，人民出版社2019年版，第9页。
② 《马克思恩格斯文集》第2卷，人民出版社2009年版，第66页。

世界历史"①。在世界越来越紧密联系的大环境中，一个国家和民族如果把自己封闭起来，必然会越来越落后。在交往互动愈加频繁的今天，各个国家和民族相互联系、相互依存、休戚与共、命运与共。

发展新时代民族团结，要有世界眼光和全球视野。当今是一个经济全球化、世界多极化、社会信息化、文化多样化的时代，各个国家和民族处于你中有我、我中有你的人类命运共同体中，为实现资源共享、优势互补、共同发展，为应对人类共同面对的生态危机、自然灾害、瘟疫等各种挑战，各国各民族必须团结一致、携手合作。为此，我们要统筹好"两个大局"②，一方面，巩固、推进国内民族团结，为实现中华民族伟大复兴提供良好的环境和源源不断的动力；另一方面，放眼世界，破除狭隘民族主义、自我封闭的樊篱，努力参与构建共赢共享的人类命运共同体。

（二）唯物辩证法与民族团结

民族具有系统的整体性、多元性、结构性、层次性、开放性等特点，要用系统观念、系统思维及系统方法审视和推进民族团结。我国是统一的多民族国家，维护和发展我国的民族团结既要强调凝聚统一，也要尊重差异、包容多样，要在"异"的基础上求"同"，要在"多元"的基础上讲"一体"。

1. 系统方法与民族团结

系统是由若干相互联系、相互作用的要素按一定方式组成的统一整体。系统有三个特征：一是多元性，即系统包含多个要素；二是相关性，即系统各要素之间相互关联；三是整体性，即系统各要素构成统一整体。马克思认为，人的本质是社会关系的总和，

---

① 《马克思恩格斯文集》第1卷，人民出版社2009年版，第540~541页。
② "两个大局"即中华民族伟大复兴战略全局和世界百年未有之大变局。

人类社会是一个有机系统，对此，他指出，社会是"一切关系在其中同时存在又相互依存的社会机体"①，是"一个能够变化并且经常处于变化过程中的有机体"②。

民族是由各民族成员组成的有机整体，系统方法是民族及民族团结研究的重要方法。费孝通先生指出，中华民族呈现"多元一体"的格局。中华民族是"一体"，是一个民族实体；这个"一体"由56个民族"多元"组成；而在56个民族之下，又有一些分支或支系构成了另外一层"多元"，比如，彝族就有诺苏、撒尼、阿细等分支。中华民族共同体呈现多层次的多元一体结构，这个共同体"可以说实质上是个既一体又多元的复合体，其间存在着相对立的内部矛盾，是差异的一致，通过消长变化以适应于多变不息的内外条件，而获得这共同体的生存与发展"③。显然，中华民族是一个大系统，这个系统由各子系统组成，各子系统又由更多的、处于更低层次的子系统组成。对这些系统进行分析，离开系统方法和矛盾方法，是万万不可能的。我国的民族团结既指各民族单元内部、各民族单元之间的团结，也指中华民族的大团结。这里，局部团结和整体团结缺一不可，且局部团结要服从整体团结。有学者指出："由56个民族组成的中华民族也是一个有机整体，各个民族既自成单元，又紧密地团结在一起共同构成中华民族有机整体，即中华民族共同体，就像石榴一样，每颗石榴籽自成单元，但它们又紧紧拥抱在一起，千房同膜，千子如一，脉气相连，共同构成一个石榴果的有机整体。"④

---

① 《马克思恩格斯文集》第1卷，人民出版社2009年版，第604页。
② 《马克思恩格斯文集》第5卷，人民出版社2009年版，第10~13页。
③ 费孝通：《中华民族多元一体格局》，中央民族大学出版社2018年版，第11页。
④ 董强：《习近平关于民族工作重要论述的马克思主义政治哲学基础》，《民族研究》2020年第6期。

系统具有开放性,开放性使系统维持和更新自身的结构,从而实现从无序向有序演化,民族及民族团结也是如此。就拿汉族来说,正因为它在形成过程中,不断接纳、融合其他民族,才不断发展壮大。新时代讲民族团结,要有开放、包容的心态。一方面,各民族要交往交流交融,通过交往实践促进民族团结;另一方面,中华民族要主动团结其他民族国家,不断向其学习、与其交流互鉴。这正如《民族与民族主义》一书的中文版序《第三只眼看民族与民族主义》中指出的,"古今中外,能够经受时间考验的民族必定是开放的民族。开放是民族得以存在和延续的条件,开放是延续与创新之间的桥梁"[1]。

2. 矛盾方法与民族团结

矛盾无处不在,无时不有。对立性(又称为斗争性、差异性,多样性)和统一性(又称为同一性、趋同性、共同性)是矛盾的两种基本属性。作为认识事物的根本方法,矛盾分析法要求在对立中把握同一,在同一中把握对立。矛盾观点崇尚"和",认为"和实生物",要"和而不同"。"和"即有差别的对立,事物之间的和谐统一。

对立统一规律是团结的哲学基础。团结的宗旨在于统一,团结的本质是矛盾双方的一致,但这并不意味着绝对或强制同一。团结是在对立的基础上的统一,其中,对立是前提,统一是归宿。对于团结与批评的关系,恩格斯认为:"团结并不排斥相互间的批评。没有这种批评就不可能达到团结。没有批评就不能互相了解,因而也就谈不到团结。"[2] 毛泽东曾把解决人民内部矛盾的民主方法具体化为一个公式,即"团结—批评—团结"。对此,他指出:

---

[1] 〔法〕吉尔·德拉诺瓦:《民族与民族主义》,郑文彬等译,三联书店2005年版,第11页。
[2] 《马克思恩格斯全集》第4卷,人民出版社1958年版,第423页。

"讲详细一点，就是从团结的愿望出发，经过批评或者斗争使矛盾得到解决，从而在新的基础上达到新的团结"①。也就是说，没有斗争，就没有同一性，要达到团结的目的，就要用批评或斗争的方式解决矛盾，从而使斗争性向同一性转化。对此，习近平指出："要把握好团结和斗争的关系，又要善于斗争、增强斗争本领，努力形成牢不可破的真团结。"②

民族团结是民族差异或多样基础上的民族统一。我国56个民族，习俗、宗教、生活方式等多种多样，但共同开发了祖国的锦绣河山与广袤疆域，共同创造了悠久的历史和文化，且有共同的利益、情感和价值观等，因此能团结成一个有机整体，即"多元一体"的中华民族。我国实行的民族区域自治，坚持统一和自治相结合，既维护统一，又尊重差异，高度符合民族团结的规律。新时代加强民族团结、铸牢中华民族共同体意识，要分清主次、抓住主要矛盾，即明确共同性是主要的、差异性是次要的，要在尊重和包容差异性的基础上不断增进共同性，要以"同"为主导、方向、前提、根本，要把中华民族的共同利益（或整体利益）放在首位。为此，习近平总书记在2021年中央民族工作会议上强调要正确把握四对关系，即"要正确把握共同性和差异性的关系、中华民族共同体意识和各民族意识的关系、中华文化和各民族文化的关系、物质和精神的关系"③。

民族团结强调凝聚统一，但这与民族的强制同化不是一回事。民族同化是指"民族在交往过程中，丧失自己民族的特征，接受

---

① 《毛泽东文集》第2卷，人民出版社1991年版，第180页。
② 《习近平在中央统战工作会议上强调促进海内外中华儿女团结奋斗为中华民族伟大复兴汇聚伟力》，《人民日报》2022年7月31日。
③ 中共中央统一战线工作部、国家民族事务委员会编《中央民族工作会议精神学习辅导读本》，民族出版社2022年版，第6页。

别的民族的特征，变成别的民族的组成部分的社会现象和社会过程"①。民族同化分为自然同化和强制同化两种。自然同化是"不同民族之间自由地发生发展的，一个长期的'自愿选择'过程、自然接受过程和自然适应的过程"②。民族自然同化的结果是民族自然融合。民族自然融合即不同民族在长期交往中，个性逐渐消失、共性逐渐增加而最终融为一体。民族自然融合包括阶段性融合和终结性融合，后者即民族在共产主义社会最终消亡，成为"自由人联合体"。民族自然融合是合规律的，也是历史发展的必然趋势。交融是民族自然同化走向融合的重要途径，交融不断进行量的积累，就会发生自然同化与融合。强制同化与自然同化在形式上存在重大差别。强制同化是指一些民族用军事、政治等手段强迫其他民族臣服，使其适应本民族生活习性，甚至化为本民族的过程。强制同化是一种野蛮行为，本质上是民族压迫和剥削。组成中华民族的各民族，随着交往时间和空间的发展，"共"与"同"的因素会越来越多，"你中有我、我中有你"的交融关系会越来越密切，这是一个在正确政策引导下的自然发展过程。

  民族虽然像阶级、国家一样最终会走向消亡，但它的消亡将是一个漫长的过程。正因为民族及民族差异会长期存在，"企图通过取消民族身份、忽略民族存在来一劳永逸地解决民族问题的想法是行不通的"③。在社会经济文化发展过程中，我们要随时随地地运用对立统一之矛盾规律妥善处理民族团结问题。一方面，不能忽视民族差别和民族特点，更不能人为地、用强制手段去消灭

---

① 金炳镐：《民族理论通论》，中央民族大学出版社1994年版，第149页。
② 金炳镐：《民族理论通论》，中央民族大学出版社1994年版，第151页。
③ 国家民族事务委员会编《中央民族工作会议精神学习辅导读本》增订版，民族出版社2019年版，第29页。

各民族在风俗习俗、文化艺术、生活方式等方面的差别。另一方面，要引导各民族互信互亲互助、交往交流交融，帮助民族地区发展经济、教育、科学、文化、卫生等事业，增加共同性的因素，增进兄弟情谊，努力缩小和消除各民族在发展水平上的差距。

二 中国特色社会主义：民族团结的制度保证

我国民族团结，不仅需要从经济、文化、社会等具体方面来理解，而且首先要从中国特色社会主义制度的政治高度来理解。从制度上看，社会主义制度是有史以来最有利于民族团结的政治制度。中国特色社会主义共同理想把各民族团结起来，有力地保障了中华民族的凝聚力和向心力。中国共产党的坚强领导是中国特色社会主义的本质特征，也是我国新时代民族团结的根本保证。

（一）什么性质的社会制度最利于民族团结

民族团结固然与历史传统、文化特质、民族性格等有很大的关系，但最直接的影响因素是社会制度。在以往的社会制度中，各民族不团结的根本原因是阶级对立和私有制。统治阶级用权力压迫被统治阶级，拥有生产资料者剥削、奴役无生产资料者。这样就造成民族内部的斗争、民族之间的对抗、民族整体的分裂，从而造成各方面的民族不团结。从马克思主义基本原理看，民族团结的前提是改变不合理的生产关系。马克思恩格斯在《共产党宣言》中指出："人对人的剥削一消灭，民族对民族的剥削就会随之消灭"，"民族内部的阶级对立一消失，民族之间的敌对关系就会随之消失"。[①] 新中国成立后，三大改造的完成，标志着以公有

---

① 《马克思恩格斯文集》第 2 卷，人民出版社 2009 年版，第 50 页。

制为特征的我国社会主义制度的确立,这为我国的民族团结开辟了新境界、新纪元。社会主义社会人人平等,互助友爱,非常重视社会的统一与协作,它为我国民族团结奠定了前所未有的优异制度基础。

保障平等权利方能维护民族团结。我国社会主义社会制度,无论是作为根本政治制度的人民代表大会制度,还是作为基本政治制度的民族区域自治制度,都特别注重少数民族的权利。《中华人民共和国全国人民代表大会和地方各级人民代表大会选举法》(2020年修订)规定:"全国少数民族应选全国人民代表大会代表,由全国人民代表大会常务委员会参照各少数民族的人口数和分布等情况,分配给各省、自治区、直辖市的人民代表大会选出。人口特少的民族,至少应有代表一人。"《中华人民共和国民族区域自治法》则用更详尽的篇幅,从各个方面讲了如何保证少数民族的合法权益。

(二)各族人民的共同理想是民族团结的"黏合剂"

共同体不能没有共同理想。共同理想的主要目的"在于加强和巩固社会生活共同体的团结,凝聚共同体的意志和力量,明确社会共同体一致的奋斗目标,确立共同体成员遵循和信奉的核心价值共识和基本价值信念,为社会成员的共同生活建立起公共的价值尺度和理想目标"[1]。中华民族共同体的存在和发展显然离不开共同理想,对此,邓小平同志讲:"我们这么大一个国家,怎样才能团结起来、组织起来呢?一靠理想,二靠纪律。组织起来就有力量。没有理想,没有纪律,就会像旧中国那样一盘散沙"[2]。

---

[1] 贺来:《"共同理想"与"社会理想":划界与一致——对"共同理想"与"个人理想"关系的前提性思考》,《吉林大学社会科学学报》2016年第6期。
[2] 《邓小平文选》第3卷,人民出版社1993年版,第111页。

中国特色社会主义是现阶段我国各族人民的共同理想。中国特色社会主义一方面融入了中华文化元素，具有中国特色；另一方面坚持了科学社会主义的基本原则，具有社会主义的本质特征。中国特色社会主义主题突出、目标明确——实现社会主义现代化和中华民族伟大复兴。

有共同的理想，才有共同的行动。中国特色社会主义共同理想是中华民族团结奋进的精神纽带、精神支柱和精神动力。这个共同理想，把各民族紧紧地联系在一起，把各民族的共同愿望有机结合在一起，由此形成强大的凝聚力和向心力，并引导中华民族在伟大复兴的道路上乘风破浪、扬帆远航。

（三）坚持党的领导是民族团结的根本保证

中国共产党是中国人民和中华民族的先锋队，是我国民族团结的核心力量。古老辉煌的中华民族在近代遭受了前所未有的劫难。为挽救民族危亡，各种运动、各个党派、各种方案纷纷登场，但都未取得成功。20世纪20年代初，中国共产党的成立深刻改变了我国国家、民族和人民的前途命运。中国共产党一成立就提出，对外要反抗侵略，谋求民族独立解放，对内要消除民族歧视压迫，谋求民族平等团结进步。中国共产党始终代表最广大人民的根本利益，并牢记和践行"为中国人民谋幸福，为中华民族谋复兴"的初心和使命。在100多年的时间里，她团结带领全国各族人民浴血奋战、发愤图强、锐意进取、守正创新，先后创造了新民主主义革命、社会主义革命和建设、改革开放和社会主义现代化建设、新时代中国特色社会主义的伟大成就。历史和事实证明，中国共产党是各民族团结奋进的"主心骨""领头雁"，是中华民族大家庭勇于承担责任的"家长"，只有坚持中国共产党的领导，我国的民族团结事业才会阔步向前。

中国共产党以身作则引领民族团结。党向来重视团结的重要价值。毛泽东指出:"一种是党内团结,一种是党与人民的团结,这些就是战胜艰难环境的无价之宝。"[①] 党的团结对民族团结有示范作用,邓小平指出:"加强全国各族人民的团结,首先要加强全党的团结,特别是要加强党的领导核心的团结。"[②]

坚持党的领导对新时代民族团结至关重要。习近平指出:"没有坚强有力的政治领导,一个多民族国家要实现团结统一是不可想象的。只要我们牢牢坚持中国共产党的领导,就没有任何人任何政治势力可以挑拨我们的民族关系,我们的民族团结统一在政治上就有充分保障。"[③] 新时代是各族人民共创美好生活的时代,"新时代美好生活不是属于原子式个体的生活样式,而是属于有组织、有力量、富有创造性的人民整体的生活样式,这一生活样式的引领者是中国共产党。"[④] 全国各族人民只有紧密团结在党中央周围,同心同德,共同奋斗,才能过上一天比一天更幸福美好的生活。

中国特色社会主义为民族团结提供坚强有力的制度保障。"实践证明,只有中国共产党才能实现中华民族的大团结,只有中国特色社会主义才能凝聚各民族、发展各民族、繁荣各民族。"[⑤] 新时代民族团结建设,要教育引导各族群众从思想上认识到社会制度保障的重要作用、党的领导的极端重要性,不断增进各族群众对中国特色社会主义、对中国共产党的认同。

---

① 《关于共产国际解散问题,毛泽东同志作详尽报告》,《解放日报》1943年5月28日。
② 《邓小平文选》第2卷,人民出版社1994年版,第148页。
③ 中共中央文献研究室编《习近平关于社会主义政治建设论述摘编》,中央文献出版社2017年版,第159页。
④ 项久雨:《新时代美好生活的样态变革及价值引领》,《中国社会科学》2019年第11期。
⑤ 习近平:《在全国民族团结进步表彰大会上的讲话》,人民出版社2019年版,第8页。

第二节　新时代民族团结的基本伦理导向

民族团结需要价值引导，也需要精神纽带维系。社会主义核心价值观无疑是新时代民族团结的价值基础，但社会主义核心价值观还有更高层次的价值指引。社会主义核心价值观以集体主义为价值取向，比如"富强"强调共同富裕、民主强调人民当家作主、自由，强调只有在共同体中才能获得真正的自由等。这些与以个体主义为价值取向的资本主义富强、民主、自由等都有本质区别。团结与集体主义、社会主义、中华传统文化等皆有亲缘关系，我国社会主义民族团结以集体主义为价值取向，既合理合法也合乎规律。团结不仅与集体主义密切相关，而且与爱国主义高度相关。从爱国主义角度看，今天，中华民族与中华人民共和国从根本说是一致的，要大力弘扬爱国主义精神，不断增强各民族团结一心的精神纽带。民族团结是集体主义和爱国主义交流融通在民族方面的体现，新时代促进民族团结，必须坚持集体主义价值观、大力弘扬爱国主义精神。

一　集体主义：民族团结的价值取向

集体主义与个体主义在价值立场上截然不同。集体主义重视集体、集体利益，也重视他者、他者利益，这与共同体的整体团结和内部团结具有高度的一致性。我国的主流文化从古到今都反对以个体为本位、以自我为中心，新时代民族团结应以集体主义而不是个体主义作为价值取向。

（一）集体主义：与个体主义相对立的价值观

个体与集体、个体利益与集体利益的关系问题是社会共同体建构面临的最重要、最基本的伦理问题。认识个体与集体、个体利益与集体利益的关系，总结起来无外乎两种价值观，一是个体主义，二是集体主义。

个体主义认为个体才是真实的存在，才是主体和根本，集体作为抽象的集合体虚无缥缈，而且只是实现个体目的的手段。个体主义认为个体利益高于集体利益，当个体利益与集体利益发生冲突时，应当优先考虑个体利益，不能为了集体利益而牺牲个体利益。个体主义还把集体与个体对立起来，认为集体会束缚个体自由、淹没个体个性、侵占个体利益，因此，个体要与集体保持距离。

与之相反，集体主义认为集体是个体的存在方式和发展条件，个体无法摆脱集体，也不应该脱离集体。集体主义强调集体利益高于个体利益，当个体利益与集体利益发生冲突时，个体要顾全大局，以集体利益为重。集体主义肯定个体利益的正当性与合理性，认为只有把个体利益与集体利益统一起来，个体才有真正的自由，才能充分发挥个性和实现个体利益。集体主义相信集体的力量大于个体的力量，认为集体可以办成那些孤立的个体无法办成的许多事情。在集体主义看来，个体要融入集体、拥护集体、建设集体，而不是鄙视集体、憎恶集体、远离集体。

尽管个体主义、集体主义主要关注的是个体与集体或个体利益与集体利益的关系，但它们也会直接影响到如何看待个体或个体利益之间的关系。个体主义总是强调个体，因此在个体与个体的关系上，个体主义以自我为中心，唯我独尊，生怕自己吃亏。在这种情况下，个体与个体之间以邻为壑、相互防范。集体主义认为集体是一个系统，个体是系统中的要素，只有加强要素和要素之间的关联，系统才会稳固与强大。因此，集体主义特别强调集体中个体与个体的紧密联系和相互依存。

(二) 团结的价值观基础：集体主义抑或个体主义

团结是不同的个体为了共同的目标和利益在自愿、平等基础上的联合。团结有高低不同的层次。高层次的团结是共同体成员紧密凝聚，互助友爱，同心同德，同向同行，从而形成无坚不摧的强大合力。低层次的团结是保持相互依赖、相互联结的关系，维持最基本的秩序，互不相害，合作共赢。

集体主义认为集体具有个体无法取代的价值，要求各个个体超越私利，心往一处想、力往一处使，共同维护个体利益的交集——公共利益，共建共创一个强大的集体。威廉斯指出："团结观念把共同利益定义为真正的自我利益，认为个体的发展只有在共同体中才能得到检验，因此这种观念是社会潜在的真正基础。"[①] 集体主义认为个体紧密联系才能构成有机体，个体之间要互帮互助、互亲互爱，而不是相互冷漠、相互隔绝。由此可见，集体主义与团结有天然联系，无论是高层次的团结，还是低层次的团结，其价值观基础都是集体主义。

个体主义认为个体利益至高无上，神圣不可侵犯。为了彰显个性、实现个体利益，个体需要集体作为手段，需要与其他个体共生，需要参与社会的分工与协作，"个人越变得自主，他就会越来越依赖社会"[②]。问题是，一旦某个体的利益与集体利益、其他个体的利益发生冲突时，该个体就会只顾自己。由此可见，坚持个体主义价值观，可实现分工合作式的低层次团结，但无法实现有超强凝聚力和向心力的高层次团结。现当代西方社会个体主义盛行，个体主义把个体置于至高无上的地位，造成个体的孤立和

---

① 〔英〕威廉斯：《文化与社会》，高晓玲译，吉林出版集团2011年版，第343页。
② 〔法〕埃米尔·涂尔干：《社会分工论》，渠东译，三联书店2000年版，第11页。

自命不凡，这是团结陷入危机的深层根源。

无论是集体主义还是个体主义，都讲自由，但集体主义强调自由的限度，而个体主义把个体的自由捧到了自由主义的高度。自由和团结之间存在张力：自由表现离散，而团结要求向心，"自由的精神从根本上是对团结的瓦解。如果说团结以社会凝聚为导向，自由则更多地展现了区分性和离心力"①。因此，在集体主义之下讲自由，比在个体主义之下讲自由，更有利于团结。

从以上分析可以看出，与个体主义相比，集体主义有利于团结，以集体主义为价值观基础，团结才会稳固。

（三）新时代民族团结以集体主义为价值取向

民族是由个体组成的集体，集体主义为团结奠定全面、坚实的基础，我国向来崇尚集体主义、高扬集体主义精神，社会主义又以集体主义为价值导向和伦理原则，新时代民族团结的价值取向理所当然是集体主义。

以集体主义引导民族团结，要注意几个方面。首先，要高度重视各民族的共同利益。共同利益是集体主义关注的焦点，抛弃了共同利益，集体主义就失去了存在的价值。在民族团结方面，只有维护和发展好各民族的共同利益，中华民族才有强大的凝聚力和向心力。其次，要最大限度地顾及各民族的个体利益。集体主义认为当个体利益与集体利益发生冲突的时候，个体利益应该服从集体利益，但这并不意味着集体主义只重视集体利益而不重视个体利益。在民族团结方面，应该充分尊重各民族的意愿、文化、习俗等，并通过各种方式扶持落后民族地区的建设和发展。最后，要顺应时代发展集体主义，适应现代社会民族团结的要求。

---

① 王晖：《法律中的团结观与基本义务》，《清华法学》2015年第3期。

埃米尔·涂尔干认为传统社会的团结是"机械团结",现代社会的团结是"有机团结",认为前者的基础是集体意识,后者的基础是社会分工形成的相互依赖意识。但是直到今天,集体意识对于社会团结的基础作用并未消失。并且,无论是中国传统文化,还是社会主义先进文化,都推崇集体主义,反对个体主义。因此,我们一方面要毫不动摇地以集体主义引导民族团结,另一方面要用民主、自由、平等、公正、法治、竞争、合作等现代理念丰富集体主义的时代内涵。改革开放、发展社会主义市场经济以来,各民族人口流动越来越频繁,很多少数民族同胞进入城市务工、定居,社会分工形成的相互依赖意识作为民族团结的基础十分突出,这都需要集体主义与时俱进。

集体主义作为新时代民族团结的价值取向,要求各民族牢固树立整体意识和责任意识,自觉维护国家和民族的团结统一,为实现国家富强和民族复兴尽职尽责尽力;要求各民族加强交往交流交融,互补互济、互学互鉴,手足相亲、守望相助,共建和谐美好的中华民族大家庭,共享这个大家庭的发展机遇和发展成果。

二 爱国主义:民族团结的精神纽带

无论是个人,还是国家、民族,都不能缺少精神。"精神是一个民族赖以长久生存的灵魂,唯有精神上达到一定的高度,这个民族才能在历史的洪流中屹立不倒、奋勇向前。"[①] 爱国主义对于振奋民族精神、凝聚民族力量、促进民族团结具有重大而深远的意义。新时代要厚植爱国情怀,扎紧全国各族人民团结奋斗的精神纽带,培育中华民族共有精神家园。

---

① 《习近平谈治国理政》第 2 卷,外文出版社 2017 年版,第 47~48 页。

(一) 民族与国家

在多民族国家中,各民族组成的整体即国家。"中华民族"与"中国"的侧重点不同,但本质上是同一的。今天,凝心聚力建设社会主义现代化国家、推进中华民族伟大复兴,要大力弘扬以爱国主义为核心的民族精神。

1. 中华民族与中国的关系

民族作为由民族成员组成的系统具有不同的层次。在我国的民族系统中,既有较低层次的各民族单元,如汉族、白族、土家族等,也有由这些民族单元组成的较高层次的民族整体,即中华民族。我国自秦汉以来就是一个统一的多民族国家,各民族单元既构成"中华民族"这个民族整体,也构成"中国"这个国家,"中华民族"与"中国"具有同一性,其细微差别在于,前者更偏重于历史和文化,后者更偏重于领土和政治。

民族认同和国家认同一致是民族国家之福。民族认同即民族成员对民族共同体的认可与赞同。在我国,56个民族是基层,中华民族是高层,民族的层次性决定民族认同也有层次性。我国的民族认同,一是各民族单元对本民族的认同,二是所有民族单元对中华民族的认同。前者是低层次的认同,后者是高层次的认同。各民族对中华民族的认同这个高层次的民族认同,集中体现为"共休戚、共存亡、共荣辱、共命运的情感和道义"[①]。在良性、和谐的民族系统中,低层次的民族认同要服从高层次的民族认同。我国的民族认同就是这样。国家认同即多民族国家内的不同民族对国家这个共同体的认可和支持。中华民族是一个国家民族,新时代,各民族不仅要认同中华民族,而且要认同中华人民共和国。

---

① 费孝通:《中华民族多元一体格局》,中央民族大学出版社2018年版,第11页。

新时代,"要正确把握中华民族共同体意识和各民族意识的关系,引导各民族始终把中华民族利益放在首位,本民族意识要服从和服务于中华民族共同体意识,同时要在实现好中华民族共同体整体利益进程中实现好各民族具体利益"①。新时代铸牢中华民族共同体意识,一是增强对中华民族共同体的认同,二是增强对中华人民共和国的认同,它们在本质上是一致性的。

2. 中华民族精神与爱国主义的关系

中华民族精神,即中国精神,它包括"革故鼎新、勇于发明的伟大创造精神,勤劳坚韧、自强不息的伟大奋斗精神,齐心协力、同舟共济的伟大团结精神,向往美好、不懈追求的伟大梦想精神"②。中华民族精神贯穿古今、历久弥新,是中华民族最显著的标识、生生不息的动力、凝聚团结的纽带。

爱国主义"是中华民族的民族心、民族魂,是中华民族最重要的精神财富,是中国人民和中华民族维护民族独立和民族尊严的强大精神动力"③。爱国主义在中国精神或中华民族精神中处于核心和灵魂地位,是中华民族薪火相传、绵延不绝最重要的精神文化基因。革命战争年代,爱国主义激励着无数国人为挽救民族危亡而抛头颅、洒热血。新时代,爱国主义仍然是推动国家和民族进步的强大精神力量。中华民族精神是一个由众多"精神"组成的精神体系,其中的爱国主义"处于其它民族精神所不能及的特殊地位,具有其它民族精神所不具备的独特属性,发挥着其它民族精神所无法替代的重要作用"④。从理论与实践的角度看,国

---

① 《习近平谈治国理政》第 4 卷,外文出版社 2022 年版,第 246 页。
② 中共中央统一战线工作部、国家民族事务委员会编《中央民族工作会议精神学习辅导读本》,民族出版社 2022 年版,第 24 页。
③ 《新时代爱国主义教育实施纲要》,人民出版社 2019 年版,第 1 页。
④ 温静:《论爱国主义在中华民族精神中的核心地位》,《马克思主义研究》2016 年第 2 期。

家是所有公民的国家，国家利益高于一切，维护国家利益是每一位公民的责任和义务。今天，无论是达成社会共识、凝聚民族复兴的磅礴伟力，还是维护国家安全、推进祖国统一，等等，都离不开爱国主义。从历史与现实的角度看，爱国主义一直流淌在中华民族的时间长河里。它促成了中华民族的萌芽产生与发展壮大，"一部中华民族的发展史，就是一部中华儿女的爱国奋斗史"[①]。因为有爱国主义，有无数中华儿女"万众一心、团结一致"的巨大合力和"抛头颅、洒热血"的英勇斗争，中华民族才能战胜入侵的列强。因为有爱国主义，有无数中华儿女的创新创造和艰苦奋斗，中华民族才能取得改革开放和社会主义现代化建设的伟大成就。因为有爱国主义，有各民族人民的紧密团结，我们才能信心百倍地认为一定能全面建成社会主义现代化强国和实现中华民族伟大复兴。

中华民族精神具有高度的抽象性，但它表现出来的爱国主义是具体的。在社会主义新时代，我们讲爱国主义，所爱的国家是中华人民共和国。这个国，其政治经济制度是社会主义，其执政党是中国共产党。拥护国家的基本制度和坚强领导核心，是新时代爱国主义的题中之义。因此，要坚持爱国与爱党、爱社会主义相统一。针对爱国与爱党爱社会主义相分离甚至相对立的形而上学观点，邓小平同志早就指出："有人说不爱社会主义不等于不爱国，难道祖国是抽象的吗？不爱共产党领导的社会主义的新中国，爱什么呢？"[②]新时代"爱国主义的本质就是坚持爱国和爱党、爱社会主义高度统一"[③]。今天，弘扬中华民族的爱国主义精神，就

[①] 本书编写组：《思想道德与法治》，高等教育出版社2023年版，第80页。
[②] 《邓小平文选》第2卷，人民出版社1994年版，第392页。
[③] 本书编写组：《思想道德与法治》，高等教育出版社2023年版，第82页。

要通过爱祖国的每一寸土地、全心全意为人民服务、铭记历史、弘扬优秀传统文化、建设社会主义、拥护中国共产党的领导等具体的爱国实践，将其落到实处。

（二）情感与爱国

爱国首先表现为一种情感，爱国主义教育要培育爱国之情，让爱国主义精神在人们心中牢牢扎根。祖国的悠久历史、深厚文化是爱国情感的重要源泉，传承历史文化是培育爱国情感的有效路径。

1. 情感之于爱国主义的重要性

爱国主义是人们在社会实践中形成的对自己祖国忠诚和热爱的情感。王昌龄"黄沙百战穿金甲，不破楼兰终不还"、陆游"僵卧孤村不自哀，尚思为国戍轮台"、文天祥"人生自古谁无死，留取丹心照汗青"等，都表达了诚挚深厚的爱国情感。列宁指出："爱国主义就是千百年来巩固起来的对自己祖国的一种深厚感情。"[1] 习近平指出："爱国，是人世间最深层、最持久的情感。"[2] 类似的，中国学者陈来教授认为："爱国主义在个体内心体现为民族自尊心、民族自信心、民族自豪感和民族感情"[3]。法国历史学家古朗士在研究古罗马人的爱国情怀时也写道："人所最爱莫过于祖国，他的财产、安全、权利、信仰、神，皆在其中，失之则一切皆失。且私人利益与公家利益于此不可分离"[4]。可以说，情感是爱国之心的真诚流露，是爱国主义的真谛。

情感之于爱国主义不可或缺。与情感直接对应的是理性，西方自由主义执着于理性，因此他们对爱国主义鲜有兴趣，而且也

---

[1] 《列宁选集》第 3 卷，人民出版社 1995 年版，第 608 页。
[2] 习近平：《在北京大学师生座谈会上的讲话》，《人民日报》2018 年 5 月 3 日。
[3] 陈来：《论中华民族爱国主义的精神》，《哲学研究》2019 年第 10 期。
[4] 古朗士：《希腊罗马古代社会研究》，李玄伯译，中国政法大学出版社 2005 年版。

无法从其理论逻辑中导出爱国主义。自由主义有很多缺陷，缺乏爱国主义基因、难以凝聚社会公民是它备受诟病的原因之一。当然，理性对于爱国主义来说也很重要，抛弃理性，盲目蛮干，比如以打、砸、抢的方式"爱国"，对国家有害无益。我们所需要的是基于理性考量的爱国情感。

2. 传承历史文化培育爱国情感

"知之深，才能爱之切"，爱国主义情感以对祖国的认知为基础。如果对祖国的历史和文化一无所知，就不可能产生深厚的爱国情感。习近平指出："弘扬爱国主义精神，必须尊重和传承中华民族历史和文化。对祖国悠久历史、深厚文化的理解和接受，是人们爱国主义情感培育和发展的重要条件"[1]，"我们是中华儿女，要了解中华民族历史，秉承中华文化基因，有民族自豪感和文化自信心"[2]。传承历史文化培育爱国情感，以下几个方面非常重要。

一是要广泛开展历史教育。历史是最好的教科书，通过学习中华民族发展史、中国革命史、党史、新中国史、改革开放史等，能让我们鉴往知来，而不是对历史持虚无主义的态度。要利用革命纪念馆、博物馆、烈士陵园等开展爱国主义教育和国防教育，以体验感受激发爱国热情，增强国防意识。要大力宣传民族英雄、爱国典范，以榜样的力量激励人、鼓舞人。要保护、利用好文物古迹、历史建筑、民族村寨等，寓爱国主义教育于游览观光之中。

二是传承弘扬中国优秀传统文化和革命文化。"文化是一个民族的魂魄，文化认同是民族团结的根脉。"[3] 要引导中华儿女了解

---

[1] 《大力弘扬伟大爱国主义精神 为实现中国梦提供精神支柱》，《光明日报》2015年12月31日。
[2] 习近平：《在北京大学师生座谈会上的讲话》，《人民日报》2018年5月3日。
[3] 习近平：《在全国民族团结进步表彰大会上的讲话》，人民出版社2019年版，第9页。

本民族博大精深的文化，增强民族自尊心、自信心和自豪感。要大力弘扬革命道德、革命理想、革命精神等方面的革命文化，继承革命传统，赓续革命精神，传承红色基因。

三是发挥节日节庆、纪念活动的涵育功能。节日节庆能使平时繁忙的人们团结、聚集在一起，重大纪念活动可提醒人们铭记历史、珍惜当下。要利用春节、端午、中秋等中华传统节日，开展丰富多彩的民俗活动，引导人们感悟中华文化、增进家国情怀。要利用"六一"国际儿童节、"五四"青年节等，激发广大青少年的爱国主义精神。要充分运用国庆节、建军节、党的生日、国家公祭日等时间节点，引导人们牢记历史、面向未来，激发爱国热情、凝聚团结奋进的力量。

四是创作生产优秀文艺作品。拥有家国情怀的作品，最能感召中华儿女团结奋斗。要大力创作、创新传播与祖国悠久历史、灿烂文化有关的文学、影视、歌曲，弘扬爱国正气，培育民族精神。所创作的文艺作品要有鲜明爱国主义导向，要以理服人、以文化人、以情感人。

（三）以深厚的爱国情感凝聚中华民族大团结

我国的民族团结与爱国主义紧密相连。一方面，民族团结离不开爱国主义。我国是一个由56个民族组成的多民族国家，要用国家理想、爱国主义来实现民族的团结和凝聚。习近平指出："爱国主义始终是把中华民族坚强团结在一起的精神力量"[1]，"爱国主义精神深深植根于中华民族心中，是中华民族的精神基因，维系着华夏大地上各个民族的团结统一"[2]，"在新的时代条件下，弘扬爱国主义精神，必须把维护祖国统一和民族团结作为重要着

---

[1] 《习近平谈治国理政》第1卷，外文出版社2018年版，第40页。
[2] 《大力弘扬伟大爱国主义精神 为实现中国梦提供精神支柱》，《光明日报》2015年12月31日。

力点和落脚点"①。另一方面，国家兴盛离不开民族团结。俞旦初先生指出："一个国家要挽救于危亡，以至要富强起来，自立于世界之林，最重要最根本的一条，就是要依靠全国人民团结统一的爱国主义精神，这是国家元气之所存。"②

深厚的爱国情感是中华民族大团结的重要基础。厚植爱国情怀，可以提升各民族共同的归属感、认同感、尊严感和荣誉感，从而更加紧密地团结在一起。另外，爱国之情可以转化为强国之志、报国之行。各民族为国家富强而奋斗，无论是过程还是结果，都有利于民族大团结。中国有特殊的地理、历史、文化、政治等，中华民族向来是团结统一的民族，对此，英国哲学家、历史学家汤因比指出："就中国人来说，几千年来，比世界上任何民族都成功地把几亿民众，从政治文化上团结起来。他们显示出这种在政治、文化上统一的本领，具有无与伦比的成功经验。"③

第三节　新时代民族团结的重要伦理导向

"平等、团结、互助、和谐"是社会主义民族关系的本质特征。1949年9月制定的具有临时宪法地位的《共同纲领》中规定："中华人民共和国境内各民族一律平等，实行团结互助"④。1982年，民族"平等、团结、互助"理念被载入《宪法》。2005年5月，胡锦涛在中央民族工作会议上指出："我国各民族平等、

---

① 《大力弘扬伟大爱国主义精神　为实现中国梦提供精神支柱》，《光明日报》2015年12月31日。
② 俞旦初：《中国近代爱国主义的"亡国史鉴"初考》，《世界历史》1984年第1期。
③ 何兆武、柳卸林主编：《中国印象：外国名人论中国文化》，中国人民大学出版社2011年版，第399页。
④ 政协全国委员会办公厅、中共中央文献研究室：《人民政协重要文献选编》上，中央文献出版社、中国文史出版社2009年版，第89页。

团结、互助、和谐的社会主义民族关系不断巩固"①。2014 年 3 月，习近平在参加全国政协十二届二次会议少数民族界委员联组讨论时的讲话中指出："正确认识和处理民族关系，最根本的是要坚持民族平等，加强民族团结，推动民族互助，促进民族和谐。"② 2018 年，民族"平等、团结、互助、和谐"四大理念正式写入宪法。民族进步与民族团结相伴而生。在社会主义新中国，经常将民族的"团结"与"进步"合用，比如"民族团结进步示范区""民族团结进步创建工作""民族团结进步表彰大会"等。如果说民族团结侧重于民族关系，那么民族进步则侧重于民族发展。"平等""团结""互助""和谐""进步"作为中国特色社会主义民族理论体系的重要理念，它们相互联系、相辅相成。对民族团结来说，民族平等是其基石，民族互助是其保障，民族和谐是其本质，民族进步是其归宿。新时代民族团结要坚持民族平等，加强民族互助，促进民族和谐，推动民族进步。

一 平等：民族团结的基石

平等即社会主体在社会关系、社会生活中处于同等的地位，具有同等的发展机会，享有同等的权益，承担同等的责任。作为社会价值理念，平等认为人无高低贵贱之分，每个人的尊严都要得到同等维护；平等期望人们在社会的政治、法律、经济、文化等各方面享有同等待遇，要求消除政治上的特权、法律上的偏袒、经济上的悬殊、文化上的歧视。平等具有历史性、具体性和相对性，不能将其简单理解为绝对的平均或均等。平等要求相同的情

---

① 胡锦涛：《在中央民族工作会议暨国务院第四次全国民族团结进步表彰大会上的讲话》，《今日民族》2005 年第 6 期。
② 中共中央文献研究室编《习近平关于社会主义政治建设论述摘编》，中央文献出版社 2017 年版，第 147 页。

况相同对待，不同的情况不同对待，为达到平等的目的，允许对弱势群体进行特殊照顾。平等需与自由保持一定的张力，不能因为过度平等而损害自由。如果只讲平等而不讲自由，就容易造成对差异、多样、个性、自主等的拒绝或厌恶。

马克思主义认为，社会不平等的深层根源是私有制，只有消灭私有制及其引起的阶级对立和差别，才能实现真正的平等。奴隶社会、封建社会都是等级森严的社会，无论是个人还是民族，都被分为三六九等。资本主义社会将平等作为核心价值观之一，但它讲的平等仍是以私有制为基础的，只是一种形式平等，或者说只在政治、法律领域里讲平等。社会主义平等观与资本主义平等观相比，不仅强调政治、法律方面人人平等，而且注重经济方面的实质平等。经济平等的前提是消灭私有制和阶级，这一点只有发展到社会主义社会才有可能。概言之，现代社会与古代社会的一个重大区别是强调平等，而社会主义社会与资本主义社会在平等方面的重大区别是强调实质平等，即经济平等。平等是社会主义最重要的价值追求，它反映着社会主义的本质，社会主义国家给人民提供的最大承诺，就是实现社会平等。

民族平等指的是"各民族不论人口多少，经济社会发展程度高低，风俗习惯和宗教信仰异同，都是中华民族的一部分，具有同等的地位，在国家和社会生活的一切方面，依法享有相同的权利，履行相同的义务，反对一切形式的民族压迫和民族歧视。"[①]民族平等认为各民族不分大小强弱、历史长短、先进落后，在尊严、政治、法律、经济、文化等方面一律平等，任何民族都没有任何特权，任何民族都不能自视甚高而欺压和歧视其他民族。民

---

① 中华人民共和国中央人民政府网站，http://www.gov.cn/test/2006-07/14/content_335746.htm，2006年7月14日。

族平等在强调各民族的平等地位与平等权利的同时，也强调各民族的平等义务与平等责任，这些义务和责任包括维护国家安全，促进祖国统一和民族团结，遵守宪法和法律，为国家建设尽心竭力等。民族平等体现在发展机会和最终结果全方面。民族机会平等是说，要给予各民族同等的发展机会，使其充分发挥积极性、主动性和创造性，实现本民族的发展进步。民族结果平等不是搞平均分配，不是要求结果绝对相等，而是各民族的经济差距不能过大，国家要采取各种措施缩小民族间由发展不一致、不平衡带来的差距，让各民族共享国家改革发展成果，推动各民族朝共同富裕的方向稳步前进。

民族平等是民族团结的基础和前提。如果民族之间存在歧视和压迫，或者各民族在政治、经济等方面差异太大，就不可能有真正的民族团结。马克思主义认为，实现真正意义上的民族平等，并在此基础上实现真正的民族团结，首先要消灭私有制和阶级。"要使各民族真正团结起来，他们就必须有共同的利益。要使他们的利益能一致，就必须消灭现存的所有制关系，因为现存的所有制关系是造成一些民族剥削另一些民族的原因"[1]。

旧中国各民族之间不可能平等。"中国是个多民族国家，民族间的关系十分复杂，但是几千年来基本上没有变的是民族间不平等的关系，不是这个民族压倒那个民族，就是那个民族压倒这个民族。"[2] 在以私有制为基础的我国古代等级社会，占统治地位的民族要么以武力强迫被统治民族服从，要么对被统治民族采取抚纳、怀柔、羁縻等政策，尽管这些手段有助于大一统，但其局限性也是显而易见的。社会主义新中国消灭了私有制和阶级，被压

---

[1] 《马克思恩格斯全集》第 4 卷，人民出版社 1958 年版，第 409 页。
[2] 费孝通：《中华民族多元一体格局》，中央民族大学出版社 2018 年版，第 2 页。

迫民族得到了解放，各民族成为中华民族大家庭中的平等成员，在此基础上才产生真正的民族团结。有学者指出："王朝中国并不缺少调节民族关系的相关政策，而正是民族平等原则成为当代中国民族政策与王朝中国民族政策的分水岭，民族平等原则推进了王朝中国的转型，使少数民族成为主权中国的平等成员。"[1]

在中国共产党的领导下，马克思主义民族平等理念不断落实，这为我国的民族团结奠定了坚实的基础。在消灭私有制、解放被压迫民族的基础上，我们进行了全国性的民族识别和确认工作，使许多少数民族的民族身份得以确定；一些侮辱或歧视少数民族的称谓、地名、碑碣、匾联被清除；大力发展少数民族地区的教育、科学、文化；依法保障少数民族人民的选举权和被选举权；着力实行民族区域自治制度，让聚居区的少数民族在国家的集中统一领导下，充分发挥自主性，进行自我管理与依法治理。

我国的民族平等特别强调少数民族的权利，并且权利平等充分考虑到民族间事实上的平等。"少数民族同汉族人民一样，平等地享有宪法和法律规定的全部公民权利；同时还依据法律，享有少数民族特有的权利。"[2] 这些特有权利包括相对独立的立法权、降低门槛的教育权、优先满足的就业权等。少数民族享有特殊权利与"任何民族都没有任何特权"并不矛盾。前者是指因为历史、地理等各方面的原因，各民族发展不平衡，少数民族地区贫穷落后而需要照顾、扶持，为此国家赋予这些民族一些特殊的权利。后者所指的问题是，一些民族用权力支配其他民族、用权力为本民族谋取特殊利益，或者一些民族以本民族利益为中心，坚持民

---

[1] 周竞红：《民族平等原则：王朝中国与当代中国民族政策的分水岭》，《中央民族大学学报》（哲学社会科学版）2010年第5期。

[2] 国务院新闻办公室：《中国的人权状况》，中央文献出版社1994年版，第47页。

族利己主义或狭隘民族主义而提出过分的、非正常的要求等。国家对少数民族进行特殊照顾，让其享有特殊权利，看似不平等，实则是为了实现真正平等、实质平等。为了实现实质平等，缩小少数民族地区与汉族发达地区的差距，在近几年的脱贫攻坚过程中，我们倾注了大量的人力、物力、财力，帮助少数民族发展经济、文化和社会事业。正因为国家秉持"中华民族是一个大家庭，一家人都要过上好日子""一个都不能少，一个都不能掉队""共建共享""努力实现共同富裕"的平等理念，采取各项措施帮助少数民族同胞发展，他们才产生强烈的民族认同感、归属感、荣誉感、获得感、责任感，中华民族大家庭才温馨幸福、团结和睦。

二　互助：民族团结的保障

"互助"和"团结"密切相关。在我国社会主义道德建设中，这两个词经常连在一起使用，被表述为"团结互助"。我国学者在进行外文翻译（尤其是法文翻译）时，也常常将外文中的"团结"翻译成中文"互助"。

互助是人们在长期的共同生活中形成的互相帮助和接济、彼此关照和扶携的美德。互助有益于个体和共同体的存在和发展。"互助互援是许多动物战胜敌人的锐利武器。人类也不例外，早在远古时代，原始社会的氏族、部落成员就以互助帮扶为天然义务。"① 原始社会，自然条件十分恶劣，个人随时面临食物匮乏、野兽攻击、身陷沟壑泥沼等危险。于是，人们按照血缘关系结成氏族群体，相互接济，共同抵御风险。人是单薄、脆弱的动物，在强大的外力面前不堪一击，人类正是从一开始就有团结互助的

---

① 吴潜涛、杨峻岭：《大力弘扬"一方有难、八方支援"的社会主义互助精神》，《思想政治工作研究》2008年第7期。

精神，才得以生存、延续并不断发展壮大。哪怕是生产力已比较发达的今天，人们依然离不开团结互助与携手合作。互助的反面是互斗。有一个和互斗、互助有关的"长勺寓言"。这个寓言讲的是：光线昏暗的地狱里，面黄肌瘦的人们各持一把长勺，围圆桌席地而坐。圆桌中央摆着一大盆丰盛诱人的肉汤。人们和圆桌之间是无底深渊，人、勺、汤一不小心就会掉入其间。大家可以用长勺勉强够到汤，但无法自己喂食（胳膊和勺柄太长）。一开始，在自私心的驱使下，人们只顾自己，争来抢去，不仅自己吃不着汤，而且在打斗中有人差点掉进深渊。后来，大家放弃自私和争斗，我喂你，你喂我，个个都吃到了汤。这时，地狱也光芒焕发而变成了天堂。"长勺寓言"生动形象而又深度理性，它说明了互助不仅有益于他人，也有益于自己。相反，如果自私自利，相互争斗，那么谁都得不到好处。

互助精神既是中华文化瑰宝也是中华民族战胜各种困难、奋力前行的重要法宝。中华文化向来重视互助。传统文化里讲"岂曰无衣？与子同袍……岂曰无衣？与子同泽……岂曰无衣？与子同裳"（《诗经·国风·秦风》），"投我以桃，报之以李"（《诗经·大雅·抑》），"博施于民而能济众"（孔子《论语·雍也》），"天时不如地利，地利不如人和"（孟子《公孙丑下》），"力不若牛，走不若马，而牛马为用，何也？曰：人能群，彼不能群也"（荀子《王制》）。革命文化里讲坚定忠诚、团结一心、友爱互助、携手奋进的同志情谊和集体主义精神。社会主义先进文化里讲助人为乐、无私奉献、诚信友爱、团结友善、互相扶持的个人和社会美德。中华民族每遭劫难的时候，人们都会紧密团结、互相援助，共克时艰。近现代社会，面对列强的入侵，各种力量团结起来一致对外。在民族危亡之际，哪怕是隔阂颇深的共产党和国民党都不计前嫌，相互配合，相互支持，共御外敌。团结就是力量，互助才能共进。进入21世纪，2003年发生的非典疫情、2008年的四川汶川地震和南方冰雪灾害、2010年的甘肃舟曲特大泥石流、2020年发生的新冠疫情等，都因为中国人有"一方有难，八方支援""同舟共济""患难与共"的互助精神和行动而得以迅速战胜。

民族互助是我国民族团结的鲜明体现。一方面，中华民族在面临危难时，各民族携手共进、共渡难关，不仅彰显了强大的民族凝聚力，而且展现了血浓于水的同胞情谊。另一方面，我国各民族在经济社会发展过程中相互帮助，相互协作，取长补短，互通有无，加深了民族之间的情感与友谊，促进了民族之间的联合与交融。

互助是民族团结的重要保障，新时代民族团结要广泛践行这种精神和美德，形成"我为人人、人人为我""手拉手，一个也不能掉队"的良好社会风气。尽管我国的脱贫攻坚取得了全面胜利，但区域发展不平衡的问题仍然存在，与汉族地区相比，少数民族地区从整体上看相对落后。共同富裕是社会主义的本质要求和显著优势，是走中国特色社会主义道路先进性和优越性的集中体现。共同富裕的实现，需要优势群体对弱势群体、先富者对后富者进行帮助。共同富裕是各民族的富裕，在走向共同富裕的道路上，一个民族兄弟也不能落伍，一个民族地区也不能掉队。民族互助不是单方面的，而是相互的、双向的。民族地区顾全大局，为整个国家和中华民族在经济、政治、国防、社会生活等各方面都作出了许多奉献和牺牲，比如贡献丰富的石油矿产资源以及畜牧产品，维护国家统一，守卫国家的每一寸疆土，为了保护环境、发展航天与国防事业进行移民搬迁等。少数民族地区由于特殊的地理环境、特殊的历史、特殊的职责和功能等原因，在走向现代化的过程中，需要经济文化上先发展起来的地区进行无私援助和慷慨奉献。习近平指出："党和国家一直从各方面扶持、帮助少数民族和少数民族地区，这不是恩赐，也不是单方面的帮助。辩证地说，这是一种互相帮助。汉族帮助了少数民族，少数民族也帮助了汉族；国家扶持了民族地区，民族地区也支援了国家建设。"[①]

三 和谐：民族团结的本质

和谐是中华文化中非常重要的思想和思维方式。"和实生物，同则不继"（《国语·郑语》），"君子和而不同，小人同而不和"（《论语·子路》），"礼之用，和为贵"（论语·学而），"百姓昭明，协和万邦"（《尚书·尧典》），"发而皆中节，谓之和""和也者，天下之达道也"（《礼记·中庸》），等等，简洁明了地阐述了"和"的含义和意义。北京的颐和园、雍和宫，其中都带有"和"字。故宫的三大殿，即太和殿、中和殿与保和殿，"太和"意味着天人和谐，"中和"意味着人际和谐，"保和"意味着个人身心和谐。"和"在这些地方的应用体现了中华文化的内在精神与价值追求。"谐"在很早的时候就见诸我国各种文献典籍，如"八音克谐"（《尚书·舜典》）、"如乐之和，无所不谐"（《左传·襄十一年》）、"君子有礼，则外谐而内无怨"（《礼记·礼器》）等。"谐"即谐调、谐和、谐美，"谐"与"和"的意思相近，"和谐"一词是一种语义重叠或同义组合。

和谐，其基本含义是和睦协调、配合得当，其本质与功能是协调多种因素的差异与对立，发挥各种要素的效力与作用，促成

[①] 习近平：《摆脱贫困》，福建人民出版社1992年版，第117页。

各方面综合平衡、优势互补,推动事物的统一和发展。和谐至少包括多样性的统一和对立面的统一两个相互依存、相互贯通的方面。《左传》中记载着晏婴对"和"的看法:"和如羹焉,水火醯醢盐梅以烹鱼肉,燀之以薪。宰夫和之,齐之以味,济其不及,以泄其过。君子食之,以平其心。君臣亦然。君所谓可而有否焉,臣献其否以成其可。君所谓否而有可焉,臣献其可以去其否"。"声亦如味,一气,二体,三类,四物,五声,六律,七音,八风,九歌,以相成也。清浊,小大,短长,疾徐,哀乐,刚柔,迟速,高下,出入,周疏,以相济也"(《左传·昭公二十年》)。这其中,"水火醯醢盐梅以烹鱼肉""一气,二体,三类,四物,五声,六律,七音,八风,九歌,以相成也"讲的是多样性的统一;"君所谓可而有否焉,臣献其否以成其可。君所谓否而有可焉,臣献其可以去其否""清浊,小大,短长,疾徐,哀乐,刚柔,迟速,高下,出入,周疏,以相济也"讲的是对立面的统一。从思维方法上看,多样性的统一,即和而不同;对立面的统一,即执两用中。和而不同指的是尊重差异、包容多样,存异求同,而不是强制同一。执两用中指的是把握矛盾双方的对立,在此基础上保持对立面的统一。其实,西方哲人也有类似"和而不同""执两用中"的思维方式。比如,毕达哥拉斯认为,和谐起于差异的对立,是杂多的统一,不协调因素的协调。又如,赫拉克利特认为,是从对立的东西产生和谐,而不是从相同的东西产生和谐。

"团结"与"和谐"具有一致性。从一个角度讲,团结是多样性的统一、有差别的统一。差异未必会导致冲突,甚至可以说,现实中绝大部分差异都不会导致冲突。男女之间的差别、长相和特长等方面的差异,都不是引起冲突的根本原因。团结的对立词语是分裂、排他,而不是差别、差异。从另一个角度讲,团结是对立面的统一、矛盾的合理解决。人们的利益需求、性格特征、生活环境等各不相同，相互之间必有矛盾，团结就是要协调分歧、化解矛盾，达到某种程度的统一和平衡。对此，周恩来指出："团结就是在共同点上把矛盾的各方统一起来。善于团结的人，就是善于在共同点上统一矛盾的人。"[①] 团结不是把各成员强行地捆绑在一起，因为强制性的刚性结构容易崩溃。团结主要是各成员在共同利益、共同价值观、共同情感基础上的自愿联合，这种联合即"和"，它具有一定的弹性，包容差异、多样甚至某种程度的对立。

民族和谐是民族团结的样态和属性。一方面，民族团结是各民族的和谐共存与和合共生。民族团结不是民族强制同化或强制融合，而是和而不同——"万物并育而不相害，道并行而不相悖"（《礼记·中庸》）。民族团结也不是排除异己、唯我独尊，像法西斯那样搞种族"纯化"，而是和实生物——多个民族组成更大更强的民族共同体。另一方面，民族团结是民族之间矛盾和冲突的化解。各族人民长期生活在一起，难免产生矛盾。遇到民族矛盾不要回避，而要按照正确处理人民内部矛盾的原则和方法，加以缓解、协调和妥善解决。处理矛盾的方式一定要得当，否则会激化矛盾，损害民族团结。需要说明的是，国家人民与暴恐分裂分子之间的矛盾，不属于人民内部矛盾，不能妥协，只能予以坚决打击。

作为民族团结本质的民族和谐具体指各民族和睦相处、和衷共济、和谐发展。民族和睦相处，即各民族关系融洽、友好共存，在交往、共处的过程中能相互尊重差异、包容多样。民族和衷共

---

① 《周恩来选集》下卷，人民出版社1984年版，第30页。

济，即各民族团结一心、齐心协力，当一些民族陷入困境和灾难的时候，其他民族会伸出援助之手，大家共同克服、共渡难关。民族和谐发展，即各民族关系和顺、互惠互利、互促互补、协调一致、共同发展。民族和谐的这三个方面，和睦相处是前提和条件，和衷共济是体现和路径，和谐发展是目的和指归。这三个方面各自发挥作用，并相互支撑，从而使民族团结稳固牢靠。

四 进步：民族团结的归宿

进步指的是事物向前、向上、向好推进的状态，以及曲折前进、螺旋上升的过程。进步意味着人的本质力量的全面实现和潜能的无限发挥，"进步的观念本质上是人类改善自身存在状况的需求，是人类发展其本质力量的观念反映"[1]。进步不是盲目乱窜、横冲直撞，而是向明确的目标迈进。因此，进步与人们的价值取向紧密相连，需要特定的价值作指引；进步也与社会的规划设计密切相关，需要美好的社会理想作为航标。比如，向共同富裕的目标迈进，需要集体主义作为价值导向，并且还需要社会主义作为制度依靠，需要共产主义作为理想社会之灯塔。相反，社会部分人富裕或强者富裕，其价值导向是个人主义，其社会基础是资本主义。

追求进步是民族精神的重要组成部分。民族进步即民族的努力前进、奋发向上、积极进取、不断发展。今天的中国是多民族统一的现代国家，是 14 亿多人口组成的人民大众国家。新时代，我国民族进步既指每单个民族的发展进步，也指整个中华民族的发展进步；既指人民的发展进步，也指国家的发展进步。或者说，

---

[1] 高瑞泉：《中国的现代性观念谱系》，广西师范大学出版社 2015 年版，第 90 页。

我国的民族进步，一方面指民族地区广大人民群众的生活水平、精神面貌等日新月异，另一方面指中华民族作为一个整体在世界历史发展的征程上阔步向前。

民族进步既表现为各民族成员容光焕发、积极进取，也表现为党和政府不断努力、主动作为。前者要求各民族成员的思想道德和科学文化素质不断提高，认识和改造世界的能力不断提升；个人对国家和民族的认同感不断增强，并为国家富强和民族振兴持续贡献力量。后者要求党和政府维护全国各族人民的根本利益，解决各族群众的急难愁盼，逐步缩小各民族之间的经济文化差距，让每个民族、每个人都有幸福感与获得感；维护国家根本利益和民族基本尊严，在国际上不断增强经济、科技、军事等实力，努力争取政治、文化话语权。

民族团结和民族进步既有差别又密不可分。二者的差别表现在，"从多民族国家建构或建设的角度讲，民族团结相对于隔阂、分裂而言，旨在实现民族关系和社会关系的整合；从多民族国家发展的角度讲，民族进步相对于落后、差距而言，旨在实现国家与各民族的共同发展"[①]。二者的联系至少表现在三个方面。其一，民族团结是民族进步的基础和前提。分则俱损，合则俱荣；分则乱，合则治；分则衰，合则盛；分则弱，合则强。只有各民族团结一致，齐心协力，相互扶持，才能实现共同发展和进步，才有共同的光明前景和未来。其二，民族进步是民族团结的根本目的和最终归宿。扎实做好民族团结工作，其落脚点就是各民族的发展进步。如果各民族发展不起来，多少年都没有进步，各族群众的生活条件没有改善、文化水平没有提高，民族团结就失去了利

[①] 严庆：《对民族团结进步中"进步"的认知与现实价值审视》，《中南民族大学学报》（人文社会科学版）2016年第5期。

益根基和终极价值。其三，民族团结和民族进步相互促进。维护和增强民族团结，可为各民族的互动、交流、融通创造良好的条件，从而推动共同发展进步。提高民族思想认识、文明程度、经济发展的质量和水平等，都会凝聚民族力量、增强民族团结、增进民族共识。可以说，民族团结推动民族进步，民族进步也促进民族团结。民族团结与民族进步有机统一、良性互动，因此在理论和实践中，它们常常以"民族团结进步"的形式出场。

民族团结的根本目的乃是，在和平而又充满生机活力的环境下实现各民族的共同努力、繁荣和进步。单个民族的条件和力量是有限的，如果各民族团结起来，民族之间优势互补，相互扶持，则会实现各民族的共同发展进步。我国这样一个统一的多民族国家，各民族、各地区资源分配不均，发展不平衡，这就需要地域广博而物产丰富的民族地区为工业发达的地区提供资源、农牧产品等各方面的支持和援助，也需要发达地区帮助广大民族地区发展经济、科技、教育等。随着改革开放和社会主义市场经济的深入发展，以及城镇化进程的不断加快，民族聚居区的许多同胞纷纷进城务工，这不仅为城市的发展提供了劳动力、消费力和竞争力，而且来自民族地区的同胞增加了收入、开阔了眼界、学到了致富的经验和知识。在落实对口支援、西部大开发、精准扶贫等政策的过程中，国家安排少数民族干部到发达地区学习、通过政策照顾等方式给予民族地区的学生更多机会到发达地区上学，并安排发达地区的干部到民族地区挂职、鼓励大学生志愿服务和支援西部，这些都极大促进了民族地区的发展进步。另外，在各民族走向共同富裕的道路上，发达地区更是直接通过财力支持、基础设施援建、慈善服务、捐资助学等方式帮助民族地区实现发展进步。

民族进步包括精神进步和物质进步等多个方面。民族精神进步指的是各民族成员的思想观念、价值取向、道德意识、审美情趣、思维活动、心理素质、文化素养等不断得到发展。民族地区偏僻、边缘，人们在思想层面要么相对封闭守旧，要么容易受到境外势力和宗教势力的渗透影响。因此，要通过民族团结进步教育不断克服错误的、消极的、保守的、狭隘的认识，从而提升思想素质和精神境界。新时代，最重要的是树立共同的理想信念、培育社会主义核心价值观、弘扬改革创新精神、培养健康文明的习惯和生活方式、铸牢中华民族共同体意识、加强爱国主义教育。民族物质进步指的是民族地区在经济和社会发展等方面的进步。我国民族地区相对落后，在全面建成社会主义现代化强国的过程中，要加快落后民族地区各方面的发展，逐步缩小其与发达地区的差距。具体而言，要因地制宜，大力发展当地特色经济，搞好当地的资源开发利用，促进民族地区群众的生活富裕；要注重民族地区的教育、科技、文化、卫生，不断改善民族地区的发展条件，提升民地区的发展能力；要加强各民族的经济往来，促进各民族共同富裕、共同繁荣、共同进步。今天，推动民族地区走向社会主义现代化，促进民族物质进步，尤其要注重树立并践行"创新、协调、绿色、开放、共享"的新发展理念，实现民族地区的跨越式发展和高质量发展。

"天行健，君子以自强不息；地势坤，君子以厚德载物。"（《周易·象传上》）"一阴一阳之谓道。"（《周易·系辞上》）团结与进步是中华民族伟大而深层的精神品格和追求。正是有这种民族精神，灿烂辉煌的中华文明才在人类历史上绵延5000多年而未曾中断。伟大精神引领伟大事业，实现复兴伟业、全面建成社会主义现代化国家离不开各民族精诚团结、共同奋斗。

"惟进取也，故日新。"（梁启超《少年中国说》）民族进步是中华民族大家庭的事业，是各民族共同的责任担当。今天，少数民族的进步需要中央、发达地区和民族地区的多方联动和多点发力。中央要大力扶持少数民族和民族地区发展，为此，在资金、技术和政策等方面要向少数民族和民族地区适度倾斜。发达地区要"先富带后富，先富帮后富"，充分发挥带头和帮扶作用。与此同时，少数民族同胞要解放思想，更新观念，自力更生，艰苦奋斗，创造条件不断实现自我发展进步。中华民族整体的进步是各民族进步的和合，是每个中华儿女点滴奋斗的结果，需要人人发奋图强、尽心尽力，需要众人凝心聚力、群策群力。

第 三 章
新时代民族团结的主要伦理资源

古今中外学术史上有诸多与民族团结相关的思想理论。马克思恩格斯关于社会共同体及其主体交往的论述，中华优秀传统文化中的仁爱、和合与大同思想，当代西方伦理学中的差异性、共同性和主体间性理论，等等，都蕴含着非常丰富的团结观念和团结思想。学术研究是建立在"通晓思维的历史和成就"基础上的，因此，需要总览古今中外，探寻和消化相关理论资源。要"坚持古为今用、洋为中用，融通各种资源，不断推进知识创新、理论创新、方法创新"[①]。要深入挖掘并通过比较、对照、反思等方法认真分析各种"团结"资源，提炼出精华，实现其创造性转化和创新性发展，为我国新时代民族团结理论与实践创新提供参考借鉴。

第一节 新时代民族团结的马恩社会伦理资源

社会团结，其物质基础是生产实践和交往实践，其精神基础是共同体意识和主体交往意识。社会团结的关键在于如何处理好

---

① 《习近平谈治国理政》第 3 卷，外文出版社 2020 年版，第 339 页。

个体与共同体、个体与个体的关系问题。民族团结本质上是民族的整合与互动关系。我国的民族团结，最主要是处理好各民族与中华民族的关系以及各民族内部、各民族之间的关系。马克思的共同体伦理和交往伦理对我国新时代民族团结建设具有重要启发作用。

一 共同体伦理：民族整体何以团结

马克思恩格斯认为，尽管历史上的社会共同体有各种缺陷，但共同体是人的存在方式，人无法脱离它。共同体有一个从低级阶段向高级阶段发展进化的过程，人类社会历史视域下的共同体的发展进化即社会形态的更替或社会制度的革新。社会主义虽然与最高阶段的社会共同体即自由人联合体还有遥远的距离，但它是迄今为止最符合人的本性和发展需要的社会形态共同体。社会主义社会为社会团结提供了前所未有的良好环境和条件。民族是与国家、社会制度等密切联系的人群共同体，马克思恩格斯在其著述的许多地方都谈及共同体，他们对共同体的各种深刻洞见是我国民族团结建设的重要理论基石。

（一）共同体意识与新时代民族团结

马克思恩格斯认为人只有在共同体中并通过共同体才能得到生存和发展，共同体蕴含着相互协作与有机统一的团结观念。我国社会主义制度的建立，为共同体凝聚和社会团结奠定了前所未有的制度基础。在中国特色社会主义新时代，要铸牢中华民族共同体意识，促进中华民族大团结。

团结伦理首要或基础的问题是如何处理个体与共同体的关系问题。个体与共同体的关系，在西方学术史上，经历了一个从古希腊的共同体主义到近代的个体主义再到黑格尔、马克思等反对极端个体主义、重视社会共同体的否定之否定的发展过程。古希腊看重城邦，诸多思想家都认为城邦共同体大于个人，个人要服从、服务于城邦共同体；近代自我意识觉醒，高扬个体，贬低共同体，认为共同体只是达到个体目的的手段；黑格尔基于总体性思想和观念，再次强调共同体的作用，甚至认为国家决定市民社会，马克思不赞同黑格尔夸大资本主义国家机器的功能，批判这种虚幻的共同体，但认为共同体确实非常重要——个体只有在真正的共同体中才能得到自由全面发展。马克思恩格斯在以往理论的基础上，以辩证唯物主义和历史唯物主义为世界观和方法论，创立了自己的共同体理论。马克思恩格斯的"共同体"，其理论基础是人的社会性，发展过程是辩证否定，理想目标是自由人联合体。

人从属于一定的社会群体，具有共同体本质属性。对此，马克思在其著作的多个地方论述道，"人就是人的世界，就是国家，社会"[1]，"人的本质是人的真正的共同体"[2]，人"不仅是一种合群的动物，而且是只有在社会中才能独立的动物"[3]。恩格斯也指出，人要"以群的联合力量和集体行动来弥补个体自卫能力的不足"[4]。总之，人从根本上说是社会性的存在，人不能脱离社会共同体，人们要联合起来在共同体中生活。

马克思恩格斯认为人类社会共同体的发展是一个通过辩证否定不断向更高阶段跃进的过程。马克思依据社会共同体的发展历程，将其分为"自然形成的共同体"、"抽象的或虚幻的共同体"和"真正的共同体"。他在《政治经济学批判（1857—1858 年手

---

[1] 《马克思恩格斯文集》第 1 卷，人民出版社 2009 年版，第 3 页。
[2] 《马克思恩格斯全集》第 3 卷，人民出版社 2002 年版，第 394 页。
[3] 《马克思恩格斯文集》第 8 卷，人民出版社 2009 年版，第 6 页。
[4] 《马克思恩格斯文集》第 4 卷，人民出版社 2009 年版，第 45 页。

稿)》中将人的发展分为"人的依赖关系""以物的依赖性为基础的人的独立性""自由个性"三个阶段。① "自然形成的共同体"即第一阶段，其特点是个人依附于共同体、共同体控制或干预个体。"抽象的或虚幻的共同体"即第二阶段，其特点是个人独立性、自主性增强，但出现了个人主义盛行、共同体"虚幻"、人们排斥这种虚假共同体以至于有些人反对所有共同体等问题。"真正的共同体"是第三阶段，其特点是个人得到自由发展和全面解放，个人与共同体和谐统一。社会共同体是由许多个人组成的，人的发展与社会共同体的发展具有一致性，从"人由低级阶段向高级阶段的发展"可以看出社会共同体的更替和演进。

马克思恩格斯在其历史唯物主义思想日渐成熟的时期，深刻论述了两种共同体——虚假的共同体和真正的共同体。在虚假的共同体中，只有作为统治阶级成员的个人才有自由，"由于这种共同体是一个阶级反对另一个阶级的联合，因此对于被统治的阶级来说，它不仅是完全虚幻的共同体，而且是新的桎梏"②。虚假共同体形成的根本原因是资本主义制度和生产方式。在资本主义社会，资本家私人占有生产资料，工人是生产主体但处于被控制、被剥削的异化状态，他们的劳动时间无法由自己支配，劳动产品不属于自己。资本主义国家政权是为资本家服务的，它是资本家的共同体，工人不仅被排除在这个共同体之外，而且受到它的束缚。"真正的共同体"是对以往人类历史上有缺陷的两种共同体（"自然形成的共同体"和"抽象的或虚幻的共同体"）的扬弃和超越。一方面，它强调整体性、共同性和统一性，"只有在共同体中，个人才能获得全面发展其才能的手段，也就是说，只有在共

---

① 《马克思恩格斯文集》第8卷，人民出版社2009年版，第52页。
② 《马克思恩格斯文集》第1卷，人民出版社2009年版，第571页。

同体中才可能有个人自由"①。另一方面，它充分尊重人的个性、自主性和创造性，在自由人联合体里，"每个人的自由发展是一切人的自由发展的条件"②。自由人联合体是人类社会的崇高理想状态，它集真善美于一身，是无限开放发展的，是一种永无止境的攀登和追求。自由人联合体是自由与联合的高度辩证统一，在这种共同体条件下，"各个人在自己的联合中并通过这种联合获得自己的自由"③。自由人联合体即消灭了资本主义私有制和不合理的分工、克服了异化劳动后的人人平等且得到自由而全面发展的共产主义社会。在这样的社会里，"任何人都没有特殊的活动范围，而是都可以在任何部门内发展，社会调节着整个生产，因而使我有可能随自己的兴趣今天干这事，明天干那事，上午打猎，下午捕鱼，傍晚从事畜牧，晚饭后从事批判，这样就不会使我老是一个猎人、渔夫、牧人或批判者"④。

共同体蕴含着整体团结的观念。整体团结是相对内部团结和外部团结而言的。共同体的内部团结是指共同体内各成员之间的团结，共同体的外部团结是指某共同体与外部世界（比如与其他共同体）的团结。从辩证法的角度看，良性运行的共同体是一个由各要素凝聚而成的有机整体，其要素和整体之间不是离散或敌对的关系，而是要素离不开整体、整体离不开要素，要素与整体相互支持、有机统一。

整体团结视域中的社会主义社会团结有其自身特点。它既不同于资本主义的社会团结，也不同于共产主义的社会团结。在私有制主导的资本主义社会，工人异化劳动，社会贫富悬殊，被排

---

① 《马克思恩格斯文集》第1卷，人民出版社2009年版，第571页。
② 《马克思恩格斯文集》第2卷，人民出版社2009年版，第53页。
③ 《马克思恩格斯文集》第1卷，人民出版社2009年版，第571页。
④ 《马克思恩格斯文集》第1卷，人民出版社2009年版，第537页。

除在政治共同体之外的阶级和人群为自己的地位和权利而斗争，社会缺乏凝聚力和向心力，难以实现整体团结。对此，马克思指出："难道所有的起义不都是毫无例外地在人们不幸脱离了共同体这种状况下爆发的吗？这种相脱离的状况岂不是一切起义的必要前提吗？要是没有法国公民们这种不幸而脱离了共同体的状况，难道1789年的革命能够爆发吗？这个革命的任务恰好就是消灭这种相脱离的状况。"① 在完全实行公有制的未来共产主义社会，人们自由联合，既自由又相互依赖，而且人们越自由越相互依赖。当前，我国处于社会主义发展阶段，社会主义社会是"从资本主义社会中产生出来的，因此它在各方面，在经济、道德和精神方面都还带着它脱胎出来的那个旧社会的痕迹"②。在社会主义社会，一方面，我们不像资本主义那样因为私有制而产生虚假的共同体，无法实现社会团结；另一方面，我们离人人自由全面发展、高度发达的共产主义社会还有相当遥远的距离，不会像"真实的共同体"那样自发实现高水平的社会团结。社会主义新时代，我们要自觉树立共同体意识，创造各种有利条件推动社会向"真正的共同体"不断接近，使社会团结的质量不断提升。

马克思恩格斯的共同体及其整体团结观念是新时代铸牢中华民族共同体意识促进中华民族大团结的理论基础。在民族问题上，社会主义与资本主义、共产主义皆有不同。资本主义社会民族、种族、移民问题严重，抗议、骚乱、暴动等从未停息，私有制和阶级是民族压迫和剥削的社会根源，也是造成民族不团结的根本原因。共产主义社会里，民族已像国家一样不复存在，"各民族的团结和世界人民大团结"会被"自由人联合体"取代。社会主义

---

① 《马克思恩格斯全集》第3卷，人民出版社2002年版，第394页。
② 《马克思恩格斯文集》第3卷，人民出版社2009年版，第434页。

社会的建立，消灭了私有制和阶级，为民族团结奠定了良好的制度基础。社会主义新中国在各民族自由、平等的基础上强调中华民族的整体统一。新时代优化各民族与中华民族的关系，要坚持整体思维，提高整合程度，促进整体团结。

铸牢中华民族共同体意识促进中华民族大团结大统一，最重要的是加强各民族对中华民族的认同。首先，要大力发展经济并努力做到分配公平。经济是民族强大的基础，只有各民族经济发展起来了，中华民族共同体才会强健稳固。公平是民族团结的前提，经济发展过程中，要注重资源、财富等在各民族间的分配公平。各民族共同富裕，人民生活幸福美满，就会有民族自尊、自信和自豪，相应地，就会生发民族认同。其次，要加强爱国主义教育。各民族和中华民族是部分和整体的关系，中华民族具有国家内涵和国家属性，因此，铸牢中华民族共同体意识促进民族团结，必须加强爱国主义教育，这其中包括国家历史、国家制度、国家安全、国家统一等各方面的教育。再次，要加强文化认同。共同文化是人们共有的精神家园。文化认同是民族认同的核心，是民族团结的根脉，只有各民族从内心深处认同共同的心灵根脉，达到心心相通，中华民族共同体才能像一块坚硬的钢板一样坚不可摧。"国家之魂，文以化之，文以铸之"[1]，文化认同包括对从过去到现在数千年所有优秀、先进的中国文化的认同。意识形态、价值理念等的认同在文化认同中占有非常重要的地位，加强文化认同必须提升社会主义意识形态的吸引力和凝聚力，突出社会主义核心价值观的引领和导向作用。

铸牢中华民族共同体意识促进中华民族大团结，才能实现中

---

[1] 《习近平谈治国理政》第 3 卷，外文出版社 2020 年版，第 408 页。

华民族的伟大复兴。习近平指出:"各族人民亲如一家,是中华民族伟大复兴必定要实现的根本保证。实现中华民族伟大复兴的中国梦,就要以铸牢中华民族共同体意识为主线,把民族团结进步事业作为基础性事业抓紧抓好。"①

(二) 共同主体与新时代民族团结

共同主体是由众多主体联合而成的主体。共同主体强调共同主体性。"共同"即属于大家的,大家共有的。主体性指的是个体在"主体—客体"关系中所表现出的主体属性,即能动性、自主性以及有目的的活动的地位和特性。共同主体表征各成员都是主体,都要发挥作用,都要实现自己的目的。共同主体性以个体主体性为基础又超越个体主体性,它是众多个体主体性的和合。共同主体以交互主体性的存在为前提,只有各成员"都意识到自己的主体身份,都能够相互尊重、相互协调、共同行动、共同面对相应的客体世界之时,才真正称得上是一个共同主体"②。如果一些主体只把自己当作主体,而把其他主体当作客体,对其他主体缺乏尊重和承认,那就无法构成共同主体,也就无所谓共同主体性。共同主体存在的合理性和必要性在于,共同主体要面对共同客体,即要面对共同的客观世界,或者说,要共同解决生存与发展问题。

共同主体性随着社会共同体的发展而发展。马克思在《〈政治经济学批判〉导言》中指出,我们越往前回溯历史,便发现个人越不独立,"只有到 18 世纪,在'市民社会'中,社会联系的各种形式,对个人说来,才表现为只是达到他私人目的的手段,才表现为外在的必然性。但是,产生这种孤立个人的观点的时代,

---

① 习近平:《在全国民族团结进步表彰大会上的讲话》,人民出版社 2019 年版,第 7 页。
② 郭湛:《论主体间性或交互主体性》,《中国人民大学学报》2001 年第 3 期。

正是具有迄今为止最发达的社会关系（从这种观点看来是一般关系）的时代"①。纵观人类历史即可发现，人的主体性在不断增强，人的共同性也在通过"肯定—否定—否定之否定"而不断发展。社会主义社会既强调共同性又注重主体性，社会主义为共同主体性的发挥提供了有史以来的最好舞台。

共同体的力量来自共同主体的团结。共同主体不是单个主体的简单相加，而是各主体的有机联合。共同主体要有共同的价值观念，共同的目标追求，共同的情感基础，在这些条件下，共同主体便拥有单个主体无法企及的强大合力。马克思认为，集体合作的效果是单个个体无法达到的，协作使"许多力量融合为一个总的力量而产生的新力量"②。共同体中各成员的凝聚与合作能产生巨大力量。共同主体即团结起来的"我们"。"我们"共同战胜困难，共创美好的物质生活与精神生活。

社会主义制度下，各民族是中华民族共同体的共同主体。在旧中国，汉族与少数民族、各少数民族之间存在着较深的隔阂，原因是一些民族把另一些民族当作奴役和征服的对象。在这种情况下，各民族无法构成共同主体。新中国成立后，各民族以中华民族平等的一员共同走上社会主义道路，共同当家作主，反对任何民族压迫和歧视。社会主义制度下，各民族都是平等的主体，不存在"主体—主体"关系异化成"主体—客体"关系的问题。民族区域自治制度是我国社会主义社会的一项基本政治制度，实行民族区域自治，即各少数民族聚居的地方，在国家统一领导下，实现自治。民族区域自治既尊重自主性，又强调共同性。民族区域自治制度坚持统一和自治相结合，既能保证国家的团结统一，

---

① 《马克思恩格斯文集》第8卷，人民出版社2009年版，第6页。
② 《马克思恩格斯文集》第5卷，人民出版社2009年版，第379页。

又能实现各民族当家作主。民族区域自治"是党的民族政策的源头和根本，许多民族政策都是由此而来、依此而存。这个源头改变了，根本就动摇了，在民族理论、民族政策、民族关系等问题上就会产生多米诺效应"[1]。对于民族区域自治制度，要在守正创新中坚持巩固和完善发展，其中，"坚持"即不动摇，"完善"即与时俱进。除了民族区域自治制度，人民代表大会制度、政治协商制度和基层群众自治制度等也为各族人民共同参政议政奠定了重要政治制度基础。人民代表大会制度是我国的根本政治制度，在这种制度下，各民族在各级人大中都有自己的代表，各民族平等享有管理国家事务的权利，各族人民都是国家的主人。政治协商制度和基层群众自治制度等，与民族区域自治制度一样，属于我国的基本政治制度。在各级政协中，各民族都有自己的委员代表本民族进行政治协商；在基层群众自治中，各族群众积极参与基层民主建设。这些都为各族人民共同发挥主体作用提供了坚实保障。

各民族共同奋斗是促进民族团结的重要途径。共同主体性要求各民族充分发挥主动性，为中华民族的伟大复兴不懈努力。由于西方列强的入侵和封建统治的腐败，有着几千年辉煌历史的中华民族在近代陷入苦难的深渊。近百年来，在中国共产党的带领下，各民族精诚团结，奋力拼搏，中华民族走过了从站起来、富起来到日益强大起来的历史历程。新时代的重要使命和任务是全面推进中华民族伟大复兴。未来几十年我国的奋斗目标是，"到二〇三五年基本实现社会主义现代化；从二〇三五年到本世纪中叶把我国建成富强民主文明和谐美丽的社会主义现代化强国"[2]。实

---

[1] 国家民族事务委员会编《中央民族工作会议精神学习辅导读本》增订版，民族出版社 2019 年版，第 61 页。

[2] 习近平：《高举中国特色社会主义伟大旗帜 为全面建设社会主义现代化国家而团结奋斗——在中国共产党第二十次全国代表大会上的报告》，人民出版社 2022 年版，第 24 页。

现中华民族的伟大复兴需要各族人民共同努力。这就要求，各民族要充分发挥积极性、主动性和创造性，携手并进，砥砺前行。从这种意义上说，各民族共同主体性的发挥，为民族团结提供了不竭的动力和坚实的基础。

（三）共同利益与新时代民族团结

共同利益即共同体的利益，或曰共同体成员共享的利益。共同利益是相对于个体的特殊利益而言的。也就是说，个体利益其实可分为两部分，一是个体的普遍利益，这是所有个体的共同利益；二是个体的特殊利益，这与共同利益没有直接的同一关系。由此可见，共同利益是所有个体利益的交集。共同利益与个体特殊利益的分化是社会分工的产物。马克思在《德意志意识形态》中指出："随着分工的发展也产生了单个人的利益或单个家庭的利益与所有互相交往的个人的共同利益之间的矛盾；而且这种共同利益不是仅仅作为一种'普遍的东西'存在于观念之中，而首先是作为彼此有了分工的个人之间的相互依存关系存在于现实之中。"[①] 虚假的共同体把统治阶级自己的特殊利益说成是广大社会成员的普遍利益、共同利益，并以"普遍性""共同性"的形式加以追求。因此，马克思恩格斯一针见血地指出，在资本主义社会，"正是由于特殊利益和共同利益之间的这种矛盾，共同利益才采取国家这种与实际的单个利益和全体利益相脱离的独立形式，同时采取虚幻的共同体的形式"[②]。马克思恩格斯批判资本主义"虚幻的共同体"及共同利益的虚假性，并不是要否定共同利益的存在及其价值。相反，他们认为共同利益是共同体的基础和命脉，他们对其高度重视和深切关注。马克思恩格斯认为全世界的无产

[①] 《马克思恩格斯文集》第1卷，人民出版社2009年版，第536页。
[②] 《马克思恩格斯文集》第1卷，人民出版社2009年版，第536页。

阶级和被压迫的劳苦大众有高度一致、纯洁而崇高的共同利益，即解放全人类、实现共产主义，因此他们提出了"全世界无产者，联合起来"①的战斗口号。马克思在关于波兰的演说中指出："要使各国真正联合起来，它们就必须有一致的利益。"② 恩格斯在《德国的革命和反革命》中指出："没有共同的利益，也就不会有统一的目的，更谈不上统一的行动。"③

利益之于团结具有两面性：共同利益促成团结，对立或冲突的利益破坏团结。团结直接受利益影响。可以说，团结像涓涓细流，在面对共同危机时，立即汇聚成河；团结又像一张薄纸，在利益冲突面前，一捅就破。团结的前提是共同利益要真实，并且个体不能斤斤计较自己的特殊利益。对此，有学者指出："团结观念把共同利益定义为真正的自我利益，认为个体的发展只有在共同体中才能得到检验，因此这种观念是社会潜能的真正基础。"④

共同利益是民族团结不可或缺的基础。民族团结从本质上说是各民族基于共同利益而结成的平等互助、友好合作的关系。新时代维护民族团结，一定要把"共同利益"放在重要地位。维护各民族的共同利益，以下几个方面至关重要。第一，各民族要自觉维护民族团结、社会稳定和国家统一。因为这些是各民族最直接、最重要的共同利益。第二，各民族要坚决拥护中国共产党的领导和中国特色社会主义制度。因为这是各项事业取得成功的根本保障。第三，各民族要共同繁荣发展，共享发展成果。如果一些民族得到了发展，另一些民族还处于贫穷落后状态，或者，一些民族在发展中作出了奉献牺牲但得到的回报极少，就会出现民

---

① 《马克思恩格斯文集》第2卷，人民出版社2009年版，第66页。
② 《马克思恩格斯文集》第1卷，人民出版社2009年版，第694页。
③ 《马克思恩格斯文集》第2卷，人民出版社2009年版，第359页。
④ 威廉斯：《文化与社会》，高晓玲译，吉林出版集团2011年版，第343页。

族心理不平衡，进而影响社会团结。因此，在新时代的政治、经济、文化、社会、生态等各方面的建设中，国家要采取各种切实有效的政策和措施，帮扶少数民族地区，决不能让任何一个兄弟民族掉队。第四，各民族要把实现中华民族的伟大复兴视为中华民族共同体的最高利益。只有形成这样一种共识和自觉，各族人民才会团结一致共奋进。

共同体是一个充满团结意蕴的概念，团结是其灵魂、支柱、纽带与内在诉求。马克思恩格斯的共同体理论是我国新时代民族团结建设的重要思想源泉。新时代既要铸牢中华民族共同体意识，又要充分发挥各民族的共同主体作用并维护好各民族的共同利益，为中华民族的伟大复兴提供强大的支撑和动力。

马克思恩格斯共同体理论为民族团结与世界团结相统一奠定理论基础。它讲共同体意识、共同主体和共同利益，这不仅适用于一个统一的多民族国家，而且适用于全世界全人类。人类居住在同一星球上，应该自觉构筑共同体意识、树立共同主体观念、维护共同利益，而不应该相互隔绝或冲突、强者歧视或奴役弱者、只顾一己私利而不顾共同利益。对于中国而言，马克思恩格斯共同体理论既启示我们要铸牢中华民族共同体意识，维护中华民族大团结，又启示我们要积极推动构建人类命运共同体，为促进世界人民大团结作出中国努力和中国贡献。

二 交往伦理：民族成员之间及民族之间何以团结

共同体是众多个体在共同的条件和目标下，有序结合成的"团"。个体之间有交往才有互动、互利、互信，有互动、互利、互信才会产生团结意识、团结关系和团结行为。民族是"民"在交往中聚集成的"族"，是人类交往有了一定的发展而又不够充分的产物。人类发展到共产主义社会后，交往仍然存在，但民族已成过去时。共产主义的人际交往是高度自由自觉的交往。民族团结乃民族在交往中"聚拢成团、编织成结"，民族团结离不开各民族成员之间的沟通与交往。"交往"在《1844 经济学哲学手稿》《德意志意识形态》《雇佣劳动与资本》《1857—1858 年经济学手稿》《资本论》等马克思恩格斯经典著作中多有论述，其中涉及交往意识、交往关系、交往行为和交往活动等。这些交往理论虽然分散、零碎，甚至较少涉及现代意义上的"民族"，但它们详细、深刻、独到，而且价值和真理相统一、逻辑与历史相一致。马克思恩格斯的交往伦理对我国新时代"以交往促进民族团结"在理据、方法、路径等各方面都具有十分重要的启发意义。

（一）加强交往促进新时代民族团结的理据

交往形成社会关系和社会共同体，为团结提供前提。交往推动团结的进步与发展。有某种共同族性认同的人们在社会交往中逐渐聚合为民族，民族交往即民族内部或民族之间的接触与互动，民族团结是在民族交往过程中形成的良性互动的关系、行为和状态。交往是团结的立足点和出发点，新时代要通过加强交往不断提升民族团结的层次和境界。

1. 交往是团结形成和发展的必要条件

交往编织社会关系，促成人际团结。人是有意识的类存在物，人类通过交往形成广泛的社会联系。交往是人的社会本质体现。关于人的本质，马克思指出，"人本质是人的真正的社会联系"[1]，"人的本质不是单个人所固有的抽象物，在其现实性上，它是一切社会关系的总和"[2]。马克思认为，交往既是最基本的社会活动，

---

[1] 马克思：《1844 年经济学哲学手稿》，人民出版社 2000 年版，第 170 页。
[2] 《马克思恩格斯文集》第 1 卷，人民出版社 2009 年版，第 501 页。

又是人们建立在社会活动基础上的社会关系。就后者而言，人是社会关系的产物，人在社会交往中成其为人，离开交往则无法彰显人的本质。团结体现了人的社会本质，人际团结在社会交往中形成。团结是人与人之间的紧密联系，即和谐相处、互相尊重、互相帮助、互相影响等。人们在交往过程中难免有摩擦碰撞，但总体来说交往会促进各方的相互理解、互通有无与共同进步。反之，如果人们互不往来，就不会产生社会联系，因此也就无所谓人与人之间的团结。

交往形成社会共同体，促成共同体的凝聚团结。马克思指出，社会无论形式如何，都是"人们交互活动的产物"[①]。也就是说，如果没有人与人之间的交往，就无法形成共同体，更谈不上其存在与永续发展。通过交往，诸多分散的个人力量凝聚成社会整体力量。对此，马克思指出，个人的力量是分散甚至彼此对立的，"这些力量只有在这些个人的交往和相互联系中才是真正的力量"[②]。团结，从力量之源来说，既来自共同体内部的凝聚力，也来自共同体外部的压力，但从根本上来说还是来自共同体的内聚力。因为外部的压力只是暂时的，当外部压力不复存在而内部又缺乏凝聚力时，一盘散沙的非团结局面就出现了。中国传统俗语讲，"一根筷子易折断，一捆筷子抱成团"，"一块岩石挡不住山洪，团结起来能战胜敌人"，"水涨船高，柴多火旺"，共同体的力量是无穷的，交往形成紧密的共同体，从而产生强大的团结力量。

交往推动团结从低级阶段向高级阶段不断发展。交往是社会发展的动力，马克思指出，我们生活的世界是世代交往活动的结

---

① 《马克思恩格斯文集》第10卷，人民出版社2009年版，第42页。
② 《马克思恩格斯文集》第1卷，人民出版社2009年版，第580页。

果,"其中每一代都立足于前一代所奠定的基础上,继续发展前一代的工业和交往,并随着需要的改变而改变他们的社会制度"①。随着物质交往的推进和社会的发展进步,社会团结的层次和境界也不断提升。物质交往活动分为三个阶段:以血缘、地域交往为主要特征的人的依赖性交往阶段,这是一种依附性的交往;建立在交换价值基础上的市场交往阶段,这是一种异化或物化交往;自由个性交往阶段,这是一种自由自觉的交往。生产力决定生产关系,物质交往以否定之否定的方式进步和飞跃,社会团结也就不断从低级阶段向高级阶段发展。在第一阶段,自然经济占主导地位,交往不发达,团结主要限于熟人圈子,限于人们居住的地方。这种团结建立在个人相似和社会同质的基础上,个性常常被压抑,个人要无条件地服从权威。在第二阶段,商品经济占主导地位,物质交往频繁,团结的对象不仅有熟人,而且更多的是陌生人,团结的空间往往超出民族国家的范围。但是,这种团结是以商品交换和利益共赢为基础的,因为竞争和利益争斗,团结有些时候脆弱到不堪一击。第三阶段,在产品经济形式下,人们广泛交往,自由联合劳动,共享社会劳动成果,自由全面发展,个性与社会性达到高度统一。自由人的联合既是社会交往的最高形态,也是社会团结的最高形态。在共产主义社会中,个人可以充分发挥自主性和创造性,"这种发展正是取决于个人间的联系,而这种联系部分地表现在经济前提中,部分地表现在一切人自由发展的必要的团结一致中,最后表现在以当时的生产力为基础的个人多种多样的活动方式中"②。共产主义社会具有"自由"和"联合"的双重特征,一方面,每个人是高度自由的,另一方面,人

---

① 《马克思恩格斯文集》第 1 卷,人民出版社 2009 年版,第 528 页。
② 马克思恩格斯:《德意志意识形态》节选本,人民出版社 2003 年版,第 100 页。

们是高度团结的。正是这样，这种社会才叫"自由人联合体"。

2. 促进新时代民族团结必须加强交往

交往是增进民族团结的重要途径。从社会伦理视角看，民族团结即各民族及其成员在社会交往中，形成的相互受益、相互尊重、相互依存的良性互动关系，它的对立面是民族疏远、排斥、隔离、争斗、分裂等。交往既存在于民族内部，也存在于民族之间。民族团结既包括同一民族内部不同成员之间的团结，也包括各民族之间的团结。交往能缩小空间距离与心理距离，民族之间团结的情感是在民族交往互动过程中产生的。交往能缩小民族成员之间、各民族之间在社会经济、思想文化等方面的差异，增加共性与共识，从而形成更加紧密的相互依赖关系，结成更加团结的共同体。对此，马克思恩格斯在《德意志意识形态》中指出："各民族之间的相互关系取决于每一个民族的生产力、分工和内部交往的发展程度。这个原理是公认的。然而不仅一个民族与其他民族的关系，而且这个民族本身的整个内部结构也取决于自己的生产以及自己内部和外部的交往的发展程度。"[①]

新时代民族团结的巩固和提升需不断加强交往。交往是社会生活中人们对各种力量的互换与互补。交往能满足双方的需要，促进双方的发展。现代系统论认为，开放是系统发展和优化的必要条件。每个民族都是一个系统，民族和民族之间进行交往，有利于相互借鉴、取长补短。反之，如果某个民族把自己封闭起来，不和外界进行交往，不向其他民族学习，不与其他民族竞争合作，它就会日益衰落，甚至销声匿迹。马克思看到法国小农社会由地理条件、生产方式等引起的人们相互隔绝的封闭、贫困状态时指

---

① 《马克思恩格斯文集》第 1 卷，人民出版社 2009 年版，第 520 页。

出:"他们的生产方式不是使他们互相交往,而是使他们互相隔离。这种隔离状态由于法国的交通不便和农民的贫困而更为加强了。"[1] 马克思认为,只有建立普遍的交往关系,才能打破隔离的局面、摆脱落后的面貌,才能使单一的民族性格丰富起来。交往激发、提升社会活力,新时代民族团结要通过交往改善贫困民族的落后面貌,缩小各民族之间的差距,实现各民族的优势互补,也要通过交往增加各民族的共同因素,增进各民族之间的了解,增强各民族之间的情感。

(二) 加强交往促进新时代民族团结的方法

主体性的觉醒是人类的一大进步,但过于张扬主体性,就会导致无视或侵犯他者的问题。马克思恩格斯的交往理论不仅讲主体性,而且讲互为主体性或交互主体性。交互主体性,即一方面把自己当作能动的主体,另一方面承认和尊重他人的主体地位。新时代民族交往中,各民族要自觉树立和践行交互主体意识,只有遵循这样的方法论,才能不断推进民族团结。

1. 树立交互主体意识

马克思的交往理论是在批判继承费希特和黑格尔的承认理论基础上发展起来的。近代西方哲学"从基督教中世纪的长期冬眠中觉醒"[2],反对封建神学对人的贬抑,高扬人的主体性,用理性的方法把人抽象成大写的"自我"。这样,一方面提高了人的地位,另一方面又造就了孤傲的、原子式的个人。近代西方哲学发展到德国古典哲学阶段,费希特意识到,主体自身的自我意识只有通过主体间的相互承认才能成为可能。青年黑格尔认同这一看法,并在谢林同一性哲学的影响下,更加深入地论证主体间性。

---

[1] 《马克思恩格斯文集》第 2 卷,人民出版社 2009 年版,第 566 页。
[2] 《马克思恩格斯文集》第 4 卷,人民出版社 2009 年版,第 278 页。

马克思赞同费希特和黑格尔所讲的自我与他人同一的承认观念，但并不像他们那样仅仅从逻辑上进行抽象论证。马克思认为，人是现实的、具体的人，要把人放在社会中，结合特定的历史阶段和物质生产实践看人和人的关系。在他看来，人与人的关系是随着社会生产力及其相应的交往形式的变化而变化的。

马克思特别强调交互主体性。他认为，人的本质是社会关系的总和，人是关系性的存在，即使是主体认识和改造客体的实践活动也是在主体与主体交往关系基础上进行的。而且，"只有在社会中，自然界对人说来才是人与人联系的纽带，才是他为别人的存在和别人为他的存在"①。主体和主体在交往过程中，不仅要把自己当作主体，而且要把对方当作主体。在《1844年经济学哲学手稿》中，马克思指出："人对自身的关系只有通过他对他人的关系，才成为对他来说是对象性的、现实的关系。"② 在《1857—1858年经济学手稿》中，马克思指出，个人既是目的也是手段，"只有成为手段才能达到自己的目的，只有把自己当作自我目的才能成为手段，也就是说，每个人只有把自己当作自为的存在才把自己变成为他的存在，而他人只有把自己当作自为的存在才把自己变成为前一个人的存在"③。在《资本论》中，马克思指出："人起初是以别人来反映自己的。名叫彼得的人把自己当作人，只是由于他把名叫保罗的人看做是和自己相同的。"④ 从这些论述不难看出，马克思不仅重视人的主体地位，而且非常关注主体之间共生共进的交互关系。

---

① 《马克思恩格斯文集》第1卷，人民出版社2009年版，第187页。
② 《马克思恩格斯文集》第1卷，人民出版社2009年版，第165页。
③ 《马克思恩格斯全集》第30卷，人民出版社1995年版，第198页。
④ 《马克思恩格斯文集》第5卷，人民出版社2009年版，第67页。

2. 构建和谐交往关系

交互主体性体现了人作为主体的社会性。社会历史是主体自我意识彰显的过程，但是，如果只讲主体性而不讲交互主体性，各主体以自我为中心，主体之间难以联合，社会就像一盘散沙。另外，人与人的社会关系不同于人与自然物的关系，人与人的交往应建立在平等、自主与相互尊重的基础上，否则"主体—主体"关系就会沦为"主体—客体"关系，从而使交往异化。哪怕是以"主体—客体"关系为主的科学实践活动也具有交互主体性、社会性。比如，科学家要用语言进行相互交流；科学活动的许多材料来自社会，而且活动产品要为社会所需才有价值。

民族交往也要以交互主体为前提。在民族内部，每个民族成员都要承认和尊重其他民族成员；在民族之间，每个民族都要承认和尊重其他民族。否则，就会出现"征服""支配""压迫""视他者为工具"等问题。如此，无法建立和谐的民族关系。新中国的成立和社会主义制度的建立，消灭了私有制和阶级剥削，这为实现各民族的真正平等创造了根本前提。但受各种因素的影响，导致民族歧视和民族分裂的大民族主义、狭隘民族主义等思想至今并未完全消除。新时代民族团结，要让"交互主体"观念深入人心，在民族交往过程中，各民族要相互承认，相互尊重，和谐共处，合作共进，反对妄自尊大以及任何形式的歧视和压迫。

(三) 加强交往促进新时代民族团结的路径

交往同生产一样，是一种实践活动。正是通过交往实践，各民族才彼此了解与合作互惠。马克思恩格斯所讲的"交往"是以物质性为基础的全部经济、政治、文化、社会交往的总和。新时代要全面加强民族交往，促进民族团结。

1. 交往在本质上是实践的

马克思恩格斯交往理论的一个最大特点是以唯物史观为基础。也就是，马克思恩格斯并不空洞、抽象地谈交往，而是将交往置于实践基础之上。

交往发生在个体与个体、个体与群体、群体与群体之间。交往从横向方面看是一种人们相互往来的关系，从纵向方面看是一种以实践对象为中介的活动。交往关系是交往活动的前提和结果，交往活动是交往关系的延伸和发展。交往活动即交往实践，"交往实践是诸主体间通过改造相互联系的中介客体而结成社会关系的物质活动"[①]。

生产和交往是人类最重要的两种实践活动，它们相互交织、紧密联系。在《德意志意识形态》中，马克思恩格斯指出："生产本身又是以个人彼此之间的交往［Verkehr］为前提的。这种交往的形式又是由生产决定的"[②]，生命的生产"一方面是自然关系，另一方面是社会关系；社会关系的含义在这里是指许多个人的共同活动"[③]。在《雇佣劳动与资本》中，马克思指出："人们在生产中不仅仅影响自然界，而且也互相影响。他们只有以一定方式共同活动和互相交换其活动，才能进行生产。为了进行生产，人们相互之间便发生一定的联系和关系；只有在这些社会联系和社会关系的范围内，才会有他们对自然界的影响，才会有生产"[④]。

交往实践总体上可分为两类，即物质交往和精神交往。在马克思恩格斯著作中，"交往"一词在《德意志意识形态》中出现

[①] 任平：《走向交往实践的唯物主义——马克思交往实践观的历史视域与当代意义》，北京师范大学出版社2017年版，第61页。
[②] 《马克思恩格斯文集》第1卷，人民出版社2009年版，第520页。
[③] 《马克思恩格斯文集》第1卷，人民出版社2009年版，第532页。
[④] 《马克思恩格斯文集》第1卷，人民出版社2009年版，第724页。

的频率最高而且含义很广,"它包括单个人、社会团体以及国家之间的物质交往和精神交往"①。其中,物质交往是最基本的交往,它决定精神的生产与交往,"思想、观念、意识的生产最初是直接与人们的物质活动,与人们的物质交往,与现实生活的语言交织在一起的。人们的想象、思维、精神交往在这里还是人们物质行动的直接产物"②。离开物质交往而抽象地讲精神交往,常常会流于空谈。

劳动是交往实践最重要的体现,有什么性质的劳动就有什么样的交往。马克思恩格斯认为,人与人之间的许多交往都是以劳动为中介的。在资本主义社会,资本家因占有生产资料而榨取工人的剩余价值,劳动异化,相应的交往也是异化的,"我们彼此进行交谈所用的唯一可以了解的语言,是我们的彼此发生关系的物品"③。在"我们作为人进行生产"的社会,即在超越私有制的社会,我的劳动是自由的生命的表现,劳动证实和实现我的人的本质,"在这种情况下,我们每个人在自己的生产过程中就双重地肯定了自己和另一个人"④。在社会主义社会,互利性的经济交往既体现为每个人根据自己的劳动贡献而各得其所得,又体现为劳动的平等交换。

2. 多维度加强交往实践促进新时代民族团结

团结是交往的结果,有交往才有团结。随着改革开放步伐的加快、社会主义市场经济的发展以及城镇化、信息化的推进,各民族之间的交往愈加频繁。新时代新征程,中国这样一个统一的多民族国家,要整体实现现代化,更是要加强各民族之间的交往。

---

① 《马克思恩格斯文集》第1卷,人民出版社2009年版,第808页。
② 《马克思恩格斯文集》第1卷,人民出版社2009年版,第524页。
③ 马克思:《1844年经济学哲学手稿》,人民出版社2000年版,第183页。
④ 马克思:《1844年经济学哲学手稿》,人民出版社2000年版,第183~184页。

物质交往和精神交往作为交往的两大类型，在现实社会中具体表现为经济交往、政治交往、文化交往和社会交往等。新时代要抓住发展机遇，以民族平等互利为基础，在各领域全面加强民族交往实践，以促进民族团结。

（1）经济的维度

经济交往是最基础的交往，加强经济交往是促进民族团结最重要的途径。马克思晚年认为，俄国等相对落后的国家"可以不通过资本主义制度的卡夫丁峡谷"①，而汲取资本主义制度所创造的一切积极成果。也就是说，落后国家可通过世界的普遍交往所获得的资金、技术等实现跨越式发展，缩小与发达国家的经济差距。这种观点同样适用于统一的多民族国家内部。我国少数民族众多，各民族由于地理、历史等原因发展不平衡。尽管解放后有些还处于原始社会发展阶段的民族同其他民族一道进入了社会主义社会，尽管经过几十年的发展，尤其是党的十八大以来，我们大力实施精准扶贫、精准脱贫等政策，贫困民族纷纷实现贫困摘帽，但各民族的经济水平还存在较大的差距。经济平等是民族团结的基础，在全面建设社会主义现代化国家的新征程上，发达地区对民族地区要继续进行帮扶，民族地区要不断借鉴发达地区的经验实现自身发展，如此逐渐缩小各民族之间的经济差距，逐步解决发展不平衡不充分问题，才会持续推进民族团结。

除了发达地区与民族地区的经济交往外，各民族之间也要加强经济交往。经济交往最典型的表现为各民族的贸易往来，大力发展民族贸易交往有利于民族团结进步。在我国古代，中原王朝与周边各民族的绢马互市、茶马互市等是非常重要的经济交往形

---

① 《马克思恩格斯文集》第 3 卷，人民出版社 2009 年版，第 575 页。

式。其中，汉族和北方游牧民族的"互市"最为典型。汉族以农耕为主，生产粮食、纺织品、酒、茶等，北方游牧民族以放牧为业，有大量的畜力、马匹，生产牛肉、羊肉、皮毛等，双方通过"互市"互通有无、优势互补，生产力都得到了发展，生活水平都得到了提高。今天我们看到的许多曾经昌盛繁荣的千年古城、古镇，都建立在古时候交流往来的交通要道上。过去这些地方人才辈出，那都是因为打破封闭隔绝，与外界广泛交往结下的硕果。而且，在交往过程中，各民族相互融合，中华民族共同体的范围逐渐扩大且内涵日益丰富。从古到今，在多民族聚居区人们有"赶集"的习俗。"赶集"主要是物质、经济方面互通有无，但也有精神、文化方面的交流。"赶集"不仅满足了各民族的生产生活需要，而且对民族情感交流、民族团结的作用巨大。

经济交往促进团结合作与互利共赢。在中华大地上，各民族很早以前就进行频繁的商贸往来，在此过程中形成了辅车相依、肝胆相照的经济利益共同体。社会主义新中国的成立为各民族经济交往创造了前所未有的优良环境和条件。全面建设社会主义现代化国家的新征程上，要抓住千载难逢的机会，采取诸如畅通国内大循环等更多更好的对策和措施加强各民族的经济交往促进中华民族的大团结。不仅如此，我国还要通过与相关国家共建"一带一路"等，广泛加强国际经济交往，增进国际团结与合作。

（2）政治的维度

民族政治交往古今有之，但方式有别。民族政治交往在我国古代主要表现为和亲、朝贡、会盟等，这些交往在某种程度上促进了民族的团结与融合。新中国的民族政治交往主要指的是国家通过制度、政策等促进政治交流，调节族际关系，以达到全国统一与族际和谐等目的。今天，我国宪法确立的民族区域自治制度、政治协商制度等，既保障了少数民族当家作主的权利，又维护了国家统一。

以民族区域自治、政治协商等为基础的民族政治交往，以下两个方面特别重要。一是各民族平等参与国家事务和地方事务的管理。我国宪法规定，各民族公民都有选举权和被选举权、重要机构中应有少数民族代表、民族区域自治地区的行政首长由本民族的公民担任等。每年的全国"两会"上都有很多少数民族代表，他们可以代表本地方和本民族充分表达利益诉求。二是加强民族地区的干部队伍建设。少数民族干部通晓本民族的语言，了解本民族的历史，熟悉本民族习俗和生活方式。要大力培养选拔少数民族干部，"对政治过硬、敢于担当的优秀少数民族干部要大胆使用，放到重要领导岗位上来，让他们当主官、挑大梁"[①]。要深化东西部协作和定点帮扶，加强民族地区和经济相对发达地区干部队伍的交流，这既包括选派少数民族干部到经济发达地区进行锻炼，开阔视野，增强能力，又包括选派经济发达地区的干部到民族贫困地区挂职，助力民族贫困地区快速、高质量发展。

（3）文化的维度

文化交往对民族团结具有无形的作用。文化是民族的标识，每一个民族都有自己独特的文化。这些文化在赋予民族个性的同时，又带来了一些民族间的距离。各民族只有加强文化交往，才能相互理解，相互信任，从而团结和睦。我国56个民族都有非常悠久的历史，也都有非常丰富的文化，各民族之间如果缺乏文化

[①] 国家民族事务委员会编《中央民族工作会议精神学习辅导读本》增订版，民族出版社2019年版，第232页。

交往，就无法紧密团结。

民族文化交往的形式有各民族的节庆日欢聚、少数民族文艺会演、民族传统体育运动会、文化下乡、文化旅游等。文化交往中，要相互尊重民族习惯和宗教信仰，相互借鉴民族优秀文化成果。"爱人者，人恒爱之；敬人者，人恒敬之"（孟子·离娄下），一个民族只有尊重、包容其他民族的文化，自己的文化才能得到其他民族的尊重和承认。"和实生物，同则不继"（国语·郑语），一个民族在发展过程中，只有源源不断地从其他民族汲取文化养分，自己的文化才能持续和强大。我国历史上，正因为各民族有"并行不悖"的理念和"海纳百川"的胸怀，各民族的文化才能共存共生、交融互补，各民族才能团结互助、繁荣发展。

文化交往促进文化认同，文化认同增进中华民族大团结。文化认同是民族团结的根脉。我国各民族共同铸就了辉煌灿烂的中华文化。加强中华民族大团结，长远的和根本的是增强各族人民对中华文化认同，建设中华民族共有精神家园，铸牢中华民族共同体意识。中华文化既包括中华优秀传统文化，也包括革命文化和社会主义先进文化。中华优秀传统文化是各民族优秀传统文化的集大成，少数民族优秀传统文化是其重要组成部分，认同中华优秀传统文化和认同本民族的优秀传统文化并育而不相悖。革命文化是对中华优秀传统文化的延续和发展，包括爱国主义、服务人民、团结友善等。认同革命文化、传承红色基因有助于培育共同的政治和道德价值取向，凝聚和激发奋进力量。社会主义先进文化是国家治理体系和治理能力现代化的重要支撑，是各族人民团结奋斗的共同精神动力。社会主义核心价值观是社会主义先进文化的精髓，它对我国社会主义国家的文化认同具有基础和导向作用。新时代，"讲文化认同，最核心、最关键的就是要增进各族群众对社会主义核心价值观的认同；讲构筑中华民族共有精神家园，最根本、最重要的就是要建设社会主义核心价值体系"[①]。

（4）社会的维度

民族社会交往即各民族在生产及其他社会活动中发生的交流沟通和相互往来。民族社会交往包括民族间的通婚、生产协作以及居住环境上的相互嵌入等。这些交往从古延续至今，鉴于其对民族团结的重要作用，新时代要通过引导、宣传、政策鼓励等进一步加强。民族社会交往的内容和形式需与时俱进，今天，在交往方式方面，除了延续巩固传统以外，还要不断创新发展。

一是加强城市交往促进民族团结。传统的民族交往主要发生在村落，即住所不远的各民族相互往来。今天，城镇化快速推进，人口跨区域大流动，许多农村少数民族同胞进城务工，并且有不少人在城里定居；许多民族同胞跨省学习、工作和生活，并且频繁流动。城市民族交往日益频繁总体上更加有利于各民族间的亲近和包容，不断增加共性。正如有学者指出："职业化、专业化水平较高的城市集镇中不同民族个体和群体间的交往程度和关系水平，较之乡村牧区社会生活自然化水平较高的不同民族个体和群体间的交往程度和关系水平要高，民族问题要少，民族团结要好。"[②] 但是，随着民族交往频率的增加，民族间的摩擦碰撞问题也会增多。城市民族交往中，要采取各种有效措施促进民族团结。比如，要为少数民族同胞就业提供机会，各民族同胞一起进行生产劳动，在分工合作中增进团结。又如，要让各民族的学生在同一学校同一班级接受教育，相互了解，相互学习。再如，要创建

[①] 国家民族事务委员会编《中央民族工作会议精神学习辅导读本》增订版，民族出版社2019年版，第199页。

[②] 刘刚：《民族的社会团结——涂尔干与卡尔霍恩理论的启示》，《新疆社会科学》2015年第3期。

民族团结进步示范社区，为社区各民族的友好交往提供平台。城市民族交往是促进民族团结的契机，如果在交往中能相互尊重、妥善化解各种矛盾，民族关系就会越来越亲密和谐。

二是注重网络空间交往促进民族团结。今天，互联网已进入千家万户，无论哪个民族哪个地区，都有大量网民。互联网的普及大大拓展了交往空间，人们足不出户利用电脑或手机等就可以表达思想、交流情感、互通有无。互联网如果能充分加以利用，就能极大促进民族团结。相关部门要搭建民族在线交流平台、利用网络传播优秀民族文化及进行民族团结宣传教育、为各族群众提供快捷方便的公共服务等，"让互联网成为构筑各民族共有精神家园、铸牢中华民族共同体意识的最大增量"[①]。网络是双刃剑，利用好了可以促进民族团结，但利用不好可能破坏民族团结。因此，相关部门要对网络民族交往进行引导、规范和管理，杜绝网络语言暴力，杜绝极端民族主义、狭隘民族主义和大民族主义等。在网络民族交往中，要守护好民族团结的安全底线，"任何组织和个人不得散布不利于民族团结的言论；不得收集、提供、制作、传播不利于民族团结的信息；不得宣扬和传播宗教极端思想；不得实施破坏民族团结、煽动民族分裂、危害社会稳定、国家安全和祖国统一的行为"[②]。

三是实施"三项计划"深度推进民族团结。第一，实施各族青少年交流计划。青少年是祖国的未来和民族的希望，培育青少年的民族团结意识关乎国家前途和民族命运。要开展各种主题交流活动、社会实践活动、志愿服务活动、帮扶活动等，促进各族青少年相互了解、相互学习、相互帮助。第二，实施各族群众互嵌式发展计划。我国各民族大杂居、小聚居、交错居住，改革开

[①] 习近平：《在全国民族团结进步表彰大会上的讲话》，人民出版社2019年版，第10页。
[②] 《新疆维吾尔自治区民族团结进步工作条例》，《新疆人大（汉文）》2016年第3期。

放和市场经济条件下跨区域大流动,这为巩固和加强民族团结、铸牢中华民族共同体意识创造了非常有利的条件。要为各族群众相互交流创造尽可能多的机会,"逐步实现各民族在空间、文化、经济、社会、心理等方面的全方位嵌入"①。第三,实施旅游促进各民族交往交流交融计划。旅游业是促进民族交往的重要平台。人们在旅游过程中,能感受到祖国河山之壮美、祖国历史之悠久、民族文化之丰富、民族同胞之热情,能促进旅游地区的发展和文明进步。要增强旅游景点的吸引力和游客的体验感,要促进当地群众与游客的交流互动,要在旅游中融入民族团结元素。

第二节 新时代民族团结的中华传统伦理资源

"民族"一词于19世纪末才"西学东渐"而来,尽管在这之前我国没有"民族"之名,但早有"民族"之实。"团结"指的是人们在尊重差异、包容多样基础上结成的友爱互助、交往合作的关系,以及形成的休戚与共、珠联璧合的状态。从古到今,我国各民族虽然经历了一些碰撞与分合,但从总体上看是融洽相处、携手共进与团结统一的。我们之所以能长期维持"中华民族多元一体"的团结格局,一个非常重要的原因是,各民族有共同认可和践行的、有利于建设民族大家庭的优秀文化。"内在于各种文化现象中,并且具有在时间和空间上得以传承和展开能力的基本理念或基本精神,以及具有这种能力的文化表达或表现形式的基本风格,叫做'文化基因'。"② 仁爱精神、和合方法与大同目标是我国民族团结最重要的文化基因,它们共存于历史长河里无数中

---

① 《习近平谈治国理政》第 4 卷,外文出版社 2022 年版,第 247 页。
② 毕文波:《当代中国新文化基因若干问题思考提纲》,《南京政治学院学报》2001 年第 2 期。

华儿女的 DNA 中，是有别于其他民族的独特标识。"文化是一个民族的魂魄，文化认同是民族团结的根脉"①，"不忘本来才能开辟未来，善于继承才能更好创新"②，为实现中华民族的伟大复兴和永续凝聚，我们要将这些优秀文化基因代代相传，在新时代不断发扬光大。

一 仁爱伦理：各民族的亲近、友爱与凝聚

"爱是人类连结的至高形式。爱是伦理的极致表达。"③ "爱是人类从根本上进行连结的体验。从人类复杂性的最高层面上而言，连结不可能不是爱。"④ 仁爱既是团结的直接体现，也是团结美德的重要发祥地。"仁爱"是中华传统美德中最核心的理念，讲仁爱是中华儿女最深层的精神追求。在各民族内部，仁爱使人们相互亲近、紧密结合，促成了民族的形成和发展；在民族交往中，仁爱拉近了族际距离，沟通了族际情感，正是因为有"爱"，各民族才友善相待、友好相处。

（一）"仁爱"析论

"仁"在孔子之前就有，但真正将它上升为哲学范畴、进行系统论述的当属孔子。孔子之后，诸多思想家又对其进行了更深更广的阐释发展。

何谓"仁"？"仁"由"人"出。荀子说："力不若牛，走不若马，而牛马为用，何也？曰：人能群，彼不能群也……故人生不能无群"（《荀子·王制》）。人是群体性动物，不结群单靠个体无法生存。要结"群"，至少需要"二人"情感好、关系融洽，

---

① 《习近平谈治国理政》第 3 卷，外文出版社 2020 年版，第 300 页。
② 《习近平谈治国理政》第 1 卷，外文出版社 2018 年版，第 164 页。
③ 〔法〕埃德加·莫兰：《伦理》，于硕译，学林出版社 2017 年版，第 57~58 页。
④ 〔法〕埃德加·莫兰：《伦理》，于硕译，学林出版社 2017 年版，第 58 页。

故东汉许慎《说文解字》释"仁"："亲也。从人从二。"二人推而广之，便是众人、人人，"仁"也就指代"亲""爱"的社会（或人际）关系。

仁爱的核心含义是爱人。樊迟问孔子何谓仁，"子曰：爱人"（《论语·颜渊》）。孟子也说："仁者爱人"（《孟子·离娄下》），"仁者，无不爱也"（《孟子·尽心上》）。在孟子等思想家看来，人的本性是善良的，人天生富有同情心、爱心和责任心，会同情、关爱和帮助他人。关于同情心，孟子详细论述道："仁……非由外铄我也，我固有之也"（《孟子·告子上》），"今人乍见孺子将入于井，皆有怵惕恻隐之心——非所以内交于孺子之父母也，非所以要誉于乡党朋友也，非恶其声而然也……无恻隐之心，非人也……恻隐之心，仁之端也"（《孟子·公孙丑上》）。孟子认为，只要是"人"，就有恻隐之心，就会仁爱他人，恻隐之心是仁的发端。

仁爱具有广博性和层次性。所爱之人的范围，由"亲人"到"众人"逐步扩展为一个越来越大的同心圆。爱亲人，比如，孔子讲："孝弟也者，其为仁之本与！"（《论语·学而》）又如，孟子讲："亲亲，仁也"（《孟子·尽心上》），"仁之实，事亲是也"（《孟子·离娄上》）。在孔孟等古圣先贤看来，爱亲人是最基本、最主要的，一个人如果连亲人都不爱，冷酷无情，就谈不上有仁爱之心。爱众人，比如，孔子讲："泛爱众，而亲仁"（《论语·学而》），追求"博施于民而能济众"（《论语·雍也》）。又如，孟子之"仁民"（《孟子·尽心上》），张载之"民吾同胞"（张载《西铭》）。爱众人，即博爱。比如，韩愈认为"博爱之谓仁"（韩愈《原道》），康有为认为，仁"在人为博爱之德"[①]，孙中山认为

---

① 《康有为全集》第5集，中国人民大学出版社2007年版，第379页。

"能博爱,即可谓之仁"①。尽管仁爱的范围宽广,从爱亲人到博爱众人,爱无所不在,但中国文化中居主导地位的仁爱观,即儒家的仁爱观,其所讲的"仁爱",并非同等之爱,而是具有层次性。儒家讲的"仁爱"有一个由近及远的次序,从时间逻辑上说,是先爱亲人,然后把这种情感推广出去,泛爱众人甚至世间万物,即孟子所讲的"亲亲而仁民,仁民而爱物"(《孟子·尽心上》)。如何递推呢?这就涉及仁爱的前提和路径。

仁爱的前提是自爱。孔子问弟子颜渊"仁者若何?",颜渊答"仁者自爱",孔子高度评价:"可谓明君子矣。"(《荀子·子道》)也就是说,要爱他人,首先得自爱。所谓自爱,就是自尊自强自律。自尊,即"三军可夺帅也,匹夫不可以夺志也"(《论语·子罕》);自强,即"不怨天,不尤人,下学而上达"(《论语·宪问》);自律,即"为仁由己""克己复礼"(《论语·颜渊》)。这里讲的自爱,不是自私自利甚至损人利己,而是"克己""修己""成己",努力使自己成为一个顶天立地的、大写的"人"。在义利关系上,儒家主张义以为上、见利思义,反对不义而富、见利忘义,孟子就曾批评杨朱:"杨子取为我,拔一毛而利天下,不为也。"(《孟子·尽心上》)在社会交往中,儒家注重自爱,其实是在强调主体间"我"自律自觉的主体意识。"我"要"行己有耻"(《论语·子路》),"行己也恭"(《论语·公冶长》),"严于律己"(陈亮《谢曾察院君》)。"我"是施爱者,仁爱出于"我"这个"人"的同情心、良心、爱心、责任心等,"我"自主、强大、成"人"了,便"我欲仁,斯仁至矣"(《论语·述而》)。

践行"仁爱"的具体路径是从"己"出发、推己及人的忠恕

---

① 《孙中山全集》第6卷,中华书局2011年版,第22页。

之道。所谓忠道,即立己达人。孔子讲:"夫仁者,己欲立而立人,己欲达而达人。能近取譬,可谓仁之方也已。"(《论语·雍也》)忠道讲的是,要待人忠诚,自己想立身,也要帮助别人立身,自己想通达,也要帮助别人通达。也就是说,要将心比心,为别人着想,从而在行动上去尽心竭力地关心人、帮助人。这正如孟子所言:"老吾老,以及人之老;幼吾幼,以及人之幼"(《孟子·梁惠王上》)。所谓恕道,即宽仁之道。冉雍向孔子求教怎样做才算仁,"子曰……己所不欲,勿施于人"(《论语·颜渊》)。恕道讲的是,要待人宽容,自己不想要的,不要施加给别人。也就是说,要以己度人,宽宏大量,不要狭隘自私,给别人增添麻烦和痛苦。关于恕道,孟子说:"强恕而行,求仁莫近焉。"(《孟子·尽心上》)意思是说,尽力反求诸己、设身处地地为别人着想,不做有害于别人的事情,这是最便捷的接近仁的方法和道路。可见,忠道是从积极有为方面讲的,恕道是从消极无为方面讲的。忠恕之道,一言以蔽之,即换位思考,关爱别人,宽以待人。

从总体上看,儒家的"仁爱"是:以自爱为前提;以"推己及人"为路径;以"忠恕之道"为方法;从"爱亲"到"爱众"等,既讲广泛性,又讲层次性,最终达到"一体之仁"之目的。

墨家的"兼爱"也是中国传统仁爱美德的重要组成部分。墨子"学儒者之业,受孔子之术"(《淮南子·要略》),用"兼爱"释"仁",以批判继承的方式对孔子仁爱思想进行了创新改造。墨子讲:"仁,爱也"(《墨子·经说下》),"夫爱人者,人必从而爱之;利人者,人必从而利之;恶人者,人必从而恶之;害人者,人必从而害之"(《墨子·兼爱中》)。在墨子看来,仁就是爱,而且这种爱具有相互性。如果天下人人都相爱,那便"强不执弱,众不劫寡,富不侮贫,贵不敖贱,诈不欺愚"(《墨子·兼爱中》)。

需注意的是，与儒家相比，墨家讲"爱"，虽然也很广泛，但不同意诸如"爱亲""爱众"等层次之分，认为"爱"要无差等、一视同仁，即"兼相爱"。墨子的"兼爱"抹杀了"亲亲"，认为爱亲人和爱众人没有区别，因此，孟子批评墨子，认为"墨氏兼爱，是无父也"（《孟子·滕文公下》）。儒家批评墨家，其实是说墨家"兼爱"只讲同一性、等同性，不讲差异性、优先性，无视亲情的特殊性（特别亲近感）。但同时我们也要看到，墨家"兼爱"是对儒家"仁爱"的一种反拨，因为过于强调"爱"的层次性，就会导致不平等，而维护血缘宗法等级关系、动辄论远近亲疏、贵贱尊卑正是儒家"仁爱"的缺陷之所在。因此，已将"平等"作为核心价值观的我国当代社会，发扬光大仁爱传统，应该对儒墨两家的仁爱观进行批判继承和综合创新发展。

（二）仁爱精神之于民族团结

"仁"居"仁义礼智信"五德之首，是中国人最看重的道德规范和道德信仰。仁爱和团结之间存在必然而深刻的联系，无仁爱则无真正的团结。仁爱是民族团结的情感基础，是古今中华各族儿女相敬相爱、团结一家亲的精神源泉。

仁爱是民族团结的强力"黏合剂"。二人并立为"仁"（可推至众人携手为"仁"），"仁"从字形上就意味着相互亲近、团结友爱。人的本质，"在其现实性上，它是一切社会关系的总和"[1]，团结发生于人与人之间，它表征的是人的社会性。民族这个特殊的人群共同体从其本质上说仍是社会关系的总和。民族团结即"民族"这张社会关系网上，各成员紧紧地联系在一起，共同克服困难，相互关爱和帮助。人结群且群体成员紧密相连、同舟共济、

---

[1] 《马克思恩格斯选集》第 1 卷，人民出版社 2012 年版，第 139 页。

互帮互助，人们仁爱的情感必不可少，"不仁爱则不能群，不能群则不胜物，不胜物则养不足。群而不足，争心将作，上圣卓然先行敬让博爱之德者，众心说而从之"（《汉书·刑法志》）。在现代社会，如果缺少仁爱，人们可能为一时的共同利益，以订立契约并且要求遵守契约的方式，勉强结合在一起，但这种没有温度的结合既不牢固，也不可能长久。因此，各民族构成"中华民族"这样一个有机系统，像石榴籽一样紧紧拥抱，像滚雪球一样越滚越大，如果没有仁爱"黏合剂"，则是万万不可能的。

仁爱机制有益于民族团结。儒家的"仁爱"由家庭血缘之爱延伸到社会群体之爱，现实而可行。这和团结机制具有一致性：团结"是作为自我的自家人的扩张。团结越是得到发扬，越是成功，自家人的圈子越是向外扩张"[1]。仁者不仅爱"亲"，而且爱"类"，民族是由人组成的"类"，"仁也者，仁乎其类者也"（《吕氏春秋·爱类》），"能爱类者谓之仁，不爱类者谓之不仁"[2]。这样，由"爱亲"到"爱众"，"仁爱"作为一种道德和情感纽带便把"普天之下"的人们团结在一起，即"四海之内皆兄弟"（《论语·颜渊》）。由此可见，不断传递的"仁爱"情感把各民族链接在一起，促成了中华民族大家庭的凝聚，使中华大地上的人们团结友爱、共生共进。传统儒家的仁爱观和民族观，以等级制为基础，一些民族可能是"君"，另一些民族可能是"臣"，或者，一些民族可能是"兄"，另一些民族可能是"弟"，但这并不影响当时的民族团结，因为等级制在那时被认为是天经地义，秩序就意味着君礼臣忠、兄友弟恭，意味着等级分明、各安其位。另外，尽管儒家讲亲疏之别、爱有差等，但并不意味着歧视他者，

---

[1] 张国清：《论人类团结与命运共同体》，《浙江学刊》2020 年第 1 期。
[2] 康有为：《大同书》，中国人民大学出版社 2010 年版，第 81 页。

王阳明就说过:"大人者……视天下犹一家,中国犹一人焉。若夫间形骸而分尔我者,小人矣。"(王阳明《大学问》)传统儒家的仁爱观,为维护等级秩序服务,不可避免地带有时代和阶级的局限性,如果照抄照搬到现代社会,肯定不合时宜。今天,我们要结合十分重视"平等"的社会主义民族观和社会主义核心价值观,实现传统仁爱观的创造转化和创新发展,在民族平等的基础上,把仁爱的精华——"爱",发扬光大,促进我国新时代的民族团结。

仁爱内容有助于民族团结。仁爱的具体内容,从个体角度来说,包括尊重、理解、同情、关怀、善待、帮助和包容他人;从国家角度来说,要求统治者爱护百姓,施仁政,即"为政以德,譬如北辰,居其所而众星共之"(《论语·为政》);"不以仁政,不能平治天下"(《孟子·离娄上》)。古人讲仁爱,促进了民族与民族之间的团结友爱以及中华民族整体的逐步形成和发展壮大。今天,各民族要互相尊重、互相帮助、互相谅解,以建立良好的族际关系,国家也要关爱、扶持民族地区,带领各民族共同走向繁荣富强。从"仁爱"的族际关系上讲,改革开放以来,尤其是近些年随着城镇化进程的不断推进,各民族人口流动更加频繁,民族间的手足情谊、友好亲爱弥足珍贵。为此,习近平在2021年中央民族工作会议上指出,要促进各民族交往交流交融,"逐步实现各民族在空间、文化、经济、社会、心理等方面的全方位嵌入"[1]。从党和国家对各民族关爱方面看,习近平多次强调,脱贫、全面小康、现代化,一个民族都不能少。这是为政以仁、心系各族群众最切实的体现。

---

[1] 《习近平谈治国理政》第4卷,外文出版社2022年版,第247页。

仁爱方式有利于民族团结。仁爱是自爱和爱人的统一。仁爱从个人出发,推己及人,要求个人富有爱心、同情心,关爱亲人和众人。这其实是在强调"己"之于"他"的义务和责任。梁漱溟先生认为,中西文化有很大的差异,西方文化重个人,中国文化重社会;西方文化重自己,中国文化重对方;西方文化重权利,中国文化重义务。他讲:"各人尽自己义务为先;权利则待对方赋与,莫自己主张。这是中国伦理社会所准据之理念。而就在彼此各尽其义务时,彼此权利自在其中;并没有漏掉,亦没有延迟。事实不改,而精神却变了。"[1] 这样,中国文化讲主体意识,不是首先强调个体的权利和自由,把个体和他人、社会对立起来,而是凸显个体对他人、社会的义务和责任,从而主张互为主体性或主体间性,将主体性和社会性统一起来。"爱人者,人恒爱之"(《孟子·离娄下》),在民族交往交流中或处理各种复杂的民族关系时,如果各民族秉持"己欲立而立人,己欲达而达人""己所不欲,勿施于人"的原则,多为其他民族着想,大家相互尽义务,相互帮助,相互谦让,相互理解,相互尊重民族习俗,就会民族团结。反之,如果各民族心胸狭隘,搞种族中心主义、个体本位主义、小团体主义,只顾本民族的利益,无视甚至损害其他民族的利益,斤斤计较,唯我独尊,恃强凌弱,则要么民族关系松散,要么民族关系恶劣。

二 和合伦理:各民族的和谐、合作与融合

尚和合是中华文化的重要特征,"中华文化崇尚和谐,中国'和'文化源远流长,蕴涵着天人合一的宇宙观、协和万邦的国际

---

[1] 梁漱溟:《中国文化要义》,上海人民出版社2016年版,第90页。

观、和而不同的社会观、人心和善的道德观"[①]。我国各民族之所以能不断发展壮大,并且民族之间长期和谐相处与友好往来,这种团结状况是推崇并践行"和合"思维方法的必然结果。

(一)"和合"析论

"和合"最早见于《国语·郑语》:"商契能和合五教,以保于百姓者也。"其中"五教"指的是"父义""母慈""兄友""弟恭""子孝"。此话意思是,商契能把上述"五教"加以和合,从而使百姓安身立命。"和合"一词由"和"与"合"组成。"和"即调和、谐和、和睦、和生,"合"即合作、结合、融合、合一,"和合"即由"和"达到"合"。

"和合"作为一种方法,主要讲的是差异性的统一、多样性的统一。古人云,五味相调谓之和羹,五音相谐谓之和声。关于味道、声音的和合,《左传·昭公》中明确讲道:"和如羹焉,水火醯醢盐梅以烹鱼肉,燀执以薪。宰夫和之,齐之以味,济其不及,以泄其过。"(《左传·昭公二十年》)意思是,把醋、酱、盐、梅等调料和合在一起,烹饪鱼肉,这样做出的肉羹才好吃。"声亦如味,一气、二体、三类、四物、五声、六律、七音、八风、九歌,以相成也。"(《左传·昭公二十年》)意思是,把各种曲调、各种乐器等和合起来,这样奏出的音乐才好听。相反,如果只有一种食材,就不能做出可口的肉羹;如果只有一个音符、一个音调、一种乐器,就无法形成美妙的乐章。"和实生物"(《国语·郑语》),不只是声音和味道的和美,世界上各种事物的延续发展等,都是"和"的结果:一百多种元素和合,便形成了丰富多彩的物质世界;男女和合,便使人类代代相传;"儒"与"道"、"佛"

[①] 习近平:《论坚持推动构建人类命运共同体》,中央文献出版社2018年版,第106~107页。

和合，便使中华文化不断博大精深……需注意的是，"和合"不是各种事物的机械拼凑或简单叠加，不是多种事物杂乱无章地堆积在一起，而是有机化合成新的事物，或有序结合而达到综合平衡与协调一致。

"和合"方法强调和而不同、和而不流。孔子讲："君子和而不同，小人同而不和。"(《论语·子路》) 意思是，君子在交往中讲求和谐，对人和善，但有自己的独立见解和主张，不同流合污；小人为了自己的利益而喜欢表面迎合他人、假装赞同他人的言论，实质上口是心非、不屑一顾甚至怀有深深的敌意。也就是说，尽管"和"的归宿是统一、一致、有序的，但这种"同"不是绝对同一、无差别的同一、无原则的苟同。儒家讲"和合"，但痛恨不讲原则、八面玲珑、随波逐流的"好好先生"，他们把这类人叫作"乡原"。乡原"同乎流俗，合乎污世，居之似忠信，行之似廉洁，众皆悦之"(《孟子·尽心下》)，即乡原同流合污，遇事人云亦云，看起来忠厚老实、行为廉洁，所以被迷惑的人们都喜欢他。但这些不讲是非、不坚持原则而见风使舵的"好好先生"，正是以假乱真、鱼目混珠、足以败坏道德的小人，是"德之贼"(《论语·阳货》)。孟子讲道："孔子曰：恶似而非者：恶莠，恐其乱苗也……恶乡原，恐其乱德也。"(《孟子·尽心下》)

要达到"和合"，最重要的是"持中"。《礼记·中庸》开篇第一段即说："喜怒哀乐之未发，谓之中；发而皆中节，谓之和。中也者，天下之大本也；和也者，天下之达道也。致中和，天地位焉，万物育焉。"在"中和"一词中，"中"即无过无不及，恰如其分，"和"即作出的行为符合规范、节度，从而达到一种和谐之境。简言之，"中"即适度，"和"即和谐。只有做到"中"，才能达到"和"。或者说，只有做到适度，才能达到和谐。如此看来,"中"是基本要求,"和"是根本目标。综观世界纷繁复杂的现象可以发现,很多事情只因为没有做到"中",所以无法达到"和"。比如,过度开采资源,竭泽而渔,杀鸡取卵,导致人与自然的不和谐;人际、族际或国际交往中,极端自私自利造成人与人、族与族、国与国的不和谐;溺爱子女,使其养成一些坏毛病,父过于慈而子不孝,造成家庭不和谐;个人暴饮暴食,没有节度,导致高血压、高血脂等各种富贵病,造成身体不和谐;等等。

"和合"有非常重要的方法论意义。首先,要尊重差异、包容多样。差异或多样的统一才能产生新事物,达到平衡协调,使世界丰富多彩、生动活泼。"和"的基础是差异共存,妄图消灭差异,只能导致事物无法继续发展或世界的失衡、单调。其次,要相互学习、取长补短、择善而从。不同的个人或人群都有自己的优点和缺点,通过交往,可以博采众长、反躬自省。最后,要持中致和、和谐相处。"德莫大于和"(《春秋繁露·循天之道》),"和"是世界之大德,只有讲"和",才能实现共生共存、融洽相处,才能实现互利共赢、共同发展。而要做到"和",最重要的就是"持中"。

(二) 和合方法之于民族团结

古代的"和",在很大程度上类似于今天的"团结",比如古代讲"百姓昭明,协和万邦"(《尚书·尧典》),"礼之用,和为贵"(《论语·学而》),"天时不如地利,地利不如人和"(《孟子·公孙丑下》),等等。和合意味着团结和力量,《管子》一书中讲得十分清楚:"畜之以道则民和,养之以德则民合。和合故能谐,谐故能辑。"(《管子·兵法》)此话的意思是,蓄养道德则人民和睦团结而充满力量。新时代加强民族团结,要从传统和合文化中吸取智慧和方法。

"和合"讲差异性、多样性的统一，这与中华民族"多元一体"的团结格局是高度吻合的。中华民族"多元"，即中华民族包含多个民族，这些民族在生存方式、生活方式方面存在差异和多样；"一体"，即这些民族又结成一个有机统一的整体——中华民族。"多元"提供了源泉、活力和动力，"一体"增强了联系、合力和凝聚力。中华民族"多元一体"即"多元"之和与"一体"之合。在长期的历史发展过程中，各民族相互借鉴、相互吸取、相互融合，既使本民族越来越健壮，也使中华民族越来越强大；既使本民族的优秀个性代代相传，又不断增加中华民族的共同性。新时代加强民族团结，要尊重差异、包容多样、兼收并蓄，既允许多民族及其文化习俗的存在，又强调中华民族的整体性、统一性，要在承认差异和多样的基础上达到一致、统一。"和则一，一则多力，多力则强，强则胜物"（《荀子·王制》），多民族"和"在一起，团结而产生巨大的合力，就能使中华民族万紫千红，日新月异，生生不息，永远屹立于世界民族之林。

　　民族团结需建立在和而不同、和而不流的基础上。团结主要源于内部的和谐与平衡，而非外部的压力与强迫。团结不是独断专行、强制同一。作为多民族统一国家，我们在进行民族治理时，要充分信任，给予各民族最大的自主权；要广开言路，虚心吸取各民族的见解、主张与合理建议；要胸怀坦荡，勇于接受各民族的监督和批评。新中国成立后，我国实行的系统化的社会主义民主制度[①]就是这样。新时代加强民族团结，要毫不动摇地坚持这些政治制度。作为一个成熟、独立的民族，在对待其他民族文明和本民族文明的关系方面，既要自尊、自信、自立，传承光大自己

---

① 人民代表大会制度之根本政治制度，中国共产党领导的多党合作和政治协商制度、民族区域自治制度以及基层群众自治制度之基本政治制度，等等。

的优秀文明传统,又要承认、尊重、包容、吸取其他民族的优秀文明成果,"不要看到别人的文明与自己的文明有不同,就感到不顺眼,就要千方百计去改造、去同化,甚至企图以自己的文明取而代之",还要积极向其他民族奉献自己的优秀文明,"不是要搞自我封闭,更不是要搞唯我独尊、'只此一家,别无分店'"。① 团结不是同流合污、无原则地附和。孔子讲:"君子周而不比,小人比而不周。"(《论语·为政》)"周",即团结;"比",即勾结。这句话的意思是,君子讲团结而不搞勾结,小人搞勾结而不讲团结。在民族大义、国家前途等方面,各民族要有明确的大局观、是非观,要坚持原则,坚决同民族分裂、宗教极端、暴力恐怖等作斗争,要讲团结而不搞勾结。

"持中"才能达到民族团结。处理民族问题、开展民族工作,要做到不偏不倚、无过无不及。比如,在对待"多元"和"一体"的关系问题上,既不要过分强调民族差异,也不要过分强调民族同一。因为前者会导致狭隘的民族主义,后者会导致大民族主义。又如,在少数民族人口流动与管理方面,既不能搞"关门主义",侵害少数民族民众自由流动的权利,也不能采取"放任自流"的态度,给破坏民族团结的极端分子、恐怖分子留下漏洞。再如,对少数民族的照顾,既不能不到位,也不能过头。由于各种原因,少数民族的发展基础较差,在各民族走向共同富裕之路上,需要对其施以"精准扶贫""兴边富民""对口支援""考生加分"等特殊政策,但具体实施这些政策时,要把握好"度",否则就会导致"会哭的孩子有奶吃""逆向歧视"等不公正和不平等,引发新的民族不团结问题。一个民族对待其他民族的文化

---

① 习近平:《论坚持推动构建人类命运共同体》,中央文献出版社2018年版,第161页。

也要"持中"。善于吸取，兼收并蓄，才能实现与其他民族文化的交融，从而强壮自我、增强民族之间的凝聚力。但是，学习其他民族的文化，不是囫囵吞枣，全盘接收和利用，而是要立足自己，符合实际，并遵循"去粗取精、去伪存真"和"创造转化、创新发展"的原则。

三 大同伦理：中华民族的安定、繁荣与统一

"大同"内容丰富而深刻。中国古代有三种大同思想，首先是庄子、惠施所明确表述的宇宙间最广大的统一性。其次是《礼记·礼运》中所提出的大同社会的思想。最后是西汉董仲舒提出的大一统论。[①]"大同"在中华大地上世代传承而又历久弥新。"大同"目标是今天中华儿女勠力同心共筑中国梦以及中华民族团结统一的重要文化根基。

（一）"大同"析论

在中国传统文化中，由"大"和"同"组成的"大同"，至少包括紧密联系而又各有侧重的三方面的含义，即"大同一"、"公天下"和"大一统"。

"大同一"是指差异、多样的世界从总体上看是一个整体。"大同"即"大道"，老子讲："有物混成，先天地生。寂兮寥兮，独立而不改，周行而不殆，可以为天下母。吾不知其名，字之曰'道'，强为之名曰'大'。"（《老子》第25章）"大道泛兮，其可左右。万物恃之以生而不辞，功成而不有。衣养万物而不为主，常无欲，可名于小；万物归焉而不为主，可名为大。以其终不自为大，故能成其大。"（《老子》第34章）庄子认为"道通为一"，

[①] 周桂钿：《论大同思想的理论价值和实践意义》，《北京师范大学学报》（社会科学版）1994年第5期。

他曾在多处讲到自己以及他人的观点："天地与我并生，万物与我为一"（《庄子·齐物论》）；"颂论形躯，合乎大同，大同而无己"（《庄子·在宥》）；"仲尼曰：自其异者视之，肝胆楚越也；自其同者视之，万物皆一也"（《庄子·德充符》）；"惠施曰……：'至大无外，谓之大一；至小无内，谓之小一……大同而与小同异，此之谓小同异；万物毕同毕异，此之谓大同异……泛爱万物，天地一体也'"（《庄子·天下》）。无论是庄子，还是孔子、惠施，他们都认为多样的世界具有同一性，即世界大同。这种"大同一"不是机械同一、人为强制同一，而是"大一""太一""泰一""太和""太极"等。类似的观点还很多，比如《老子指归·道生一》中有"潢然大同，无始无终，万物之庐，为太初首者：故谓之一"，又如《吕氏春秋·有始览》中有"天地万物，一人之身也，此之谓大同"。

"公天下"的社会理想融合了道家的"大道"、墨家的"尚同""尚贤""兼爱""非攻""节用"等[①]，最后集大成于儒家的《礼记·礼运》："大道之行也，天下为公，选贤与能，讲信修睦。故人不独亲其亲，不独子其子，使老有所终，壮有所用，幼有所长，鳏、寡、孤、独、废疾者皆有所养。男有分，女有归。货恶其弃于地也，不必藏于己；力恶其不出于身也，不必为己。是故谋闭而不兴，盗窃乱贼而不作，故外户而不闭。是谓大同。"这种社会理想产生以后，在近现代，许多仁人志士结合时局和各种文化对其进行了新的阐释，并以不同方式、在不同程度上实践之。"大同"社会最大的特点是"天下为公"。"天下"，即"普天之

---

① 比如墨家讲"老而无子者，有所得终其寿；连独无兄弟者，有所杂于生人之间；少失其父母者，有所放依而长"（《墨子·兼爱中》）、"有力者疾以助人，有财者勉以分人，有道者劝以教人"（《墨子·尚贤下》）等。

下"，在古代指中华大地。"为公"，即为所有人公有、共有。"天下为公"，即"天下"不是哪一个人、哪一些人的，而是所有人的。"天下为公"既包括"天下"的权力是公共的，也包括"天下"的财力是共享的。在这种前提下，社会公平公正，人们讲究公德。因为权力公共，所以"选贤与能"；因为财力共享，所以货"不必藏于己"、力"不必为己"。因为社会公平公正，所以"老有所终，壮有所用，幼有所长，鳏、寡、孤、独、废疾者皆有所养。男有分，女有归"。因为人们守公德，所以"讲信修睦""人不独亲其亲，不独子其子""货恶其弃于地也""力恶其不出于身""谋闭而不兴，盗窃乱贼而不作……外户而不闭"。这正如康有为所言："大同之道，至平也，至公也，至仁也"[①]。天下为公还强调了人们在共同体中的责任担当，只有人们在共同体中各尽其责，各安其分，互相帮助，只有共同体的治理者做到修身齐家治国平天下，才会有天下大同。

"大一统"崇尚、重视和强调天下国家的一统。它既包括领土方面的完整不可分割，也包括民族方面的多元一统；既包括民心民意方面的齐一，也包括思想文化方面的和合；既包括政治、军事方面的高度集中，也包括经济、社会方面的统一管理；等等。"大一统"观念在我国出现较早，先秦诸子百家对其多有论述。老子认为"侯王得一以为天下正"（《老子》第39章），孔子赞扬"管仲相桓公，霸诸侯，一匡天下，民到于今受其赐"（《论语·宪问》），墨子希望"一同天下"（《墨子·尚同中》），孟子主张天下"定于一"（《孟子·梁惠王上》），荀子提出"一天下，财万物，长养人民，兼利天下"（《荀子·非十二子》），儒家经典《中

---

① 《康有为全集》第7集，中国人民大学出版社2007年版，第6~7页。

庸》里讲"车同轨，书同文，行同伦"（《礼记·中庸》）。"大一统"一词最早出自解释《春秋》的《公羊传》："何言乎王正月？大一统也。"西汉董仲舒认为"《春秋》大一统者，天地之常经，古今之通谊也"（《汉书·董仲舒传》），在他看来，"大一统"是普遍规律，他在总结前人理论和历史经验的基础上，创建了以"大一统"为核心的儒学理论。董仲舒的"大一统"理论主要表现在反对诸侯割据、加强中央集权、以儒学为统治思想等方面。他的这种理论对汉朝及后世都产生了深远影响。

在"大同"的三重含义中，"大同一"是宇宙观，是"天道"；"公天下"和"大一统"是"天下"之人的奋斗目标，是"人道"。"公天下"和"大一统"以"大同一"为基础，是"天"的原则在人世间的发挥和运用。

（二）大同目标之于民族团结

中国优秀传统文化"对中华文明形成并延续发展几千年而从未中断，对形成和维护中国团结统一的政治局面，对形成和巩固中国多民族和合一体的大家庭，对形成和丰富中华民族精神，对激励中华儿女维护民族独立、反抗外来侵略，对推动中国社会发展进步、促进中国社会利益和社会关系平衡，都发挥了十分重要的作用"①。传统文化中"公天下"和"大一统"的大同目标是今天中华民族安定繁荣、团结统一的重要文化基因。或者说，今天中华民族对安定繁荣、团结统一的追求，是历史上"公天下"和"大一统"的大同目标发展的必然逻辑结论。

"大同"讲"天下为公"，认为"天下"应该是太平盛世。为达到这个目标，要夙夜在公，选贤与能；要讲信修睦，互助互爱；

---

① 习近平：《在纪念孔子诞辰 2565 周年国际学术研讨会暨国际儒学联合会第五届会员大会开幕会上的讲话》，《人民日报》2014 年 9 月 25 日。

要各尽所能，安分守己；要有事大家一起商量，有福大家一起享受；个体在共享的同时，要为共同利益添砖加瓦，为共同体尽职尽责。今天，我们实行的是中国特色社会主义制度，在这种制度下，生产资料公有制为主体，德才兼备的国家领导通过既"选"又"举"而产生。目前，我们正在大力培育和广泛践行"富强、民主、文明、和谐""自由、平等、公正、法治""爱国、敬业、诚信、友善"的社会主义核心价值观，巩固和发展"平等、团结、互助、和谐"的社会主义民族关系，努力实现"幼有所育、学有所教、劳有所得、病有所医、老有所养、住有所居、弱有所扶"的社会建设目标。中国特色社会主义道路是扬弃地继承历史上"大同"理想的"大道"。这条道路历史底蕴无比深厚，时代舞台无比广阔，前进动力无比强大。中华民族的细胞是每一个中华儿女，"天下兴亡，匹夫有责"（顾炎武《日知录·正始》），今天，各民族在受惠于中华民族共同体这个大家庭时，要团结一心，坚持道路自信，为中华民族的安定繁荣贡献力量，为实现"中国梦"之共同理想目标而携手奋斗。

"大同"讲"大一统"，认为天下一家、华夷一体、中国一人。中华民族历来追求统一或"大一统"，这种追求最早可追溯到五帝时代的部落联盟。此后的夏、商、西周时代，特别是西周，由天子统合天下的诸侯国，不断往"大一统"的方向发展。"春秋无义战"，但仍然出现了客观上有利于统一的"尊王攘夷"。战国末期，秦兼并六国，建立了中国历史上第一个统一王朝，实行中央集权制，设立郡县，统一文字、度量衡、货币等。秦灭亡后，"汉承秦制"，到汉武帝时，"大一统"趋于成熟和完备。此后数千年的中国，虽不时出现短暂分裂，但"大一统"是主流。历史发展到近现代，封建王朝结束后，经过几十年的奋斗，我们建立了社会主义新中国，形成了各民族统一于中华民族的"多元一体"的格局。中华民族多元一体，是传统"大一统"在现当代社会的批判继承和创新发展。传统"大一统"是今天民族团结、祖国统一的重要文化基因。这里要注意的是，"大一统"本质上是在承认差别的基础上构建的，其真谛在于合多为一、自然合一，而不是强制同一。事实上，今天我们就是这样做的。比如，为实现中华民族大团结，在政权组织上，既强调国家的政权统一，又实行民族区域自治，在民族区域自治的基础上实行国家政权统一；在民族结构上，既强调"一体"，又承认"多元"，由"多元"组成"一体"；在思想文化上，既有统一的先进思想文化，又包容各民族的优秀文化，用先进思想文化统领各民族优秀文化的繁荣发展。今天传承"大一统"文化基因要有"批判"自觉。中国传统社会中的"大一统"讲国家政治上的整齐划一、经济制度和思想文化上的高度集中，如此过于强调整体性以致走上专制集权道路，与现当代社会格格不入。中国特色社会主义社会虽然也强调整体，但其方法论是马克思主义的唯物辩证法等。中国特色社会主义在政治上是民主与集中的统一，经济上是市场调节与政府调控的统一，文化上是多样发展与一元主导的统一。中国特色社会主义的价值导向是社会主义集体主义，而不是传统社会的阶级整体主义。中国特色社会主义新时代讲"多元一体""民族团结""铸牢中华民族共同体意识"等，都是以唯物辩证法作为方法论指导的。

"大同"是中华民族世代传承而又历久弥新的理想追求与期待。在民族伦理视域中，中华民族是"大"，安定繁荣、团结统一是"同"，中华民族安定繁荣、团结统一即今日之"大同"。

"仁爱""和合""大同"是我国民族团结最重要的文化基因，

它们相互促进、相互渗透、相辅相成、相得益彰。"仁爱"是"和合"与"大同"的基础,只有内"仁"才能外"和",天下才能定于"一"。"和合"是达到"仁爱"与"大同"的基本途径和方法,只有"和"才能使"仁"得到发挥,达致"人心和善",从而实现"天下归仁"的大同理想。"大同"是"仁爱"与"和合"的最终归途,一方面,在大同社会里,人们以博爱为怀,泛爱众而亲仁,老幼鳏寡孤残者皆能得到细心关照;另一方面,"大同"即"大和",大同社会其实就是多元一体、和谐统一、团结和睦的社会。新时代的民族团结建设,要在继承优秀传统的基础上创新发展,由"仁爱"——各民族的亲近、友爱与凝聚,达到"和合"——各民族的和谐、合作与交融,并最终走向"大同"——中华民族的安定、繁荣与统一。

第三节 新时代民族团结的当代西方伦理资源

团结是西方伦理学的重要议题。当代西方伦理学的主要流派,无论是自由主义、社群主义,还是共和主义,都论及团结问题。各流派的理论出发点不同,因此对怎样看待团结、如何实现团结等问题的解答也不同,这为我们审视团结提供了多种视角。习近平指出:"只有回看走过的路、比较别人的路、远眺前行的路,弄清楚我们从哪儿来、往哪儿去,很多问题才能看得深、把得准。"[1] 立足中国实际,用马克思主义的立场、观点和方法深入分析当代西方的各种社会团结理论,并加以比较对照和权衡利弊,其结论有助于新时代民族团结建设。

---

[1] 《习近平谈治国理政》第3卷,外文出版社2020年版,第70页。

一　差异性伦理：民族团结如何对待"异"

差异即事物内部或事物之间的差别。无论是自然界还是人类社会，都普遍存在差异。在人类社会领域，差异是团结的前提，无差异则不会出现团结问题。社会团结就是从差异出发，在认识和行动上恰当把握差异，从而达到社会整合的目的。作为社会团结重要方面的民族团结亦是如此。考察、反思当代西方差异性社会团结理论，对我国新时代民族团结建设能提供多方面的启示。

（一）基于差异性的当代西方社会团结理论

差异即事物内部或事物之间的差别。无论是自然界还是人类社会，都普遍存在差异。差异在追求自由和个性的资本主义社会格外突出，如何看待和处理经济、政治、文化等各个方面的差异，促进社会的团结和稳定，是西方学者们思考的重要问题。

1. 经济差异与社会团结

当代美国著名伦理学家罗尔斯从自由主义和个人主义出发，强调人的理性、自主性、个体差异性和追求个人利益的正当性，认为每个人的基本自由是平等的，不容侵犯，认为社会应提供给每个人平等的机会，让人们自由竞争。同时，他又认为社会是一个合作体系，应该互利互惠、团结共享。罗尔斯的鸿篇巨制《正义论》，其最大特色就是讲基于个性和差异而又缩小社会贫富差距的差别原则："社会和经济的不平等应该这样安排；使它们：（1）适合于最少受惠者的最大期望利益"[①]。差别原则主张，在保障人们基本权利平等和机会平等的前提下，社会的分配应该有利于最不利者，即有利于社会弱势群体。差别原则在现实中体现为收入和

---

① 〔美〕约翰·罗尔斯：《正义论》，何怀宏等译，中国社会科学出版社2009年版，第65页。

财富的再分配，也就是，国家从优势群体中征税，然后用税收帮助弱势群体，改善其处境。

罗尔斯证明差别原则所采用的方法是契约论。契约论表达的是一种"普遍同意"，即尽管参与缔约的人们在思想、观点、利益等方面存在差异，但他们有正义感和善观念等道德能力，有共同利益，而且深知社会合作的好处。为达到有效证明的目的，罗尔斯首先假设了"原初状态"下的"无知之幕"：在最初始的状态，由于"无知之幕"的遮蔽，人们不知道激烈竞争之后自己会处于什么样的境地。再加上主客观条件的差异，每个人既有成功的可能，也有失败的危险。为避免沦为弱者后的悲惨命运，人们都赞同社会财富的分配政策应尽可能地有利于弱势群体。

平等是社会团结的重要基础，过度的社会不平等尤其是经济方面的不平等，会造成隔阂、争夺或分裂。这正如古希腊伦理学家亚里士多德指出："所有这些内讧，都常常以'不平等'为发难的原因"，"内讧总是由要求'平等'的愿望这一根苗生长起来的"。[①] 现实社会中，人们的家庭出身、天赋能力、知识水平、客观条件等不尽相同，哪怕每个人都很努力，竞争之后照样会产生经济方面的不平等。因此，要达到社会团结，就要通过差别原则等缩小人们的经济差距。实施差别原则的经济前提是从优势群体那里征税，而"纳税是一项实质的团结义务"，可以说，"团结是社会福利国的理念基础，是克服离心力、凝聚共同体的核心要义"。[②]

差别原则内蕴社会团结的主题。"自由、平等、博爱"是西方启蒙运动尤其是法国大革命以来一些进步的资产阶级学者的核心

[①] 〔古希腊〕亚里士多德：《政治学》，吴寿彭译，商务印书馆2011年版，第238页。
[②] 王晖：《法律中的团结观与基本义务》，《清华法学》2015年第3期。

价值追求，罗尔斯也不例外。差别原则其实是在自由和平等的基础上讲博爱，"自由相应于第一个原则，平等相应于与公平机会的平等联系在一起的第一个原则的平等观念；博爱相应于差别原则……差别原则从社会正义的立场表达了博爱的基本意思"[①]。而译自法语Fraternité的"博爱"（直译为"兄弟关系，兄弟情谊，像兄弟一样友爱"），其直接指向就是社会团结。由于博爱主要是一种道德理念，而且它在实践中很难超出民族国家的范围而走向世界实现其普遍主义，所以，在政治哲学中，它常被更为现实的"团结"取而代之。差别原则中包含着基于个人利益的爱与社会责任，戴维·米勒指出："政治哲学家，像罗尔斯，在捍卫要求有利于社会较不利成员的再分配的正义原则时，暗中预设了这一点。这些原则是需要在共同体的情景中实施的，这个共同体的成员承认团结纽带。"[②] 斯特鲁认为，团结是"时刻准备以如下方式与他人共享资源，即，把个人的贡献通过税收和国家所组织的再分配而给予那些生活难以温饱或需要的人"[③]。因此，实施差别原则，就是要通过合理的制度安排使弱势群体得到关爱，从而实现社会团结。

尽管罗尔斯的差别原则可用于改良资本主义制度，缓和资本主义自由竞争带来的矛盾和冲突，但其困境也是显而易见的。首先，由于"无知之幕"的虚构性，一旦回到现实中，条件优越的理性利己主义者很可能不会同意签订契约，不会同意实施差别原则，即反对社会福利制度，对社会再分配说"不"。其次，差别原则不考虑个人的志向、偏好、选择，那些勤恳工作、认真对待生

[①] 〔美〕约翰·罗尔斯：《正义论》，何怀宏等译，中国社会科学出版社2009年版，第81页。
[②] David Miller, *On Nationality*, New York: Oxford University Press, 1995, p. 93.
[③] 李义天：《共同体与政治团结》，社会科学文献出版社2011年版，第194页。

活、踏实奋进的高收入者可能要为懒惰、有不良嗜好、冒险而致贫者买单，如此不公正就会造成前者心理失衡。因为差别原则并未从根本上解决"同心同德"的问题，所以它无法为社会团结提供稳固的基础。换言之，契约论者从自我利益出发、用博弈的观点思考团结问题，这本来就是与团结相悖的。团结的基础是基于社会整体观的集体主义、社群主义，并且，团结需要靠仁爱、同情、责任等来维系，仅靠利益权衡之理性选择而形成的合作显然不牢固。

2. 政治差异与社会团结

为促成社会团结、建立良序社会，罗尔斯不仅提出并论证了差别原则，而且晚年承接《正义论》，采用反思平衡（反复比照，不断修正和调整，从而达到内在平衡、协调一致、融贯统合）的道德哲学方法，在《作为公平的正义——正义新论》一书中论证了其重叠共识思想。"所谓重叠共识，我们是指，这种政治正义观念是为各种理性的然而对立的宗教、哲学和道德学说所支持的，而这些学说自身都拥有众多的拥护者，并且世代相传，生生不息。"[1] 也就是说，尽管现代社会人们在宗教、哲学和道德以及其他文化方面存在差异和多样，但也能就某些政治的正义观点达成共识。这些共识即重叠共识，或曰多元共识、交叠共识、交叉共识。

与差别原则的论证诉诸个人理性不同，重叠共识的论证主要诉诸公共理性。何谓公共理性？罗尔斯在《公共理性观念再探》一文中指出，公共理性即"各种政治主体（包括公民、各类社团和政府组织等）以公正的理念，自由而平等的身份，在政治社会

---

[1] 〔美〕约翰·罗尔斯：《作为公平的正义——正义新论》，姚大志译，中国社会科学出版社2011年版，第44页。

这样一个持久存在的合作体系之中,对公共事务进行充分合作,以产生公共的、可以预期的共治效果的能力。"[1] 公共理性既包括公共思维、公共逻辑,也包括公共意识、公共伦理等。公共理性建立在个体权利基础之上,认为公共权力来自人民让渡的权利,主张人民参与社会公共事务。公共理性强调自由、平等、公平、正义等理念。公共理性主要关注公共问题、公共利益,达成共识的方式主要是公共讨论、公共协商。公共理性是重叠共识的根据。罗尔斯认为现代社会理性多元是一个事实,但这并不否定公共理性的存在。因为存在公共理性,所以就有公共正义观念,在这种观念上,可建立起社会共识。这些社会共识既表现为"持不同观点的人们都愿意以合理的态度相互对待",也表现为"基于不同价值的人们认可和遵守同样的规范",还表现为"不同的人们在承认现在的观念存在着分歧的同时,在未来的目标上却具有共识;或者说目前持有不同观点和立场的人们,努力寻求通过和平共处、平等交往而形成或加深彼此理解,甚至追求'视域融合'"。[2] 重叠共识的达成分为两个阶段,初级阶段是制度层面的宪法共识,高级阶段是更深刻的社会成员思想层面的正义价值观念共识。需要注意的是,重叠共识并非集体主义思维方式,集体主义强调集体的目的和价值,强调整体性,而重叠共识仅仅是个体意志的交叠,或多元价值的重合。重叠共识从根本上说仍然是个人主义的,是多元中的个人理性、意志、见解、理念、价值观等的交叉、重合、兼容。

重叠共识是当代西方多元社会团结的重要前提。团结不仅需要分配正义之物质基础,而且需要政治正义之精神、思想基础;

---

[1] 舒炜:《公共理性与现代学术》,三联书店2000年版,第46页。
[2] 童世骏:《关于"重叠共识"的"重叠共识"》,《中国社会科学》2008年第6期。

团结不仅需要关注社会弱势群体,而且需要关注地位相似的人群。一个社会,如果人们在某些政治正义观念上都无法达成共识,那就不可能和谐稳定。因此,罗尔斯提出了这样的问题:"由自由而平等的公民——他们因各种合乎理性的宗教学说、哲学学说和道德学说而产生了深刻的分化——所组成的公正而稳定的社会之长治久安如何可能?"[①] 重叠共识筛掉分歧、保留共同认识,其实质乃是存异求同。

罗尔斯的重叠共识思想为资本主义多元民主社会寻求统一和稳定提供了重要路径,但也面临困境。重叠共识是说,在现代理性多元的社会,人们的宗教、哲学和道德等观念多种多样,很难达成共识,只有人们在政治的正义观念上达成共识,才有社会的团结与稳定。问题是,人们的宗教、哲学和道德等观念与政治的正义观念密切相关,如果前者无法达成共识,甚至存在根本冲突,那么后者的共识就可能沦为空想,也无法真正形成社会团结的局面。

3. 文化差异与社会团结

美国、加拿大等西方国家多为移民国家,种族成分复杂,文化多种多样。群体差异、文化多元是影响社会团结的重要因素,西方国家的反种族歧视活动、独立运动等多由这些因素引起。如何看待拥有不同文化的族群之间的差异、如何保障少数族群的权利等是20世纪90年代以来的一个学术研究热点。

加拿大自由主义政治哲学家金利卡在《少数的权利》等著述中详细探讨了多元文化主义、少数族群的权利等重要问题。金利卡在自由主义框架内提出普遍与差异相结合的公民权理论,为少

---

① 〔美〕约翰·罗尔斯:《政治自由主义》,万俊人译,译林出版社2000年版,第3页。

数族群的权利加以辩护。一方面，他认为个人是国家公民，要坚持公民权利；另一方面，他认为个人是特定文化团体中的成员，要努力保护作为文化团体的少数族群的权利。这些特殊权利包括自治权、多种族权和特殊代表权等。金利卡认为，没有这些特殊权利，少数族群独特的文化就会逐渐丧失。

金利卡继承发展了传统自由主义权利理论。与传统自由主义者相同的是，金利卡强调公民权利，认为"自由""平等"等基本权利价值不容破坏。与传统自由主义者不同的是，金利卡认为应该扩展这些基本权利的内涵，要尊重、保护少数族群文化，要给予少数族群自主性和额外的机会，以帮助他们实现与主流群体一样的权利。如此，可以实现双重目的：强调公民权利，避免少数族群内部以团体名义压制个人，以保护个人自由；强调少数族群的权利，避免民族国家内部国家对少数族群权利、少数族群文化的忽视，避免一个群体压迫另一个群体，从而促进族裔群体间的公正。

金利卡保护少数族群权利及特殊文化的理论与当代西方主流正义观是一致的。罗尔斯和德沃金等主流正义论者认为要取消不应得，并对不利者进行补偿，认为要相同的情况相同对待，不同的情况不同对待，以实现真正的平等。金利卡认为，真正的平等不是什么情况下都同等对待，而是应当差别对待的时候要差别对待，以适应多样性、差异性的需求，纠正和改善少数族群的不利处境。金利卡认为，政府应该保护少数族群的特殊文化，应该赋予少数族群差别性的自治权利，这"是对少数文化的集体成员处于不平等境遇的补偿。这是一种真正平等的要求，而不是同等对待；它不是要求不同对待，而是要求按不同需要对待"。[1] 金利卡

---

① 〔加拿大〕金利卡：《多元文化的公民身份——一种自由主义的少数群体权利理论》，马莉等译，中央民族大学出版社2009年版，第164页。

所讲的无差别的公民权利和有差别的少数族群权利的关系，其实是普遍平等与有差异的平等的关系。"正如通过差别原则可以证成对经济不平等的补偿一样，通过文化的公民权利同样可以证成对文化不平等的补偿，并可以提升公平，和正义一致。"[1]

需注意的是，金利卡讲少数族群权利是有底线的：一是不能违背自由主义的基本理念，二是不能造成国家分裂和社会动荡。就前者而言，金利卡坚持自由主义，维护自由和权利，这一立场贯穿始终；就后者而言，金利卡认为，保护少数族群权利应以维护国家利益为前提，"不能对国家统一造成冲击"[2]。

金利卡自由多元文化主义少数族群权利理论有利于西方国家改善少数族群的地位，有利于社会团结。"如果说自由主义的单一性的同质化价值理念曾经是民族—国家事实上的合法性基础和社会团结的重要资源的话，那么，多元文化主义的平等、正义、尊重差异和包容（宽容）价值理念则是现代多民族国家的合法性基础和社会团结的重要资源"[3]。不过，这种理论也有明显的缺陷：第一，它囿于公民权利和少数族群权利，忽视公民责任和社会公共利益。第二，尽管金利卡认为文化多元与政治一体要协调、统一，但他更多的是强调多元、多样、差异，这就为社会团结带来潜在威胁。

同金利卡一样，美国学者艾丽斯·M.杨也认为要赋予群体有差别的公民身份和特殊的文化权利，在差异性基础上实现社会团结。[4] 杨认为罗尔斯等人的差异理论不彻底，因此会造成对某些群

---

[1] 宋建丽：《文化差异群体的身份认同与社会正义——多元文化主义对自由主义的挑战》，《哲学动态》2009年第8期。
[2] 王敏：《多元文化主义差异政治思想：内在逻辑、论争与回应》，《民族研究》2011年第1期。
[3] 周少青：《多元文化主义视阈下的少数民族权利问题》，《民族研究》2012年第1期。
[4] 〔美〕艾丽斯·M.杨：《正义与差异政治》，李诚予、刘靖子译，中国政法大学出版社2017年版。

体的非正义。她将"宰制"和"压迫"作为出发点，突出社会群体差异的重要性，谋求差异政治，主张为被压迫和处境不利的群体实施"特殊代表权"。但是，杨的差异政治理论受到诸多质疑。在一些人看来，如果差异政治走得太远，就会：第一，很可能是特殊的族裔身份造就少数群体的成功而非他们自己的努力；第二，导致逆向歧视，即对多数群体的歧视；第三，导致阶级、群体间的分裂和冲突，走向团结的反面；第四，摧毁共同善，使对话成为不可能。"还有人甚至尖锐地指出，赋予少数群体特殊权利这一行为本身是否就肯定了少数群体的低劣？"对此，杨的支持者回应道："少数群体的劣势地位是历史造成的，赋予其特殊权利是为了弥补历史上遭遇的不公正，并为他们提供平等参与社会生活所需要的基本条件。"①

与金利卡不同的是，杨是西方马克思主义者，而不是自由主义者。她反对自由主义的普遍主义，批判与自由主义相关的中立的个体主义以及同化观念。另外，杨讲的少数群体不仅包括少数族群，而且包括处于弱势地位的妇女、残疾人、同性恋者等。

（二）当代西方差异性团结理论对我国新时代民族团结的启示

差异和团结难舍难分，无差异则无团结。差异性如果处理恰当，就会产生活力和动力；如果处理不好，就会导致冲突和分裂。无论是罗尔斯的差别原则、重叠共识，还是金利卡、杨等的多元文化主义，都是基于差异性寻求社会团结。

我国的民族团结，同样要处理好差异性问题。既不能无视差异，任差异发展，也不能用极端的方式消灭差异，强制趋同。我国传统文化非常注重辩证法，讲求"和而不同"，强调各种关系的

---

① 王敏：《多元文化主义差异政治思想：内在逻辑、论争与回应》，《民族研究》2011 年第 1 期。

协调与平衡。

我国是全国各族人民共同缔造的统一多民族国家，民族团结在社会团结中占有非常重要的地位。尽管中华民族是一体，但组成中华民族的各民族，它们之间的差异客观存在，而且将长期存在。为促进民族团结，既要处理好经济上的差异问题，也要处理好政治上的差异问题，还要处理好文化上的差异问题。

经济上，维护和增进民族团结，要缩小收入差距，实现共同富裕。民族平等促进民族团结，民族团结促进各民族共同繁荣。由于历史、地理等各种原因，我国各民族发展不平衡，特别是少数民族与汉族有较大的差距。为实现民族团结，就要对少数民族实施优惠政策，进行特殊照顾，要尽最大努力帮助少数民族发展经济，不断缩小收入财富差距，共同走向现代化。新中国成立后，我国实行了兴边富民、西部大开发、对口支援、扶持人口较少民族等政策，特别是近几年，我国举全国之力，精准扶贫，决战脱贫攻坚，各少数民族贫困人口纷纷整体脱贫，创造了人类反贫困历史的中国奇迹。今后，我国将把扎实推进各族人民的共同富裕作为深化改革的重要方向。为此，就要"相同的情况相同对待，不同的情况不同对待"。"相同的情况相同对待"是说，民族地区普遍存在教育、医疗、基础设施落后等问题，对于这些问题，要用大致相同的办法来解决。"不同的情况不同对待"是说，有些地区的有些问题有些事项比较特殊，需制定实施差别化区域支持政策以缩小差距、补齐短板。总之，扎实推进共同富裕要从实际出发，实事求是，切实解决好公平正义问题。

政治上，为维护民族团结，我国要处理好"多元"与"一体"的关系，要在承认和尊重差异的基础上寻求共识。中华民族多元一体是在长期的历史演进中形成的，既不能有取消民族身份、忽略民族存在的想法，也不容制造民族分裂、脱离民族大家庭的行为。在维护民族团结的斗争中，既要反对大汉族主义，也要反对地方民族主义。为处理好差异和共识的关系，一方面要毫不动摇地坚持民族区域自治制度，另一方面各民族要有宪法上的共识，严格遵守《中华人民共和国宪法》，要增强"五个认同"，即对伟大祖国、中华民族、中华文化、中国共产党、中国特色社会主义的认同。

文化上，多种文化的共生、共存、交流和对话是实现社会团结的必要条件，我国在坚持马克思主义一元指导地位的前提下，要坚持"百花齐放"的方针，大力保护、弘扬各民族的优秀文化。中华文化是各民族文化的集大成，各民族文化枝繁叶茂，中华文化才会根生干壮，因此，要尊重、平等对待各民族的文化，要用各民族优秀文化构筑中华民族共有精神家园，使各族人民有共同的心灵归宿；要用社会主义核心价值观引领各民族文化的传承发展；要搭建促进各民族文化沟通与交流的桥梁。

尽管"差别原则""重叠共识""文化多元主义"等理论对我国的社会团结特别是民族团结有一定的启发意义，但我们不能对其照抄照搬。首先，这些理论是以资本主义私有制为基础、针对资本主义社会的现实问题而产生的。私有制主要代表资产阶级的利益，而不是社会各阶级的共同利益。团结的稳定基石是"公""共"，而不是"私""资"。由于资本主义生产关系所限，差异性团结理论在西方国家并未为社会团结提供可信可靠可行的论证，它们更不可能被简单移植到我国，解决我国公有制为主体这种所有制下的民族团结问题。其次，这其中的很多理论具有自由至上、个人原子主义、社会契约论等性质。"以社会契约联结个人权利与公共权力的国家，这些国家强调个人权利优先，并以此为基点延展出社会团结与国民团结,文化意义的民族认同及民族身份因放置于私域空间而式微,甚至不承认民族群体的存在。"① 我国有自己的特殊文化和国情,西方的自由主义、个人主义、多元主义、社会契约论、权利至上、联邦制等并不适合我们。最后,这些理论都以理性为基础,撇开了情感(罗尔斯虽然讲到了正义感、博爱等,但这不是具体情境中的情感)。情感是人与人之间的"黏合剂",团结离不开互亲互爱的情感。民族团结重在交心,重在沟通、培育情感,离开了"心心相印"的情感,不仅无法建立温馨的民族关系,而且无法凝聚人心。我国的民族团结建设,要把交心、情感沟通放在至关重要地位,这样的团结才有温度。

二 共同性伦理:民族团结如何对待"同"

如果说差异是团结的出发点,那么统一便是团结的落脚点。只有原子没有整体,只有异议没有共识,就是一盘散沙、各自为政,如此无法团结。当代西方政治哲学中的社群主义强调共同善、共同体认同等,客观上有利于社会团结。探索、反思社群主义的共同体理论,可为我国新时代民族团结建设提供一定的借鉴和启示。

(一) 基于共同性的当代西方社会团结理论

当代西方政治哲学的主流是自由主义。在个人与共同体的关系中,自由主义更看重个人,认为共同体不过是达到个人目的的手段。自由主义将个人看成一个个孤立的原子,由此便造成了个人与共同体、个人与他人的分离等问题。显然,自由主义不能为社会团结提供充分、稳固的基础,也正是在这种背景下,讲共同

---

① 严庆:《中国民族团结的意涵演化及特色》,《民族研究》2019 年第 1 期。

性、重共同体的社群主义应运而生。社群主义的代表人物有桑德尔、沃尔策、麦金太尔等。社群主义认为,自由主义执着于个人权利,囿于个人利益,不利于社会团结,要达到社会团结,必须充分重视共同体及其作用,必须增强公民的共同体意识。

1. 共同善与社会团结

社群主义者非常注重共同善。他们所讲的共同善有两种。一是物质层面的公共利益或公共需要。譬如公共安全、公共福利等。这是相对于个人权利或个人需求而言的。在共同善与个人权利的关系上,社群主义认为共同善优先于个人权利。社群主义批评自由主义过分关注个人权利,把这种权利看成是绝对和优先的,而没有认识到它是社会的、历史的产物,没有意识到只有在共同体中,它才能得到实现。二是精神层面的各种美德或德性。社群主义认为,共同体在追求共同善的过程中,德性实践发挥着重要作用,要加强公民的美德教育。正是在这种意义上,社群主义伦理学又被称为"美德伦理学"。社群主义认为共同善有内在的价值和意义,而不是如自由主义者所说,它(共同善)只是个人实现目的的手段或工具。

社群主义认为社会团结的基础是共同善而不是个人权利。过于强调个人权利,既会造成人与人之间的斤斤计较,也会造成人们对公共利益的漠视。这都会破坏维系社会团结的纽带。相反,如果人们超越个人利益而追求共同善,即把公共利益放在首位,培育和谐的公共关系、为共同的利益而奋斗等,社会就会团结和谐。

社群主义认为人们共享的道德、价值等是团结的重要源泉。共同体拥有自己独特的道德、价值观等文化,不仅可以将这个共同体与其他共同体区别开来,而且可以标识这个共同体其成员的独特身份与资格。"在社群主义的眼中,社群不仅仅是指一群人;它是一个整体,个人都是这个整体的成员,都拥有一种成员资格。"① 因为共同体成员有共同的道德及价值观、共同的身份和资格,他们就容易达成共识,就会树立共同的社会理想、崇尚共同的人文精神、追求共同的优良生活、重情重义、讲信修睦、相互关爱和帮助,从而团结在一起。

社群主义认为要合理分配社会善以实现社会团结。自由主义主张机会平等,提倡在机会平等的前提下自由竞争,然后按贡献分配。社群主义强调共同体成员的实际需要,"社群团结的制度体现就是按需分配利益的公共所有制"②。比如,戴维·米勒认为,适用于团结性社群的分配原则是需要(满足同胞的需要),"米勒认为在任何社会历史条件下,都存在着那种亲密而团结的共同体,在这种共同体内,是按需分配的"③。又如,沃尔策认为个人之间的竞争过于激烈会导致人心离散,从而破坏共同体的团结。因此,他强调应该将需要作为分配正义的一个重要原则。也就是,如果某人是共同体的成员,国家和社会就要通过再分配的方式,满足其基本需要。被分配的对象是社会成员共享的社会善,分配正义体现为对社会善的分配。社群主义关注社会善的合理分配,其重要目的之一就是维护共同体的团结。"社群主义为反对不平等提供的理由是团结,即贫富之间的巨大差距会破坏维护公民身份和培养公民美德所需要的团结。"④ 桑德尔认为,不平等会造成穷人与富人的疏离。沃尔策认为,提供公共供给、做好社会福利工作,有助于凝聚人心,从而形成紧密团结的共同体。泰勒认为,共享、

---

① 俞可平:《从权利政治学到公益政治学》,上海三联书店,1998年版,第75页。
② 俞可平:《社群主义》,中国社会科学出版社2005年版,第81页。
③ 龚群:《自由主义与社群主义的比较研究》,人民出版社2014年版,第365页。
④ 姚大志:《正义与善——社群主义研究》,人民出版社2014年版,第75页。

命运与共是同胞团结的纽带。

社群主义以共同体为基点，强调共同善，重视共同意义、共同行动、共同生活、公共利益、公共需求、公共价值等，较之自由主义，为社会团结奠定了稳定可靠的基础。但是，它只强调社会善或过于强调社会善也失之偏颇——既会导致社群对自我的压制、对个体私利及差异性的忽视，也会导致自我对社群批判、反思能力的丧失。

2. 认同与社会团结

认同由"认"和"同"组成。"认"即确认，"同"即同一。认同乃是对"我是谁，我们是谁""我和谁同一"的追问。认同的基础经历了一个从个体主义转向共同体主义的过程。最初，认同以个体为基点，一方面指个体的自我确证，另一方面指寻求他者与个体自我的相同。随着认同理论的不断发展和共同体主义（社群主义）的兴起，"认同"走进了共同体主义的视野。共同体主义认为个体的意义最终是由他所在的共同体决定的，个体只有认同共同体，才能获得自我价值，才有家园式的归属感。以共同体主义为基础的认同即共同体认同。共同体认同即个体认识到他自己是某个共同体的成员，并且该共同体与其休戚相关、命运与共，对其不可或缺。共同体认同本质上是一种集体观念，它认可、同意集体的信仰、价值、规范和行动等，它注重集体荣誉感和归属感。共同体认同包括团队认同、组织认同、民族认同、国家认同等。共同体认同既表达了组成共同体的各成员之间的相似性，也显示了某共同体区别于其他共同体的个性，还宣示了自我属于某一共同体的合法性。

共同体认同区分了"我们"和"他们"，认为"我"属于"我们"这个群体，而不属于"他们"那个群体。认同的英文单词 identity，也译作"特性""身份""同一性"等。共同体反映了成员的身份认同，《共同体》一书的作者鲍曼指出，在共同体中，"我们"与"他们"的区分，"不再存在'模棱两可的'情况，谁是不是'我们中的一员'，这是显而易见的，不存在混乱状态，也没有混乱的理由——没有认识上的含糊不清，因而也就没有行为上的摇摆不定"[①]。共同体认同即和自己同类的人结成一体，确立自己在共同体中的身份以及所属共同体的本真意识。

共同体的团结离不开共同体认同。首先，共同体成员团结的前提是他们拥有共同的身份和资格。个体只有获得与其他成员相同的身份和资格，才能对共同体产生归属感和认同感，并与其他成员平等相处、携手共进。对此，泰勒指出，身份认同直接影响共同体的团结，因而共同体对其成员要平等尊重和认可；沃尔策指出，没有成员资格的人是无国籍、无保障的人，他们被排除在共同体的安全和福利供给之外，他们处于无穷无尽的危险状态中。身份认同还促使个体利益与共同体利益二者的统一。一方面，个体在共同体中实现自己的利益；另一方面，个体为了共同体利益而舍弃、牺牲自己的私人利益。其次，文化认同是共同体认同的根基，从长远来看，是共同的历史和文化作为纽带把共同体成员团结在一起。麦金太尔认为，"我"不仅指我自己，而且代表着我所在的共同体的历史和传统。桑德尔认为个体的身份是由其所属的共同体定义的，是共同体及其文化决定了"我是谁，我们是谁"，而不是自我自由选择的结果。丹尼尔·贝尔认为，共同体"就是一群互不相识的人，他们的日常生活和思想里有一种共同的历史"，"这种社群提供了一种道德传统，有助于表述我们生活中

---

① 〔英〕鲍曼：《共同体》，欧阳景根译，江苏人民出版社2003年版，第8~9页。

的一致性，使我们有义务来促进我们的历史中所记忆和期望的理想，把我们的命运与我们的前辈同时代的人以及后代连结在一起"。[①] 因为个体有共同的身份及归属感，有共同的历史、文化和传统，共同体便充满活力和凝聚力。再次，共同体认同本质上是一种集体观念，它意味着共同体成员对共同体的拥护和尽责。这包括对共同体忠诚，对共同体的共同信念、共同主张和共同行动予以理解和支持，为共同体的发展繁荣尽心竭力，等等。丹尼尔·贝尔指出："多数人觉得他们和自己民族的历史与命运紧紧相连……我们对自己的民族在整个历史上的行为，不论好坏，都是一种道德责任感。"[②] 国家是最典型的共同体，社群主义特别强调爱国主义，认为爱国主义即具有特定国籍的人对国家的忠诚，认为爱国主义能增强国家的团结与凝聚。最后，共同体成员要和谐相处、互帮互助。共同体成员有共同的生活目标，因此愿意为实现共同利益而团结奋斗。共同体成员有共同的价值观、生活观，志趣相投，便相互尊重与承认，相互帮助，相互激励，共同进步。社群主义批评自由主义原子化的观点导致个人对他人和社会漠不关心，使得社会一盘散沙，缺少凝聚力。综上，只有树立共同体意识，并在共同体内能形成良好的认同，才会出现紧密团结局面。

共同体认同之于社会团结具有有限性。首先，认同的层次性如果处理不好，会危及社会团结。现代社会，个人具有多重身份、多个角色。在多民族国家，个人既是国家共同体的成员，也可能是某个民族共同体的成员。这对个人来说，就涉及国家认同和民族认同这两种共同体认同。由于各种复杂因素，这两种认同未必

---

① 〔美〕丹尼尔·贝尔：《社群主义及其批评者》，李琨译，三联书店2002年版，第124页。
② 〔美〕丹尼尔·贝尔：《社群主义及其批评者》，李琨译，三联书店2002年版，第127、128、130页。

一致。当出现不一致的时候,就会产生社会团结问题。现当代西方国家,有些民族共同体过于强调自身的认同,而对国家采取无视甚至敌视的态度,这种民族认同所产生的效果不是团结,而是为国家分裂提供理由和借口。其次,认同的团结作用主要限于共同体内部。认同区分、隔离了"我们"和"他们",它可以促进共同体内部的团结,但对于其他的共同体,常常漠视或敌对。这种情况一旦发生,各自为政的狭隘认同不仅无助于共同体间的团结,而且会造成隔阂或战争等。最后,共同体认同忽视团结的差异性基础。团结是在差异性基础上的和睦相处与联合统一,没有差异,就无所谓团结。团结需要的是和而不同,而不是强制同一。现实生活中,到处充满差异,如果不给予差异应有的尊重与承认,强行抹杀差异,强制认同,不但达不到团结的目的,而且会导致更严重的团结问题。

(二) 当代西方共同性团结理论对我国新时代民族团结的启示

社群主义重视共同善,强调个体对共同体的认同,这与自由主义专注于个人权利相比,更能促进社会团结。我国是社会主义国家,我们倡导的社会主义集体主义虽然与社群主义不是一回事,但它更亲近于社群主义而不是自由主义。巩固和发展我国社会团结、民族团结,要坚持集体主义原则,大力培育公民美德、弘扬社会主义核心价值观,大力加强爱国主义、理想信念教育,合理分配社会资源和成果,不断满足人民群众对美好生活的需要。同时,我们也要从学者们对社群主义批判中得到反思:认真对待个性和差异,在个性和差异性基础上追求共同性或统一性;发扬民主、重视和保障个人的正当利益。

我国是由 56 个民族组成的多民族国家,维护我国的社会团结非常重要的一点就是要加强民族认同。民族认同是各民族对自己身份和角色的认定，即把自己看作民族共同体的一部分。民族认同具有高低不同的层次，低层次的认同即对自己所属的小范围民族的认同，高层次的认同即对自己所属的大范围民族的认同。高层次认同建立在低层次认同的基础之上，低层次认同应自觉服从和维护高层次认同。我国低层次的民族认同即56个民族中各民族自身的认同，高层次的民族认同即中华民族认同。这种高层次的民族认同和国家认同（对中华人民共和国的认同）是高度统一的。我国加强民族认同、培养民族归属感以促进民族团结，其目标是实现各民族内部的团结，在此基础上实现中华民族的大团结。

在社群主义那里，民族是社群的一种，戴维·米勒认为民族同胞之间的关系是一种团结性社群关系，他指出："没有一种共同的民族认同，就不可能把公民聚集在一起；而没有公民资格，民族就不可能实现全体人民决定未来这一积极理想……公民将自己看作是集体的一员，对促进公共利益负有责任。"[①] 民族认同是民族团结的基础和前提，没有民族认同，就没有民族团结。民族认同是民族团结的根本和源泉，没有民族认同，民族团结就成了"无本之木，无源之水"。我国这样一个多民族国家，为实现民族认同和国家认同的统一与整合，要加强马克思主义国家观、民族观、文化观、历史观、宗教观教育，要在各民族中牢固树立国家意识、公民意识和中华民族共同体意识，要大力进行民族团结建设、促进各民族的交往交流交融，要弘扬中华优秀传统文化和社会主义核心价值观，构筑中华民族共有精神家园，要加快少数民族地区经济发展，让少数民族民众产生身份感、归属感，提升国家认同程度。

---

① 潘小娟、张辰龙主编《当代西方政治学新词典》，吉林人民出版社2001年版，第250页。

在社会团结、民族团结问题上，我们不能像西方某些共同体主义者那样狭隘。我们要尊重其他民族国家共同体、努力推动构建人类命运共同体，将国内社会团结、民族团结发展到国际社会团结、世界团结。生活在地球上的各个国家相互作用，相互影响，休戚相关，命运与共。如果各国只强调自身的认同，就会出现对内团结、对外排斥的"共同体团结悖论"，就不可能有世界的团结稳定与和谐安宁。走出藩篱天地宽，各个国家只有树立全球意识，关注人类命运，加强团结协作，才能战胜共同面临的各种危机、创建共同发展的良好环境。

三 主体间性伦理：民族团结如何对待"互"

差异性和共同性是事物的两种属性。团结的前提是差异，无差异则不需要谈团结。同时，团结的实质是统一，无统一则不可能有团结。在当代西方，无论是差异性团结理论，还是同一性团结理论，都没有很好地解决社会团结问题。差异性团结理论和同一性团结理论，都有与主体性相关的困惑，只有既克服主体性的弊端又保留主体性的精华，从主体性走向主体间性，团结问题才能得到较好地解决。尽管主体间性社会团结理论具有撇开客体中介、无视主客体关系等缺陷，但它对我国民族团结建设仍有重要启发意义。

（一）基于主体间性的当代西方社会团结理论

主体间性指的是主体的复数化以及复数主体之间相互交往的问题。人与动物的一个重要区别在于，人类能创造出主体间（intersubject）事实（如民族、国家、公司等），从而实现大规模合作。[①]

[①] 〔以色列〕尤瓦尔·赫拉利：《未来简史》，林俊宏译，中信出版集团2017年版，第105~133页。

"主体间"既指主体和主体之间,也指主体和主体共存。"主体间"之"主体",可能是个人,也可能是人群。"主体间"的团结指的是人与人之间、人群间的和谐与紧密关系。西方讲主体间性的伦理学家,早期有费希特、黑格尔等,当代有哈贝马斯、查尔斯·泰勒、霍耐特、罗蒂等。主体间性视角下的社会团结理论包括"交往与社会团结""承认与社会团结""包容与社会团结"等。

1. 交往与社会团结

哈贝马斯是交往行动理论的构建者。"交往"即主体间以语言为媒介而趋向理解的活动,各主体通过交往而达成共识,从而建立起普遍性和统一性。这里,交往的主体是两个或更多具有言语和行动能力的人,交往的形式是各方以恰当的语言进行平等交流和真诚对话,其目标是通过交流和对话达到主体间的彼此理解和意见一致,其功能在于建立融洽和谐的人际关系,其原则是各主体遵守共同的社会行为规范。因此,"交往行为不仅是以语言为媒介、以理解为目的的对话行为,而且还是在行为主体共识基础之上,通过规范调节实现个人与社会和谐的行为。它实质上是行为主体之间以语言为媒介通过没有任何强制性的诚实对话而达到共识、和谐的行为"[①]。

哈贝马斯交往行动理论要解决的一个重要问题就是通过交往促进社会团结。因为自由竞争、追逐私利最大化、价值冲突等,现代社会人际关系趋向紧张、共同体面临分裂危机。哈贝马斯认为,改变这种状况而实现社会团结,就要做到个性化与社会化的统一,为此,人们需通过交往达成共识。"同意和共识表现了社会的团结,或者更准确地说,社会只有是团结的,才能在重大政治

---

① 王凤才:《哈贝马斯交往行为理论述评》,《理论学刊》2003年第5期。

法律制度问题上达成一致同意和共识。对于哈贝马斯，团结不仅是当今社会最重要同时也是最稀缺的资源，而且也是对自由主义之个人主义的矫正。"①

哈贝马斯的交往行动理论主张社会团结应建立在正义基础之上。一方面，哈贝马斯认为共同体很重要，是主体间共享的生活世界，要通过主体间的交往促进共同体的团结，为个人美好生活提供保障。他指出，"每个人对他人都应怀有普遍的团结互助的责任心"，"团结他人，即把他人视作我们中的一分子，是我们共同体中的每一个人的责任"。②另一方面，哈贝马斯又认为正当优先于善，认为"话语伦理学期待的团结仍然在世俗正义范围内"③，维护共同体的利益、加强共同体的团结不能以违反正义准则为代价，不能损害个人自由、侵犯个人权利。哈贝马斯指出，交往的合理性标准是正义，而正义主张妥协和宽容，要求主体之间平等相待和彼此尊重，"每个人都是把其他人当作是我们中间的一员，这样正义同时也就意味着团结"④。哈贝马斯是一位共和主义者，而不是一位社群主义者。社会团结以正义为基础，而不是以共同善为基础，这是共和主义团结观较之社群主义团结观的一个重大区别。

哈贝马斯的交往行动理论对于社会团结建设有多方面的启示。第一，交往是促成社会团结的有效手段。只有通过交往才能建立起主体间的关系，才能在沟通理解的基础上达成价值共识，才能形成共同的意志和团结意识，才能互惠互利、合作共赢。我国56

---

① 姚大志：《何谓正义：当代西方政治哲学研究》，人民出版社2007年版，第416~417页。
② 郭官义编译《哈贝马斯新作问世》，《哲学译丛》1997年第2期。
③ *The Moral Domain: Essays in the Ongoing Discussion between Philosophy and the Social Science*, edited by Thomas Wren, Cambridge, The MIT Press, 1990, p. 247.
④ 〔德〕哈贝马斯：《包容他者》，上海人民出版社2002年版，第31页。

个民族，正是因为长期共处，彼此依赖，相互交往，才逐渐形成紧密团结的中华民族共同体这一实体。第二，交往需使用恰当的语言。语言是最基本的交往媒介，交谈和对话是最基本的交往方式，没有相互沟通的语言，没有交谈和对话，社会交往无从谈起。中国好多少数民族都有自己的语言文字，这是中华民族重要的文化资源和宝贵的精神财富。但是，如果没有共通、共同的语言，各民族成员相互交流就存在困难，中华民族的整体认同也会大打折扣。因此，各民族要树立大局意识和开放观念，在保留传承本民族语言的同时，要大力学习、推广国家通用语言文字，以扫除相互沟通的障碍。就各族群众个人而言，对于兄弟民族的语言文字，不仅要尊重，而且应该学习，因为"学习其他兄弟民族的语言文字，就意味着拥有更加丰富的精神文化生活、更好的发展机会"[①]。少数民族聚居区的汉族干部，为更好地与群众交流，与他们打成一片，也应该学习当地的少数民族语言文字。另外，交往中语言要合适、得体。"良言一句三冬暖，恶语伤人六月寒"，不恰当的语言不仅无法达到理想的交往效果，而且会导致人际关系紧张、破坏团结。第三，交往需尊重共同的规范。首先，规范要得到各方的认可。其次，共同认可的规范要得到遵守。没有共同认可的规范，或者有共同规范而不遵守，就没有和谐秩序和团结局面。新时代中华民族的团结，基于各民族遵从各族人民共同缔造的社会主义政治法律制度，认同作为全民族价值共识的社会主义核心价值观。第四，交往需共建美好生活世界。共同体是交往的场域，是交往各方共同生活的世界。共同体不但需要政治共识、经济互市，而且需要文化繁荣。文化对生活世界的影响很大，文

[①] 国家民委民族理论政策研究室编《中央民族工作会议创新观点面对面》，民族出版社2015年版，第126页。

化塑造精彩纷呈而又团结统一的共同体。新时代在大力加强政治建设、经济建设的同时，要大力加强文化建设。既要传承发展各民族独具特色的文化，又要大力弘扬作为共同文化的优秀儒家文化、中国革命文化、社会主义先进文化等，要用文化丰富人们的生活世界，用文化交往增强中华民族的凝聚力和向心力。第五，交往要以正义为基础。以团结为目的的交往，不是强制，更不是奴役，而是在自愿基础上进行的。交往各方要遵循自由、平等的原则，要相互理解和尊重。新时代要巩固和发展社会主义新型民族关系，进一步夯实民族团结的公正、自由、平等、民主基础。

尽管哈贝马斯的交往理论有重要价值，但它也有缺陷。这种交往理论是建立在解释学和普遍语用学基础上的，从本真的历史唯物主义看，它否认了交往是人类实践的产物，割断了社会交往、精神交往与生产、生活的关系。哈贝马斯认为交往主要是一种精神活动，其实，交往既有物质方面的，也有精神方面的，而且物质交往是最基本的，是第一性的，不能脱离物质生产、物质交往这个现实根基而谈精神交往。他把交往仅仅理解为一种"言语行为"，这就走向了唯心主义[①]。社会实践和现实所需等是语言产生的源泉和动力，"语言也和意识一样，只是由于需要，由于和他人交往的迫切需要才产生的"[②]。"在现实世界中，各个人之间的交往取决于他们的生产方式"[③]，正确理解主体间交往的本质，必须坚持唯物主义，立足客观现实，从物质生产、物质交往实践的角度加以认识。"对主体际问题静思默想、做抽象的直观是无法解决问题的。而只有在实践中，在交往实践中，只有转化为交往实践

[①] 哈贝马斯声称自己在重建历史唯物主义，其实他曲解了马克思的历史唯物主义而走向了唯心主义。
[②] 《马克思恩格斯选集》第1卷，人民出版社1995年版，第81页。
[③] 《马克思恩格斯全集》第3卷，人民出版社1960年版，第455页。

问题，才能获得科学解答。"① 另外，主体之间的交往是以客体为中介的实践活动，但哈贝马斯将其简化成了纯粹的主体间语言交往行为。主体间交往失去了作为中介的客体，抛弃了主体认识和改造客观世界的"主体—客体"向度，以言行事，以知代行，更是走向了交往观的唯心主义。这一缺陷不只存在于哈贝马斯的交往行动理论中，而是普遍存在于当代西方主体间性理论中。

2. 承认与社会团结

承认（recognition）指的是主体之间（个体与个体之间、共同体与共同体之间、个体与共同体之间）在平等基础上相互肯定、同意、认可和确认。承认理论萌芽于费希特，形成于黑格尔。当代社会，它主要体现在泰勒的承认政治和霍耐特的承认思想中。

自笛卡尔以来的近代西方哲学反对神学对人的压制，强调人的主体性。主体性哲学的优点在于突出"我"的地位，激发主体的个性、自觉性和能动性，反对依附、被动、束缚和压迫，缺陷在于认为"我是主体，其余皆客体"。"我是主体，其余皆客体"不仅把自然物视为客体，而且把他人也视为客体，由此便导致了人与人之间的疏离和对立。主体性哲学发展到康德那里，特别重视人，认为要尊重人、维护人的尊严。但是，康德仍持个人原子主义立场，并未提出人类有机体及主体间相互承认的思想。康德之后的黑格尔一方面强调自我与他人的同一，强调人类有机体，认为"我就是我们，而我们就是我"②，另一方面更加重视"他者"，认为自我与他人在相互承认意义上共同规定，认为个体只有"通过它的对方它才是它自己"③。黑格尔这些思想的产生直接受

---

① 任平：《走向交往实践的唯物主义——马克思交往实践观的历史视域与当代意义》，北京师范大学出版社2017年版，第20页。
② 〔德〕黑格尔：《精神现象学》上，贺麟、王玖兴译，商务印书馆2017年版，第138页。
③ 〔德〕黑格尔：《精神现象学》上，贺麟、王玖兴译，商务印书馆2017年版，第135页。

益于谢林和费希特。谢林讲主客体统一的同一性哲学。费希特认为主体的自我意识离不开主体间的相互承认。黑格尔提出了主体间相互承认的思想，不过，这一思想在他那里并未得到充分发展。

查理斯·泰勒高度重视认同，同时，他认为认同要建立在承认的基础上。泰勒指出："我们的认同部分地是由他人的承认构成的；同样地，如果得不到他人的承认，或者只是得到他人扭曲的承认，也会对我们的认同构成显著的影响"，"认同本质性地依赖于我和他者的对话"，① "一个人只有在其他自我之中才是自我。在不参照他周围的那些人的情况下，自我是无法描述的"②。

泰勒认为承认有两种形式，一种是承认不同个体之间有相同点，二是承认不同个体（或不同群体）之间的不同点。从主体间相互承认的角度看，对于前者，泰勒认为要消除偏见和歧视，实现主体之间的平等尊重；对于后者，泰勒认为要尊重差异、包容多样，承认不同主体的独特文化和独特身份认同。这两种承认形式，一种建立在"相同"基础上，另一种建立在"不同"基础上，它们看似矛盾，实则统一。因为主体之间既有相同点，也有不同点，平等既要求同等对待，又要求包容差异。泰勒讲主体间的相互承认，有助于克服同一性和差异性之间的矛盾。

在当代学术界，真正将承认理论发展到高峰的哲学家是霍耐特。霍耐特的承认理论是在黑格尔承认思想和米德心理学基础上发展而来的。米德说："仅当一个主体能够在自己身上产生与他在他者身上刺激起来的表达行为相同的反应时，他才具有关于其行为的主体间意义的知识；只有通过在我自己身上产生对他者行为

---

① 汪晖、陈燕谷主编《文化与公共性》，三联书店，第290页。
② 〔加拿大〕查理斯·泰勒：《自我的根源：现代认同的形成》，韩震等译，译林出版社2001年版，第48~49页。

的反应，我才能意识到我的姿态对他者的意义。"① 霍耐特借助米德社会心理学，批判继承、创造发展了黑格尔的承认概念，并赋予其现代意义。霍耐特认为现代社会主体间的相互承认有三种形式，即爱、法权和团结，它们分别存在于情感领域、法权领域和共同体领域。爱是情感承认，法权是对同等权利和尊严的法律承认，团结是个体对共同体作出的贡献得到共同体及其成员的承认，并且个体对共同体产生休戚与共的情感。个人在爱、法权和团结这三种承认形式中分别形成自信、自尊和自豪，与这三种承认形式相对应的是强暴、剥夺权利和侮辱。霍耐特认为，承认能有效抵御侮辱、反抗任何形式的蔑视和暴力。他指出："与爱、法律和团结相关的承认形式提供了主体间的保护屏障，保护着外在和内在自由的条件，无强制表达和实现个体生活目标的过程就依存于这些条件"②。

承认理论，其直接目标指向建立在道德基础上的共同体的团结。泰勒认为个体之间的相互尊重与平等对待是社会团结的必要条件。团结要求维护他者的尊严，而维护他者的尊严是因为我们都是人。团结要求承认他者的独特性，这是因为主体之间本来就存在差异。泰勒的承认理论，其旨归就是走向共同体，实现共同体的团结。霍耐特认为，与爱和法权相比，关联共同体的团结更重要，"在最初亲近程度上，'团结'可以被理解为一种因主体彼此对等重视而相互同情不同生活方式的互动关系"③。霍耐特强调"他者中的自我存在"，即通过他者给予自己的重视，获得自我肯定和认可，获得共同体认同，从而形成共同体的团结。

---

① 〔德〕霍耐特：《为承认而斗争》，胡继华译，上海人民出版社2005年版，第77页。
② 〔德〕霍耐特：《为承认而斗争》，胡继华译，上海人民出版社2005年版，第181页。
③ 〔德〕霍耐特：《为承认而斗争》，胡继华译，上海人民出版社2005年版，第133页。

3. 包容与社会团结

罗蒂是一位自由主义者，但他又不同于传统的自由主义者，他是一位"反讽"的自由主义者。罗蒂的自由主义一方面捍卫私人领域的个人自由，另一方面又追求公共领域的社会团结。他相信，只有在团结的共同体中，个体才能获得真正的自由和幸福。在罗蒂看来，人类社会的差异、冲突、斗争客观存在，要实现社会团结，人们就要相互理解与包容。

在罗蒂看来，团结即主体间的和谐，而要达到这种状态，就要最大限度地拓宽"我们"的范围，使他者成为"我们"中的成员，即成为"自家人"。罗蒂认为，尽管人们之间存在差异，但与人们遭受侮辱、痛苦的相似感受相比，这些差异不足为道。这就需要人们不断向社会团结的方向前进，"逐渐把别人视为'我们'之一、而不是'他们'"[1]。团结是一种"我们都是一家人"的意识，"每当我使用'团结'一词时，我的意思是，他人和我们自己都是'自家人'，我们感到，打动他们的东西，也会打动我们，因为在某种程度上，我们和他们是一样的"[2]。团结"是'自家人'意识的膨胀。也就是这样一种能力，它日益把时下称作'边缘人'的那类人纳入进来，把他们当做我们的成员之一，包容到我们之中来"[3]。

罗蒂认为，团结的基础是真诚而不是真理。他将人类社会的"协同性"与物理世界的"客观性"对照起来，主张放弃"客观性"、追求"协同性"，而"协同性"即团结（solidarity）。他把视他者如"自家人"的团结"当作我们的唯一的安慰"[4]。在《协

---

[1] 〔美〕罗蒂：《偶然、反讽与团结》，徐文瑞译，商务印书馆2003年版，第10页。
[2] 〔美〕罗蒂：《偶然、反讽与团结》，徐文瑞译，商务印书馆2003年版，第382页。
[3] 〔美〕罗蒂：《后形而上学希望》，张国清译，上海译文出版社2009年版，第382页。
[4] 〔美〕罗蒂：《哲学和自然之镜》，李幼蒸译，三联书店1987年版，第420页。

同性还是客观性》一文中，罗蒂指出，如果非要保留"客观性"这一概念，其目的也是团结，即"渴望得到尽可能充分的主体间的协洽一致，渴望尽可能地扩大'我们'的范围"[①]。

罗蒂认为，想象力、创造力和敏感性是人类团结的要件。他指出，达到团结目标，"不是透过研究探讨，而是透过想象力，把陌生人想象为和我们处境类似、休戚与共的人。团结不是反省所发现到的，而是创造出来的。如果我们对其他不熟悉的人所承受痛苦和侮辱的详细原委，能够提升感应相通的敏感度，那么，我们便可以创造出团结"[②]。

罗蒂认为，人有同情心，人的同情心促成人类团结凝聚。因为有同情心，所以人类会主动远离残忍、苦难，对残忍、苦难等产生痛苦感和厌恶感。团结源于情感而非理性，团结就在于对残忍以及对他人遭遇的苦难等进行想象、同情与同感，"依赖于同情心暗示，而非依赖于理性命令，也就是把强者渐渐停止压迫他人或者渐渐停止支持压迫他人看作仅仅是出于善良，而不是出于对道德法则的遵从"[③]。罗蒂用同情心化解冲突，包容他者，不断扩大"我们"的范围，将他者融入"我们"的共同体中来。

社会团结离不开主体间的相互理解和包容，罗蒂讲如何包容他者，使他者成为"自家人"，从而达到社会团结，具有重要的理论和现实价值。但是，这种思想也是脆弱的，究其原因，它只从人性、人类情感中寻找团结的根据，而对社会制度、社会基本结构等缺乏敏感性，"罗蒂团结思想的最大不足在于没有从社会基本

[①] 〔美〕罗蒂：《哲学和自然之镜》，李幼蒸译，三联书店1987年版，第410页。
[②] 〔美〕罗蒂：《偶然、反讽与团结》，徐文瑞译，商务印书馆2003年版，第9页。
[③] 〔美〕罗蒂：《后形而上学希望》，张国清译，上海译文出版社2009年版，第311页。

制度方面来探讨人类克服苦难的根本办法"[①]。

(二) 当代西方主体间性团结理论对我国新时代民族团结的启示

人是目的性的存在，人具有能动性，人与人之间的关系、人群与人群的关系不同于人与自然物的关系，如果用传统的"主体—客体"思维模式处理人际关系，就会造成人的异化、人际关系的紧张。"主体—主体"思维模式避免了在多极主体中，主体把其他主体当作客体。尽管当代西方主体间性团结理论具有撇开客体中介、无视主客体关系等缺陷，但它们对我国社会团结、民族团结建设仍有重要启发意义。

从发展史的角度看，社会团结依次经历了"差序团结—契约团结—交互团结"这三种范式的转变。差序团结即由家庭成员的团结以同心圆的方式逐步扩展到各社会成员的团结。随着同心圆的扩大，凝聚团结的力量也不断减弱。契约团结即资本主义自由主义倡导的建立在契约关系基础上的团结。契约团结因利而生，当然也会因利而亡。交互团结即以主体间的交流互动为基础的团结。交互团结中，各主体互相尊重、互为目的和手段。在当代西方伦理学中，无论是哈贝马斯的"交往"、泰勒和霍耐特的"承认"，还是罗蒂的"包容"，其目标都是妥善处理主体与主体之间的关系，从而达到社会团结。这些都属于超越差序团结、契约团结的交互团结范式。交往是主体之间的交互性意识活动。人具有社会性，人类的生存离不开交往，人们在交往中通过对话、商谈等方式寻求协调与合作，达到理解和共识，从而形成团结关系。承认乃主体之间的相互尊重与平等对待。为了获得他者的承认，必须承认他者。团结即人们在共同体中相互承认而形成良性互动关

[①] 钭利珍、傅丽红、张国清：《共情和包容——罗蒂团结思想诠释与批评》，《浙江社会科学》2019年第6期。

系。包容即接受差异、容忍多元。包容需要同情和想象——站在他人的角度设身处地地想问题。在公共生活中，多一些包容和同情之心，尽最大努力避免人身攻击和残暴行为，力求把他者变成"我们"，团结的凝聚力就会与日俱增。尽管详细阐释主体间性理论的是哈贝马斯、霍耐特等当代西方学者，但主体间性的基本精神，无论在马克思的交往实践理论中，还是在中国古代思想家的"仁""己欲立而立人，己欲达而达人""己所不欲，勿施于人""兼相爱，交相利"等论述中，都早已存在。在我国现当代，我们要汲取主体间性的思想精华，从理论和实践上促进社会团结。

我国是由56个民族组成的中华民族大家庭，批判性地吸收当代西方的主体间性理论，创新发展具有中国特色社会主义的主体间性思想和观念，并且将其用于我国的民族团结建设，这是必要和可行的。

首先，要以民族交往促进民族团结。民族关系是各民族在交往互动中形成的。各民族之间如果互不往来，就无法相互了解而形成共识，更无法互通有无、互补共进。改革开放和社会主义市场经济为民族交往提供了大好机遇，各民族要抓住机遇通过交往促进自身的发展，通过交往增强中华民族的凝聚力。信息化、网络化的发展为民族交往提供了新平台，要利用好网络平台增进民族了解、加深民族情感，把网络建成民族交往之网。

其次，要以相互尊重和平等对待促进民族团结。各民族存在差异，民族团结的前提是尊重相互之间的差异性。文化差异是最重要的民族差异，其直接表现是风俗习惯的不同。民族交往中，各民族要尊重其他的风俗习惯，而不能以自己的好恶来对待其他民族的习俗。民族之间要平等相待，作为国家和政府在处理民族关系时，要"相同的情况相同对待，不同的情况不同对待"，即一方面要同等尊重各民族，切实保障各民族的权益，另一方面要帮助民族地区尤其要帮助后进民族发展生产力，缩小各地区、各民族之间经济差距。

最后，要以包容之心促进民族团结。包容不是否定自己接受他者，也不是化他者于自身之中或拒他者于自身之外，而是异中求同，同中容异，"同则相亲，异则相敬"（《礼记·乐记》）。包容要求以平和、宽厚、同情之心对待他者，把他者当成"自家人"。"泰山不辞土壤，故能成其高""海纳百川，有容乃大"，每个民族要有广阔的胸襟，要在自主、平等的基础上，包容、尊重其他民族的差异，与其他民族和谐相处，关爱、同情其他民族，反对唯我独尊、盲目排外，反对任何形式的歧视和侮辱。我国是多民族国家，各民族的文化传统、风俗习惯、宗教信仰等不尽相同，这就需要将心比心，以包容的态度接纳、尊重不同的文化，促进民族团结。如果每个民族都把其他民族当成"自家人"，那么中华民族就能形成一个统一、和睦、温馨的"大家庭"。

民族团结是我国各族人民的生命线，我们建设民族团结，既要坚持马克思主义基本导向，又要善于借鉴国外积极的学术成果。"主体间性"意味着交往主体之间的沟通互动、彼此承认、包容他者等，"主体间性"包含着丰富的处理民族关系的理论和思维，要通过比较、对照、批判、吸收、升华等，对其加以利用，为巩固和创新发展我国新时代的民族团结提供思路和方法。

第 四 章
新时代民族团结的理论伦理探索

理论是实践的先导，思想是行动的指南，中国共产党向来注重理论武装和思想引领。党领导的我国新时代民族团结，在实践基础上构建的科学理论体系理论深刻、思想深邃。正是因为这个理论体系完整、严谨、现实可行而又充满道义，才指导我国新时代民族团结实践取得重大创新与成就。从伦理视角探索新时代民族团结的伦理地位、伦理基础和伦理方法等，有助于增强维护民族团结的自觉、凝聚维护团结的合力，并思路清晰、突出重点、有的放矢、精准发力做好民族团结工作。

第一节 新时代民族团结的伦理地位

团结意味着合力，蕴含着情感，代表着秩序，体现着"善"与美好。人是群体性动物，要合作共存，这一基本事实决定了团结的重要伦理价值。问题是，放眼当今国际社会以及西方自由主义国家，人们相互疏远、斤斤计较、各行其是，甚至进行你死我活的斗争，团结现状令人担忧，团结前景不容乐观。因此，大卫·霍林格（David A. Hollinger）合理假定，"21世纪的最大问题是团结问题，亦即，有意联合的问题"①。

我国是由汉族及55个少数民族组成的统一多民族国家。少数民族有1亿多人口，近60%居住在边疆省区。民族自治地方地域辽阔，占国土面积的64%。② 在这种特殊的国情下，民族团结关乎国家的长治久安，关乎各族人民的和谐幸福。毛泽东指出："国家的统一，人民的团结，国内各民族的团结，这是我们的事业必定要胜利的基本保证。"③ 邓小平指出："没有各民族团结，就谈不上巩固社会秩序，谈不上国防，同样也谈不上国家建设。"④ 习近平指出："中华民族一家亲，同心共筑中国梦，这是全体中华儿女的共同心愿，也是全国各族人民的共同目标。实现这个心愿和目标，离不开全国各族人民大团结的力量。"⑤ 团结就是力量，越是紧密团结越能产生强大的力量。实现中华民族伟大复兴需要凝心聚力，需要全体中国人同心同德、群策群力，需要各民族在理想、信念、情感、文化上团结统一。对此，习近平指出："实现中国梦必须凝聚中国力量。这就是中国各族人民大团结的力量。"⑥ 新时代开启了全面建设社会主义现代化国家、全面推进中华民族伟大复兴的新征程。在此前进征程中，须臾离不开全国各族人民的大团结。正是因为如此，党的二十大报告的开头和结尾都强调"为全面建设社会主义现代化国家、全面推进中华民

---

① 李义天主编《共同体与政治团结》，社会科学文献出版社2011年版，第184页。
② 参见国家民族事务委员会编《中央民族工作会议精神学习辅导读本》增订版，民族出版社2019年版，第17~18页。
③ 《毛泽东文集》第7卷，人民出版社1999年版，第204页。
④ 中共中央文献研究室、中共重庆市委员会编《邓小平西南工作文集》，中央文献出版社、重庆出版社2006年版，第276页。
⑤ 《中华民族一家亲　同心共筑中国梦》，《人民日报》2015年10月1日。
⑥ 《习近平谈治国理政》第1卷，外文出版社2018年版，第40页。

族伟大复兴而团结奋斗"①。

民族团结事关国泰民安,它是中华民族的最高利益,是各民族人民的生命线,是民族大义。民族团结的主体是人民,新时代民族团结工作要以人民为中心,紧紧依靠人民共同维护共同创建,一切为了人民的美好幸福生活。

一 民族大义:民族团结的伦理定性

"义"的繁体字为"義",即己之威仪、威严。"義"从羊从我,其上半部分"羊",表示祭牲;其下半部分"我",表示执干戈的仪仗,或手执兵器以保卫财产。"义者,宜也"(《礼记·中庸》),"义"即行为的应当或适宜的标准。对此,东汉史学家班固讲,"义者,宜也,决断得中也"(《白虎通·性情》);唐代文学家韩愈讲,"博爱之谓仁,行而宜之谓义"(《原道》);宋代理学家朱熹讲,"义者,行事之宜"(《孟子集注·告子章句上》)。"义"包括"情义""正义"等。"情义"意味着社会伦理意义上的人情、恩情、义理、道义,它不仅指亲戚、朋友、同志之间应有的情感和友谊,而且指个人甘愿为他人、社会和国家作出奉献和牺牲。"正义"意味着正直、正当与合宜、合理,它不仅指正气凛然、端正无邪,而且指不偏不倚、恰当得体。"义"蕴含着真善美,既合规律性又合目的性,是评判是非善恶的基本价值准则。"义"在中华民族的道德体系中,与"仁""礼""智""信"合称为"五常",是起主导作用的道德价值观。

"义"是社会存在的基础。中国古代思想家墨子认为,"天下有义则治,无义则乱"(《墨子·天志》),即天下的事合乎义才能

---

① 习近平:《高举中国特色社会主义伟大旗帜 为全面建设社会主义现代化国家而团结奋斗——在中国共产党第二十次全国代表大会上的报告》,人民出版社2022年版,第1、71页。

安定，不合乎义就会动乱。西方近代伦理学家亚当·斯密指出："正义犹如支撑整个大厦的主要支柱。如果这根柱子松动的话，那么人类社会这个雄伟而巨大的建筑必然会在顷刻之间土崩瓦解"[①]。意思是，社会这座大厦最重要的基石和支柱是正义，离开正义则社会不复存在。

正义把公共利益、社会大义放在崇高的位置。《现代汉语词典》将"正义"解释为："公正的、有利于人民的道理或事业。"古希腊哲学家亚里士多德指出，"政治学上的'善'就是正义，正义以公共利益为归依"[②]。近代英国哲学家休谟也曾指出，"公共利益是正义的惟一源泉"[③]。正义，从社会角度来说，要求制度、体制、政策、措施等恰当合理；从个人角度来说，要求个人自觉维护社会公共利益、努力投身社会公益事业。

中国人向来主张公义，并将公义视为大义。《诗经》中讲"夙夜在公"（《诗经·召南·采蘩》），认为夜以继日地忙于公务、公事是一种高贵的道德品质。《尚书》中讲"以公灭私，民其允怀"（《尚书·周官》），认为以公心灭私情，民众才会心悦诚服。《礼记》中讲"大道之行也，天下为公"（《礼记·礼运》），认为天下应该为所有人共有。《韩非子》中讲"去私心行公义"（《韩非子·饰邪》），认为要去私行公，维护国家利益。西汉贾谊提出"国耳忘家，公耳忘私"（班固《汉书·贾谊传》），主张舍弃个人私利，一心为国为公。北宋范仲淹提出"先天下之忧而忧，后天下之乐而乐"，寄托了他天下为公、以天下为己任的政治抱负。北宋张载以"横渠四句"——"为天地立心，为生民立命，为往圣

[①] 〔英〕亚当·斯密：《道德情操论》，蒋自强等译，商务印书馆1997年版，第106页。
[②] 〔古希腊〕亚里士多德：《政治学》，吴寿彭译，商务印书馆1965年版，第150页。
[③] 〔英〕休谟：《道德原理探究》，王淑芹译，中国社会科学出版社1999年版，第13页。

继绝学，为万世开太平"，表达其人生志向、历史使命感和担当精神。明末清初顾炎武提出"保天下者，匹夫之贱与有责焉耳矣"（《日知录·正始》），认为国家的兴盛与衰亡，每个人责无旁贷。明末清初王夫之认为个人应当树立"以身任天下"（《读通鉴论》卷二十八）的人生观，应当立"以自任天下"的无私之志，把个人同天下的安危联系起来，使个人私利服从天下公利。清末林则徐提出"苟利国家生死以，岂因祸福避趋之"（《赴戍登程口占示家人》），认为为了国家、民族利益，可以牺牲个人生命。清末时期梁启超撰写《新民说》，认为："有益于群者为善，无益于群者为恶；无益而有害者为大恶，无害亦无益者为小恶。"（《新民说·论公德》）在他看来，"利群"方能称得上伦理之"善"。稍微翻阅一下中国的历史和文学便可发现上述类似表述不胜枚举。可以说，重视整体利益、国家利益和民族利益，要求公义胜私欲，是中华传统美德最重要、最基本的精神。

中华民族利益高于一切。它既是中华民族共同体的整体利益，也是组成这个共同体的每个民族成员的利益。中华民族利益是各民族的公共利益，在中华民族利益中，除了各民族的利益外，它没有额外的、特殊的利益。中华民族利益是最高贵和最高尚的，从责任伦理角度看，各民族的其他利益都要服从或服务于这个利益。当然，各民族的正当权益也不能忽略，"要在实现好中华民族共同体整体利益进程中实现好各民族具体利益"[1]，要将各民族多种多样、方方面面的利益与中华民族的整体利益融为一体。这就要求坚定马克思主义、共产主义信仰，坚定中国特色社会主义信念，以集体主义、社会主义核心价值观为价值引领，以实现社会

---

[1] 《习近平谈治国理政》第4卷，外文出版社2022年版，第246页。

主义现代和中华民族伟大复兴为共同奋斗目标，以共同富裕、共同当家作主、建设共有精神家园等为各方面的具体实践。

中华民族大团结是中华民族之大义。民族团结即各民族的和睦与凝聚，它要求各民族之间友好相处，互谅互让，并要求各民族同心同德，为实现共同利益而奋斗。民族团结既体现为各民族之间互助友爱、患难与共的兄弟情义，也体现为顾全大局、舍小我成大我、维护团结统一的民族公义。我国实行民族区域自治制度，是为了有效保障少数民族人民的权利。但要注意，"自治"的前提和基础是"统一"。"团结统一是国家最高利益，是各族人民共同利益，是实行民族区域自治的前提和基础。没有国家团结统一，就谈不上民族区域自治。"[1] 享有自治权的地方，很多是多个民族杂居，或处于祖国边疆，因此不仅要自觉维护团结统一，而且在维护团结统一方面肩负着更大的责任。对于我们这样一个多民族国家来说，没有团结统一，就没有社会的和谐与稳定；没有团结统一，就无法实现中华民族的伟大复兴。正因为如此，习近平生动形象、简洁直观地指出，"民族团结是我国各族人民的生命线"[2]，要"像爱护自己的眼睛一样爱护民族团结，像珍视自己的生命一样珍视民族团结，坚决反对一切不利于民族团结的言行"[3]，要"引导各民族始终把中华民族利益放在首位"[4]。"天下之大义，当混为一"（班固《汉书·陈汤传》），中华民族历来注重一统，新时代要筑牢团结统一的铜墙铁壁，秉持、坚守和坚决

---

[1] 《习近平谈治国理政》第2卷，外文出版社2017年版，第300页。
[2] 国家民族事务委员会编《中央民族工作会议精神学习辅导读本》增订版，民族出版社2019年版，第73页。
[3] 国家民族事务委员会编《中央民族工作会议精神学习辅导读本》增订版，民族出版社2019年版，第92页。
[4] 《习近平谈治国理政》第4卷，外文出版社2022年版，第246页。

捍卫民族大义。

二　人民幸福：民族团结的伦理定位

中华民族自古以来就团结统一，这与崇尚和践行"民为邦本"的民本主义思想有很大关系。中国古代的民本思想表现在政治、经济、文化、社会生活等各方面。政治方面，表现为要爱民、重民、贵民、敬民、亲民、养民、安民，实施仁政和王道政治。比如，大禹认为"德惟善政，政在养民"（《尚书·大禹谟》），在他看来，政德是最好的政治，而最好的政德就是让老百姓生活得美好。又如，孟子认为民贵君轻，要求统治者行仁政、忧民之忧、与民同乐，他指出："桀纣之失天下也，失其民也；失其民者，失其心也。得天下有道：得其民，斯得天下矣。得其民有道：得其心，斯得民矣。得其心有道：所欲与之聚之，所恶勿施尔也。"（《孟子·离娄上》）经济方面，表现为要利民、济民、富民，使老百姓生活富足。比如，鲁哀公向孔子请教治国之策，孔子认为要"使民富且寿"（《孔子家语·贤君》）。又如，管子认为"凡治国之道，必先富民"（《管子·治国第四十八》）。文化方面，表现为要教民、化民、育民，使社会风气良好。比如，孔子讲："道之以政，齐之以刑，民免而无耻。道之以德，齐之以礼，有耻且格"（《论语·为政》）。又如，孟子讲："善政不如善教之得民也。善政民畏之，善教民爱之。善政得民财，善教得民心。"（《孟子·尽心上》）社会生活方面，表现为要关注和改善民生，照顾弱势群体，避免贫富分化。比如，孟子讲："是故明君制民之产，必使仰足以事父母，俯足以畜妻子，乐岁终身饱，凶年免于死亡。"（《孟子·梁惠王章句上》）又如，《三国志》中写道："民者，国之根也。诚宜重其食，爱其命。民安则君安，民乐则君乐"（《三国志·吴书》)。再如,孔子认为:"不患寡而患不均,不患贫而患不安。盖均无贫,和无寡,安无倾"(《论语·季氏》)。

人民幸福是中国共产党治国理政的重要价值追求。《共产党宣言》强调,"无产阶级的运动是绝大多数人的,为绝大多数人谋利益的独立的运动"①,《中国共产党章程》明确规定,党的根本宗旨是全心全意为人民服务。一百多年来,中国共产党始终把为人民谋幸福作为自己的责任和使命。习近平总书记指出,人民对美好生活的向往是我们党永远的奋斗目标,"必须坚持以人民为中心的发展思想,不断促进人的全面发展、全体人民共同富裕"②,要以人民满意为标尺,以造福人民为最大政绩,要为人民群众着想,让人民生活更加幸福美满。以人民为中心的思想,强调"发展为了人民、发展依靠人民、发展成果由人民共享"③,重视人民的积极性、主动性和创造性,彰显了人民的主体地位和人民至上的价值取向。

新时代民族团结的重要目标指向和价值旨归是广大人民群众的幸福安康。首先,社会团结稳定是各族人民幸福安康的前提。回顾历史,凡是分裂动乱、民族纷争的时代,必是人民遭殃、生灵涂炭,而在政通人和、民族团结的时代,人民便安居乐业、百业兴旺。正因为如此,习近平指出:"团结稳定是福,分裂动乱是祸。"④ 民族团结和社会稳定意味着秩序和安全,是增进民生福祉、不断提高广大人民群众生活质量的先决因素,任何时候都要牢牢把握好这个关键。其次,民族团结会结出各民族共同幸福的甜蜜

---

① 《马克思恩格斯文集》第 2 卷,人民出版社 2009 年版,第 42 页。
② 《习近平谈治国理政》第 3 卷,外文出版社 2020 年版,第 15 页。
③ 《习近平谈治国理政》第 2 卷,外文出版社 2017 年版,第 200 页。
④ 中共中央文献研究室编《习近平关于社会主义政治建设论述摘编》,中央文献出版社 2017 年版,第 148 页。

果实。在一个大家庭中，人们美好幸福的生活来源于共建共享。各民族相亲相爱，相互交往交流交融，相互支持和帮助，在团结奋斗中增进兄弟情谊，在相互分享文化与文明中收获快乐与满足。这种民族大家庭的幸福远远胜于单个民族的幸福。最后，民族团结的落脚点是实现各民族的共同富裕。由于历史、自然条件等多方面的原因，民族地区的基础教育、公共卫生、社会保障、文化事业等相对落后。如果各民族亲如一家，像石榴籽一样紧紧抱在一起，富裕地区的人民群众就会赞同国家对民族地区的大力扶持，就会主动帮助民族地区的同胞发展生产力、改善生活环境、提升教科文卫水平。2021 年中央民族工作会议指出："要支持民族地区实现巩固脱贫攻坚成果同乡村振兴有效衔接，促进农牧业高质高效、乡村宜居宜业、农牧民富裕富足。要完善沿边开发开放政策体系，深入推进固边兴边富民行动。"[1] 总之，新时代民族团结从目标定位上说，就是以人民为中心，一切为了人民，一切依靠人民，努力让各族人民的生活越来越幸福。

第二节　新时代民族团结的伦理基础[2]

中华民族是一个成员众多的共同体，民族团结是其繁荣兴盛、永续发展的前提和保障。个体组成的共同体，其团结要义有二，一是个体间和睦友爱，二是共同体凝聚统一，两者各有侧重但相辅相成。民族团结"就是把分散的不同的民族联合起来，使之成为彼此具有相互依存的良性互动关系，并形成更大民族共同体的

---

[1] 《习近平谈治国理政》第 4 卷，外文出版社 2022 年版，第 247 页。
[2] 其中部分内容为已发表的国家社科基金课题"新时代民族团结的伦理研究"（18BZX127）阶段性成果（杜帮云：《中华民族大团结的伦理基础及其夯实方略》，《道德与文明》2022 年第 6 期）。

过程和状态"①。伦理旨在规范、调控人际、人群关系，以达到社会和谐有序与合作进步之目的。民族团结需要夯实伦理基础。这种伦理基础表现为，在民族共同体中如何理顺个体与共同体的关系、如何加强个体之间的有机联系、如何凝聚全社会的最大价值公约数等。简言之，巩固和加强民族团结需从伦理上筑同心、强关系、聚共识。新时代民族团结的伦理基础可概括为：集体意识，即中华民族共同体意识；交互关系，即石榴籽型族际亲和关系；价值共识，即社会主义核心价值共识。

一　集体意识：中华民族共同体意识

集体是若干个体为实现一定的目的、按一定的方式联合起来的有机整体。这些个体即集体成员。集体意识是集体在集体成员头脑中的反映，或曰集体成员对集体的观念性看法。集体意识包括认知和认同两个方面。对集体的认知，即对集体的性质和目标、功能和结构、历史和文化等的认识和感知。对集体的认同，即从心理和情感上依附集体，从而对集体的共同利益、价值导向、政治主张等认可和同意。认知和认同，前者更侧重事实判断，后者更侧重价值判断；前者是后者的基础，后者是前者的自然发展。在一个集体中，集体成员与集体是要素与系统的关系。系统不是要素的机械堆砌或简单相加，因为它除了有各组成要素之外，还有要素与系统之间、要素与要素之间的关联。正是这种关联，使得在很多情况下系统大于各要素相加之和。这种有机联系（"关联"）产生集体的特殊力量或"超越"功能。集体意识强的成员会认识到自己和集体是"小我"和"大我"的关系——自己既是

---

①　郑杭生：《民族团结与和谐社会建设》，《创新》2009 年第 12 期。

集体的一员，又离不开集体，为集体就是为自己。集体意识表现在个体行动上，即个体理解和自觉拥护集体作出的决定，遵守集体规范，服从集体管理，对集体负责，为集体的发展贡献力量，等等。

共同体是人们在"共同"条件下通过相对稳定的联系而结成的集体，中华民族是我国各民族在长期历史发展中形成的民族有机统一体。在由若干个体组成的非虚假的共同体中，一方面，共同体离不开个体，每个个体的自由发展是共同体繁荣兴盛的条件；另一方面，个体离不开共同体，只有在优良的共同体中个体才具备自由全面发展的条件。中华民族作为"多元一体"的实体，与各民族是一个大家庭和家庭成员的关系。大家庭的兴旺昌盛离不开各家庭成员的努力和贡献，各家庭成员又以大家庭为依靠和归属。共同体是"异"和"同"的辩证统一体。共同体之"异"表现为，在共同体内部，人们在语言、习俗、服饰等方面不尽相同，需尊重差异、包容多样。共同体之"同"表现在，人们生活在同一片土地上，有共同文化、共同利益、共同情感、共同理想等。而且，这种"同"越多，共同体的凝聚力就越强。民族是一种具有较多"同"的相对稳定的人群共同体。中华民族共同体中的各成员拥有共同的历史记忆、伦理道德、社会心理、身份认同和理想追求等。

意识根植于实践，人们在实践中自觉反思、表达共同体意识或集体意识。中华民族意识是"谓对他而自觉为我，凡遇一他族而立刻有'我中国人'之一观念浮于其脑际者，此人即中华民族之一员也"[1]。中华民族共同体意识是溯源历史、立足现实实践、

---

[1] 张品兴主编《梁启超全集》第6册，北京出版社1999年版，第34~35页。

放眼未来而对中华民族共同体的认知和认同。从认知方面看，要深刻认识到中华民族从过去到现在都是由多个民族组成的有机统一整体。这个共同体既有古老辉煌的历史和悠久灿烂的文明，又在近代饱受帝国主义列强入侵并且各族人民同仇敌忾、共御外侮。中国共产党成立后，各族人民在党的带领下推翻了"三座大山"，建立了社会主义新中国。今天这个民族正朝着实现社会主义现代化和伟大复兴的宏伟目标奋勇前进。我国各族人民有着共同的光荣和梦想，共同的悲戚和痛楚，"中华民族是一个命运共同体，一荣俱荣、一损俱损"[1]。从认同方面看，要深切认同中华民族共同的历史、文化、制度、理想等。历史是民族安身立命之基，它承载着世世代代的人民对国家的深厚情谊，钱穆先生讲："欲其国民对国家有深厚之爱情，必先使其国民对国家已往历史有深厚的认识。"[2] 历史镌刻着民族文化基因，诉说着民族悲喜故事。文化是民族最重要的象征，是民族的"根"和"魂"，文化认同是最深层和最持久的认同。培育中华民族共同体意识，关键在于传承和发展中华优秀文化，增强各族人民的中华文化认同。这些优秀文化，从纵向看，既包括传统文化，也包括现代文化；从横向看，既包括汉族文化，也包括各少数民族文化；从结构看，既包括精神文化，也包括物质文化。精神文化，如天下为公思想、爱国主义精神、仁爱美德、礼仪风范、家国情怀等，是最有影响力的，它们渗透、体现在各种物质文化中。文化认同不仅自身非常重要，而且具有基础作用。文化认同尤其是贯穿于各民族、亘古通今的精神文化的认同实现了，民族认同、历史认同、社会认同、政治

---

[1] 国家民族事务委员会编《中央民族工作会议精神学习辅导读本》增订版，民族出版社2019年版，第23页。
[2] 钱穆：《国史大纲》修订本上册，商务印书馆1996年版，第3页。

认同等共同体的其他认同才能巩固和持续。

中华民族整体团结的思想前提是我国各族人民牢固树立中华民族共同体意识。团结指的是"人们为了实现共同的利益和目标，在信念上一致和在行动上统一的相互关系和行为规范。与它对立的是'分裂'。"① 团结与共同体天然联系，一方面，团结关系往往形成于共同体成员之间，它整合了共同体中的"我们"，并与共同体外的"他人"或"他们"相区分；另一方面，共同体要以团结求奋进，产生团结的力量从而履行共同职责、完成共同任务、实现共同心愿。中华民族的团结即中华各民族联合起来，凝聚成更大更强的民族共同体，在对付外来势力或自然灾害时，勠力同心、共克艰难、无坚不摧、无往不胜；在民族大家庭中手足相亲、守望相助、踔厉奋发、勇毅前行。相反，如果各民族各行其是、事不关己、袖手旁观，一方面就会因为缺乏"关联"导致一盘散沙，不仅无法产生集体的那种特殊力量或"超越"功能，而且在抵御外敌中不堪一击，在抗击天灾中无能为力；另一方面就会因为主客观条件的差异，缺少整体协调和互助互济而导致民族之间的发展不平衡、贫富悬殊，从而产生民族的隔阂与矛盾。分裂是团结的反面，要坚决维护团结反对分裂。我国作为统一的多民族大国，有维护自己领土完整的高度警惕性和神圣职责。如果有人打着"独立"的旗号逆势而为，国家和人民必然要开展"反分裂"的斗争，给予民族分裂分子以沉重的打击。合则利分则伤，合则荣分则损，团结是福分裂是祸，唯有各族人民团结得像一块坚硬的钢铁，中华民族才有乘风破浪、扬帆远航的强大动力。

新时代加强民族团结的中心工作是打牢中华民族共同体的思

---

① 宋希仁等：《伦理学大辞典》，吉林人民出版社1989年版，第376页。

想基础，即铸牢中华民族共同体意识。今天，我们肩负着捍卫国家主权和领土完整、实现祖国完全统一、维护意识形态安全、应对外部打压遏制、解决"卡脖子"难题、满足人民日益增长的美好生活需要等重任。意识具有能动作用，先进的社会意识能促进社会发展。中华民族共同体意识能为中国社会的发展提供精神动力和凝聚力量。铸牢中华民族共同体意识有助于反对民族分裂、维护国家统一，有助于增强各族群众的民族认同、文化认同和政治认同，有助于凝聚各民族的力量实现国家富强和民族振兴，有助于激励中华儿女心怀大我、建设科技强国，有助于各族人民手牵手共同创造幸福美好的生活。集体意识或共同体意识作为一种社会心理形式，是"社会成员平均具有的信仰和感情的总和"[①]，中华民族共同体意识是全体中国人民共同信仰和情感的总和，只要有坚定的民族信仰和浓郁的民族情感，哪怕一些极端宗教主义者和狂热的政治野心家煽动、鼓吹"独立""分裂"，多数人也不会受其蛊惑。"团结只能从集体共同的目标中产生出来"[②]，实现国强民富和中华民族雄于世界是近代以来无数中国人不懈奋斗的共同目标，从这样的共同目标中必然产生出团结奋进的巨大动力，促使人们自觉肩负起自己的民族责任和使命。"共同体是一个'温馨'的地方，一个温暖而又舒适的场所。它就像一个家（roof），在它的下面，可以遮风避雨；它又像是一个壁炉，在严寒的日子里，靠近它，可以暖和我们的手。"[③] 在中华民族共同体的发展进程中，每个民族每个人葆有强烈的集体责任感和身份归宿意识，共同体秉持各民族各个人"一个都不能少，一个都不能掉队"的

[①]〔法〕埃米尔·涂尔干：《社会分工论》，渠敬东译，三联书店2017年版，第42页。
[②]〔德〕阿克塞尔·霍耐特：《为承认而斗争》，胡继华译，上海世纪出版集团2005年版，第185页。
[③]〔英〕齐格蒙特·鲍曼：《共同体》，欧阳景根译，江苏人民出版社2007年版，第2页。

理念，大家携手共建美丽家园、共享幸福生活和祖国荣光，山河无恙、国泰民安，社会主义现代化强国目标的实现便指日可待。

二 交互关系：石榴籽型族际亲和关系

辩证思维和系统思维是马克思主义极其重要的思想方法。根据辩证法和系统论的相关原理，凝聚和优化系统，一方面要从整体上下功夫，也就是，将各要素整合成功能强大的系统。另一方面要从内部结构上下功夫，也就是，加强系统中要素和要素之间的联系。巩固和加强民族团结，各民族要自觉树立"中华民族共同体"的集体意识或整体意识，使得系统越来越强大。另外，在中华民族共同体中，民族之间要建立优良的交互关系，即加强各民族间的交往交流交融，形成像石榴籽那样紧紧抱在一起的族际亲和关系，使得要素和要素之间的关联牢不可破。

亲和即亲近和合。"亲近"乃"亲密接近、亲密无间、亲如一家"之意，与之相对的是"疏远""隔阂""冷漠""分离"等。要亲近，就得心存仁善、能近取譬、宽容大度，与对方接触往来、沟通互动。"和合"包括"和"与"合"两个方面："和"即"和谐""和善""和处"等；"合"即"合作""合聚""融合"等。"和合"既承认差异性和多样性，又强调一致性和同一性，它以承认差异和多样为基础和前提，以达到同一、融合、共存、共进为目标和归宿。"亲近"与"和合"紧密联系，一方面，无论是"亲近"还是"和合"，都离不开互促互动、互谅互让、团结凝聚；另一方面，"亲近"是"和合"的前提，"和合"是"亲近"的结果。

新时代民族与民族的"亲和"是主体间的亲近和合，这就需要各民族树立主体间意识。"主体间"即主体和主体之间的关系，而非主体和客体之间的关系。在世界某些地方或我国旧社会某些时期,一些民族往往视自己为主宰者、绝对者,把另一些民族当作控制、奴役和征服的对象,对其实施"压迫性"权力,也就是把自己当作主体而把它者当作客体,由此所形成的不是民族之间本该有的"主体间"关系,而是类似"人—物"的主客体关系,是一种建立在暴力甚至蔑视、侮辱基础上的"我""它"绝对对立关系。"主体—客体"二元对立模式下,即使有所谓的民族"亲和"关系,它也不具有主动性、真诚性和真实性。新中国成立后,在社会主义公有制经济基础上,党和政府实行了民族平等政策,从政治法律上规定了各民族没有高低贵贱之分,都是中华民族共同体的平等成员。这样,各民族无论大小、强弱,都是平等的主体,民族和民族之间是主体和主体的关系。基于这种关系,各民族要树立主体间意识,即一方面坚持主动性和自主性,发展壮大自己,发挥自己的特色和优势,传承和弘扬自己的优秀传统文化;另一方面承认和尊重其他民族的主体地位,不妄自尊大,不侮辱、歧视、侵犯其他民族,不以自己的好恶去对待其他民族的文化习俗,与其他民族和谐相处、友好往来。

  民族间的"亲"与"和"建立在民族交互主体性基础上。马克思认为,社会"是人们交互活动的产物"[①]。"交互主体性"强调共同体中各独立主体之间的交流互动。"民族交互主体性"有两层含义:一是各民族都是主体,都有独立自主性,同时又互为主体,互相尊重对方的独立自主性;二是独立自主的各民族,相互之间要交往联系。就前者而言,民族之间如果不具有平等的地位,不相互尊重对方的主体身份,就无法亲近与和处。就后者而言,

---

[①] 《马克思恩格斯文集》第 10 卷,人民出版社 2009 年版,第 42 页。

民族和民族要"打交道",如果各民族从不接触,鸡犬之声相闻而老死不相往来,就谈不上分享、互助、协商等,即没有共同体及其内部的亲和关系。"天地交而万物通也,上下交而其志同也"(《易经·泰卦》),各民族只有通过交往、互动、互助、合作才能达到情感上的彼此亲近以至如胶似漆,也只有通过交流、对话、沟通、商谈才能达到多样性的有机统一。

新时代加强民族团结,要通过民族间的"交互"实践巩固和深化族际亲和关系。主体的实践活动包括生产和交往,生产更多发生在主体(劳动者)和客体(劳动对象)之间,交往更多发生在主体和主体之间。交往产生动力和生命活力,不但使各个个体发展壮大,而且使个体组成的共同体得以存在和繁盛。对此,马克思恩格斯指出:"不仅一个民族与其他民族的关系,而且这个民族本身的整个内部结构也取决于自己的生产以及自己内部和外部的交往的发展程度。"[①] 交往建构和整合秩序,交往活动不但使个体相互进行物质、能量和信息交换,走出狭隘、孤立、封闭的樊篱,而且使共同体维持和更新自己的结构,及时优化调整,从而实现从松散、无序向紧密、有序演化。概言之,民族之间的交往促使民族个体和共同体协同共进,使民族个体更加开放强大,使民族共同体更加坚固结实。"在现代社会,个体化和独立化主体之间对等重视的社会关系代表着社会团结的必要条件"[②],团结即交往中各主体平等地相互尊重,在彼此承认各自不同的生活方式前提下,由无数个"我"联结成"我们"。民族团结发生在各民族之间,各民族在相互沟通、理解、承认的基础上,结成超越单个

---

① 《马克思恩格斯选集》第 1 卷,人民出版社 2012 年版,第 147 页。
② 〔德〕阿克塞尔·霍耐特:《为承认而斗争》,胡继华译,上海世纪出版集团 2005 年版,第 134 页。

个体力量的强大共同体。民族交互主体性及"亲和"的交互关系，要求各民族要交往交流交融，要互学互鉴、互利互助、互谅互让、互敬互爱。"交互"实践促使中华民族共同体形成、巩固和发展。

新时代以"交往交流交融"的方式加强民族团结是守正创新，即在以往历史和成就基础上的批判继承和纵深发展。中国历史上，各民族以联姻、商贸，甚至侵占、吞并的方式进行的交往交流交融从未停息，规模较大的发生在春秋战国、三国两晋南北朝、宋辽夏金元时期。正是这种交往交流交融，使得生活在这片被称为"普天之下""四海之内""神州""九州"的土地上的众多民族形成了一个自在的中华民族共同体。这个共同体动态变化而又相对稳定。新中国成立以来，改革开放前，屯垦戍边、三线建设、八千湘女进新疆、三千孤儿入内蒙古、知青支援边疆等大大推进了内地和民族地区的交往交流交融。改革开放后，社会主义市场经济体制的建立为"有机团结"① 创造了良好条件，人口流动、迁移政策愈发宽松灵活，各民族在自由、平等基础上互联互通、互市互惠、互嵌互构，不断形成取长补短、携手共进、水乳交融的和谐状态。新时代是城镇化、经济一体化、信息和网络技术普及化的时代，无论是在祖国内地还是在内地与港澳台之间，无论是在现实世界还是在虚拟世界，无论是在经济、政治方面还是在文化、社会方面，各民族间的往来更加频繁、交流更加丰富。新时代的民族建设要不失时机地利用好这些机遇、环境和平台，从居住生活、学习工作、文化娱乐等各方面入手，拓展"交互"广度，挖掘"交互"深度，促进民族间的亲近和合关系，为民族团结打牢扎实基础。新时代的民族交往互动不仅要做到各民族"面

---

① 法国社会学家涂尔干在其博士论文《社会分工论》中认为，市场社会的团结主要是有机团结。

对面""肩并肩",而且要努力促成各民族"手拉手""心连心"。新时代要创新方式方法,加强民族"三交"。民族交往能使各民族互通有无、彼此获益,民族交流能使各民族互相了解、增进感情,民族交融能使各民族相互渗透、不断趋同。中华各民族经过长期的交往交流交融,即不断形成情同手足的亲和关系和团结局面。

三　价值共识:社会主义核心价值共识

价值共识即社会共同体中的不同成员对某些价值一致性的看法和认识。价值共识既是可能的,也是必要的。首先,价值共识是可能的。这可以从两个方面证明。第一,共同体中存在共同价值产生的条件。价值是主客体之间的意义关系,客体能满足主体需要即客体对主体有价值。在一个共同体中,既有共同主体——共同体成员,也有共同客体——各成员共同的需求。于是,共同价值——共同客体对共同主体所具有的意义,就出场了。第二,从普遍性和特殊性关系原理看,共同价值是客观存在的。尽管世界上的价值丰富多样,但在多样的价值中也有它们的交集——共同价值。原因是,个性和共性辩证统一,共性存在于个性中,个性体现着共性,没有哪种事物只有个性而个性中无共性。对于价值而言,世界上不可能只有个体价值而无共同价值。综上所述,共同体中客观存在共同价值。在共同体中既然有共同价值,那就有可能达到价值共识。其次,价值共识是必要的。价值共识之所以必要,就在于共同价值具有凝结功能与聚合作用。在共同体中,需要探寻、运用价值共识引领思潮、统一思想、凝聚人心、汇聚民力。"民齐者强,民不齐者弱"(《荀子·议兵》),"能用众力,则无敌于天下矣;能用众智,则无畏于圣人矣"(《三国志·吴书》)。在社会共同体中,人们只有在某些价值观念上达成一致,才能为实现共同利益、共同目标而团结奋斗。

价值共识的达成及践履离不开主体间的交互实践和共同体组织的积极作为。首先，主体之间要坦诚相待而交流互动和协商沟通，以达到思想认识方面的某些一致。价值关系中，不同的主体有不尽相同的需求和认识，因此就有了价值上的差异性和多样性。共识以差异和多样为前提，如果什么都一样则不需要谈共识。为实现共同的目标，需要通过交往，在尊重差异、包容多样的基础上，不断形成共同利益，不断增加共性，逐步达到认识和理解方面的协调一致。由于发达市场经济和高精尖科技的推动，这个时代人们交往的步伐不断加快。可以预见，伴随着价值冲突与碰撞，人们会形成越来越多的价值共识。价值共识是承认和认同的统一，"所谓承认，也就是对差异的容忍和宽容；所谓认同，则是对普遍性的肯定和接受……真正的共识，意味着由理解走向承认、由承认又进一步趋向于认同"[1]。价值共识不意味着要排斥甚至消灭共识性价值以外的其他一切价值，只要这些价值正当合理、不与共识性价值冲突，就应该允许它们存在，而且其存在和自由发展正是世界丰富多彩、和谐共生的表现。其次，共同体组织要主动发掘自身存在的共同价值，努力促成共同体成员的价值共识。共同体的共同价值客观存在，但它是抽象的，看不见、摸不着，需主动自觉地反思和追寻，并加以总结、概括、提炼和表达。共同价值或共识性的价值规范问世后，不代表每个共同体成员都有相应的价值意识及其价值行为，这就需要在共同体中以宣传、教化的方式进行培育并广泛践行。

当今中国特色社会主义制度下的价值共识主要体现为社会主

---

[1] 杨国荣：《论伦理共识》，《探索与争鸣》2019年第2期。

义核心价值体系、核心价值观共识。在总结国内外社会主义实践、综观国内外各种价值冲突和挑战的基础上，党的十六届六中全会和党的十八大分别首次提出社会主义核心价值体系、社会主义核心价值观，党的十九大进一步指出要坚持社会主义核心价值体系、发挥社会主义核心价值观的引领作用，党的二十大提出要广泛践行社会主义核心价值观，把社会主义核心价值观融入个体和社会发展的方方面面。社会主义核心价值体系明确了我国社会发展的共同的根本指导思想（马克思主义）、共同的社会理想（中国特色社会主义）、共同的精神支柱（以爱国主义为核心的民族精神和以改革创新为核心的时代精神）、共同的是非善恶美丑观念（社会主义荣辱观），它能最大限度地促进社会共识。社会主义核心价值观是社会主义核心价值体系的高度凝练和集中表达，是社会主义核心价值体系的精神内核，它把国家价值目标（富强、民主、文明、和谐）、社会价值取向（自由、平等、公正、法治）、公民个人价值准则（爱国、敬业、诚信、友善）融为一体，"既体现了社会主义本质要求，继承了中华优秀传统文化，也吸收了世界文明有益成果，体现了时代精神"①，它是我国全体人民共同的价值追求。社会主义核心价值体系和社会主义核心价值观不是出自书斋里的冥思苦想，也不是出自纯粹的政治权威，而是各族人民在长期交流、互动、沟通以及探寻国家和民族发展道路基础上形成的最有可能性的、最大的价值共识。社会主义核心价值体系和社会主义核心价值观，不是说一经提出后就会被广大社会成员所认知和认同，要真正成为普遍、有效的共识，"不仅要对人民群众进行社会主义意识形态和优秀传统文化的教育，而且要使人民群众

---

① 《习近平谈治国理政》第 1 卷，外文出版社 2018 年版，第 169 页。

通过自己的认知、体验和信仰来接受和内化",更为重要的是"要通过人民群众的日常行为和社会实践来真正践行"。①

中国特色社会主义新时代加强民族团结,要以社会主义核心价值体系、社会主义核心价值观凝聚各民族的共识。这是一个多元、多样、多变的社会,人们有各种不同甚至是彼此对立冲突的利益需求和思想观点,人们也容易受到各种良莠不齐的外来思想文化的影响,这就需要有一种引导全社会健康和谐发展、为实现相互利益和共同目标而奋斗的价值及价值观。习近平指出,我国是一个有着众多人口的多民族大国,"确立反映全国各族人民共同认同的价值观'最大公约数',使全体人民同心同德、团结奋进,关乎国家前途命运,关乎人民幸福安康"②。社会主义核心价值是全国各族人民的最大价值交集,是促进民族团结的最大公约数和同心圆,是形成全民族团结和睦的精神纽带。新时代要在全社会形成社会主义核心价值体系、社会主义核心价值观的广泛共识,并用它们凝聚中华民族团结奋进的磅礴精神力量。具体地,从社会主义核心价值体系方面来说就是,我们要把马克思主义作为新时代加强民族团结的根本指导思想,把中国特色社会主义作为新时代民族团结奋斗的共同理想和目标追求,把以爱国主义为核心的民族精神和以改革创新为核心的时代精神作为新时代民族团结的强大精神力量,把社会主义荣辱观作为新时代民族团结中的是非、善恶、美丑判断标准。从社会主义核心价值观方面来说就是,我们要把建设"富强民主文明和谐美丽的社会主义现代化强国"作为新时代最振奋人心的共识性目标,并团结各族人民为实现这个宏伟目标而努力奋斗;把建成"自由、平等、公正、法治"的

---

① 胡敏中:《论价值共识》,《哲学研究》2008年第7期。
② 《习近平谈治国理政》第1卷,外文出版社2018年版,第168页。

社会作为新时代各族人民共同的美好期望和憧憬，并激励人们孜孜以求；把"爱国、敬业、诚信、友善"作为新时代各族人民共同认可的价值准则，并体现于社会公德、职业道德、家庭美德、个人品德等方方面面。

　　用社会主义核心价值凝聚中华民族共识促进民族团结，既有特殊性、针对性，也有普遍性、广泛性，这就需要用唯物辩证法的矛盾学说加以分析。无论是社会主义核心价值体系，还是社会主义核心价值观，都具有社会主义性质，都为巩固社会主义经济基础、完善社会主义民族关系服务。今天，由于历史原因，香港、澳门、台湾并未实现社会主义制度；由于全球互通，一些华人也生活在海外资本主义国家，但这并不是说，社会主义核心价值体系、核心价值观无关港澳台、无益于中华民族大团结。从普遍性角度稍加分析便会发现，充分发挥社会主义核心价值体系、核心价值观的作用，最大限度地凝聚全体中华儿女的共识，是完全可能和可行的。第一，共同价值方面。公平、正义、民主、自由等既属于社会主义核心价值观，也是全人类的共同价值，在社会主义社会和资本主义社会，尽管人们对其认识不尽相同，但容易就其根本内容、核心精神达成共识。第二，同根文化方面。社会主义核心价值观根植于中华优秀传统文化，具有中华优秀传统文化的深厚历史底蕴。社会主义核心价值观中的"文明""和谐""爱国""诚信""友善"等与中华优秀传统文化中的"天人合一""和而不同""仁者爱人""礼义廉耻""人而无信，不知其可也""与人为善""出入相友，守望相助""天下兴亡，匹夫有责"等具有高度的契合性。海内外华人在这些文化理念、价值观念上能引起共鸣，从而达成较多共识。第三，共同愿景方面。实现中华民族伟大复兴是全体"中国人"的共同梦想和追求，不同制度下的中国人至少应该有这样的共识：拥护祖国统一，不危害祖国利益，哪怕不赞同也不要反对祖国的社会主义制度。对此，邓小平指出："港澳、台湾、海外的爱国同胞，不能要求他们都拥护社会主义，但是至少也不能反对社会主义的新中国，否则怎么叫爱祖国呢？"[1] 为克服制度障碍、凝聚价值共识促进中华儿女大团结，一方面要在加强交流的基础上创新社会主义核心价值体系、核心价值观的传播方式，逐步扩大其影响程度和传播范围；另一方面要突出"以爱国主义为核心的民族精神和以改革创新为核心的时代精神""社会主义荣辱观""中华优秀传统文化与社会主义核心价值观的契合""中华民族一家亲，同心共筑中国梦"等重点。具有内在先进性、广泛包容性和深厚民族性的社会主义核心价值观是今天求同存异、聚同化异而不断增强中华民族凝聚力的"夯歌"或"号子"，习近平指出，"新的征程上，我们必须坚持大团结大联合，坚持一致性和多样性统一，加强思想政治引领，广泛凝聚共识，广聚天下英才，努力寻求最大公约数、画出最大同心圆"[2]，"团结就是力量，团结才能胜利。全面建设社会主义现代化国家，必须充分发挥亿万人民的创造伟力……不断巩固全国各族人民大团结，加强海内外中华儿女大团结，形成同心共圆中国梦的强大合力。"[3]

集体意识、交互关系和价值共识相辅相成、相得益彰。没有集体意识，个体是孤立的、唯我独尊的原子个体，个体之间不可能有优质的交互关系，也很难达成价值共识。没有主体间交互形成的亲和关系，集体就没有凝聚力，集体意识难以形成；价值看

---

[1] 《邓小平文选》第2卷，人民出版社1994年版，第392页。
[2] 《习近平谈治国理政》第4卷，外文出版社2022年版，第13页。
[3] 习近平：《高举中国特色社会主义伟大旗帜 为全面建设社会主义现代化国家而团结奋斗——在中国共产党第二十次全国代表大会上的报告》，人民出版社2022年版，第70页。

法和认识方面要么相互排斥，要么强制同一，要么盲目趋同。没有价值共识，集体成员无法达成一致看法，集体无共同行动力量，个体之间也不能有效沟通而形成交互亲和关系。新时代既要铸牢中华民族共同体意识，维护国家的凝聚统一，又要加强各民族交往交流交融，促进其相互间的亲近和合，还要坚持社会主义核心价值体系、大力培育和广泛践行社会主义核心价值观，达到全民族最大最有效的社会价值共识。如此多位一体，同步发力，方能夯实民族团结的伦理基础。

第三节　新时代民族团结的伦理方法

方法是人们认识世界和改造世界的方式、准则、程序、手段、工具、步骤等。看问题时，方法影响甚至决定人们把握客观对象的广度、深度和正确程度。做事情时，好的方法可以事半功倍，不讲方法往往事倍功半。党的二十大报告指出，谱写马克思主义中国化时代化新篇章，继续推进实践基础上的理论创新，要把握好正确的方法。这些方法包括"必须坚持人民至上""必须坚持自信自立""必须坚持守正创新""必须坚持问题导向""必须坚持系统观念""必须坚持胸怀天下"。[①] 在"守正"的基础上创新发展民族团结理论、推动民族团结进步实践，也要坚持好、运用好正确的方法。本书的写作，从头到尾遵循党的二十大报告中讲的方法论。以下着重论述"和谐共融""义利统一""德法结合""自强厚德"等典型的"民族团结的伦理研究"总体方法。其间体现着马克思主义辩证思维方法，蕴含着"以人民为中心""民

[①] 习近平：《高举中国特色社会主义伟大旗帜　为全面建设社会主义现代化国家而团结奋斗——在中国共产党第二十次全国代表大会上的报告》，人民出版社2022年版，第19~21页。

族自信""维护民族大义""兴天下利"等丰富的伦理精神和伦理价值。

一 和谐共融：承认差异增进共同

谐，和也、调也。和谐，即和睦协调。共融，即融在一起、融为一体。"和谐共融"是有差别的统一、多样性的统一，它一方面强调尊重差异、包容多样，另一方面强调凝聚共识、达成一致。也就是说，"和谐共融"以尊重差异性、包容多样性为起点和基础，以维护统一性、增进共同性为目的和归宿。"和谐共融"不同于排除异己、强制同化，也不同于各自为政、一盘散沙，而是和睦相处、和衷共济、相互接纳、相互吸收、共存共生、共荣共进、相互融通、交汇融合等。

中华民族既"多元"又"一体"。中华民族是由56个民族组成的民族共同体。各民族的文化、习俗、生活方式等多种多样，这是"多元"。各民族之间具有复杂性和共生性，它们一起组成命运与共的和谐大家庭，这是"一体"。中华民族的"多元"与"一体"有机统一，并且"和实生物"。习近平指出："我们讲中华民族多元一体格局，一体包含多元，多元组成一体，一体离不开多元，多元也离不开一体，一体是主线和方向，多元是要素和动力，两者辩证统一。"[1]"只有铸牢中华民族共同体意识，才能增进各民族对中华民族的自觉认同，夯实我国民族关系发展的思想基础，推动中华民族成为认同度更高、凝聚力更强的命运共同体。"[2] 费孝通从实然的角度指出中华民族呈现多元一体的格局，

---

[1] 中共中央文献研究室编《习近平关于社会主义政治建设论述摘编》，中央文献出版社2017年版，第150页。
[2] 《习近平谈治国理政》第4卷，外文出版社2022年版，第245页。

习近平则在费孝通先生理论的基础上从应然的角度指出中华民族是一个命运共同体，要把铸牢中华民族共同体意识作为民族工作的主线。后者深化了前者，并更加突出了中华民族"一体"之整体性特征。

多民族国家要处理好民族差异和国家认同的关系。在多民族国家内，如果只强调同一而不注重差异，就会导致强制同化、种族歧视等问题，就会引发各种各样的民族矛盾。反之，如果只强调差异而不强调共同，就会导致认同分化、民族冲突和国家分裂等。多民族国家的国家认同是国家存在的基础，"民主国家需要有一个公分母，一种超越种族的忠诚，这种忠诚将各个不同种族和文化背景的集团混合为一个整体。换句话说，就是一种超越了族属认同的认同"[①]。西方激进的多元文化主义者一味强调文化差异和少数族裔的特殊权利，要求民族分离、民族自决，其结果是危害社会团结、破坏国家统一。正如有学者指出："文化多元必须是政治一体前提下的多元：国家为族裔群体提供了坚实的根基和保障，国家认同是族属认同的基础；没有国家认同的族属认同是脆弱的，同样，没有统一公共秩序的文化多元将是混乱的多元。"[②] 放大民族文化差异、盲从文化多元主义，会解构国家认同、政治认同，影响社会的安定团结与和谐稳定。

铸牢中华民族共同体意识要基于差异增进共同。差异性和共同性是共同体的两种基本属性，民族共同体也不例外。差异和共同之间存在张力，它们的比值不是一成不变的。在良性的民族共同体中，各民族相互影响，随着时间的推移，共同性会逐渐增加。

---

① 〔美〕菲利克斯·格罗斯：《公民与国家》，王建娥译，新华出版社2003年版，第180页。
② 王敏：《多元文化主义差异政治思想：内在逻辑、论争与回应》，《民族研究》2011年第1期。

中华民族多元一体，其中，"多"指的是多样性、特殊性和差异性，"一"指的是统一性、普遍性和共同性。今天，铸牢中华民族共同体意识，讲"共同""一体"，要以"差异""多元"为基础。"多元"不是强化差异，不是强调分离，而是坚持平等、注重和谐。"一体"不是扼杀差异，不是消灭多元，而是强调团结、增进共同。交融"不是强制融合，更不是消除差异，而是在尊重差异的基础上包容多样性、增强共同性。"① 在中华民族共同体中，对于民族差异，既不能固化，也不能强行抹掉，而要尊重、包容、正视，要对其进行扬弃和超越，从而走向中华民族的团结和统一。也就是，要"尊重民族差异而不强化差异，保持民族特性而不强化特性"②，要由共生到共同、由多元到一体。

民族的良性互动是增加共同性、促进团结的前提。民族的互动与冲突成反比，即民族互动越多，民族冲突越少；民族互动越少，民族冲突越多。原因是：民族之间没有沟通互动，很容易产生偏见、歧视甚至敌对。各民族只有在交往交流交融的互动中才能产生亲和情感和相互离不开的利益关系，从而形成团结合作、互利共赢的意愿。缺少互动，各民族鸡犬之声相闻而不相往来，就无法互信互惠、互学互鉴、互助互济、紧密凝聚。民族之间有差异，互动过程中难免出现矛盾、对立和冲突，但妥善解决这些问题的同时，也会增进了解，增加共识，增量友谊，从而使民族关系不断向好的方向发展。习近平指出："在中华民族大家庭的形成过程中，各民族之间有矛盾冲突更有交流融合，在冲突和融合中关系越来越密切，成为民族关系的主流。"③ 中华民族多元一体，

---

① 何星亮：《民族交往交流交融促进中华民族复兴》，《人民日报》2017年7月28日。
② 中共中央文件《中共中央国务院关于加强和改进新形势下民族工作的意见》（中发〔2014〕9号）。
③ 习近平：《领导干部要读点历史》，《中共党史研究》2011年第10期。

是几千年来各民族互动往来的结果,新时代铸牢中华民族共同体意识,更是离不开民族之间的良性互动。

民族相互嵌入是民族交往交流交融的实践形式,是增加民族共同性、促进民族团结的重要方式和途径。民族分为各种层次,民族分层是一种社会不平等的结构化体系,是实现民族交融、民族团结的最大障碍。随着社会的不断进步,民族分层将逐渐消除或打破,而"互嵌"是消除或打破民族分层的一种有效办法。在第二次中央新疆工作座谈会上,习近平指出:"要加强民族交往交流交融,部署和开展多种形式的共建工作,推进双语教育、推动建立各民族相互嵌入式的社会结构和社区环境。"① 在2021年中央民族工作会议上,习近平强调:"要促进各民族交往交流交融。要充分考虑不同民族、不同地区的实际,统筹城乡建设布局规划和公共服务资源配置,完善政策举措,营造环境氛围,逐步实现各民族在空间、文化、经济、社会、心理等方面的全方位嵌入。"② 这其中,"全方位嵌入"是说,不仅要推动各族群众相互嵌入式居住、工作,缩小空间距离,而且要促进其相互包容、相互欣赏,缩小文化距离;促进其相互帮助、相互学习,缩小经济距离;促进其相互亲近、相互融合,缩小社会距离;促进其相互了解、相互尊重,缩小心理距离;等等。民族互嵌促使各族群众共居、共学、共事、共强、共享、共乐,从而形成"你中有我、我中有你,谁也离不开谁"的局面。民族互嵌是民族交融的重要途径,民族交融是各民族长期相互嵌入的自然结果。

总之,我国民族众多,文化多样,经济发展不平等,地理环

---

① 《坚持依法治疆团结稳疆长期建疆 团结各族人民建设社会主义新疆》,《人民日报》2014年5月30日。
② 《习近平谈治国理政》第4卷,外文出版社2022年版,第247页。

境复杂，新时代要正确处理好民族差异性和民族共同性之间的关系：要在尊重民族差异，维护民族多样性的基础上，通过精神上增强文化认同、物质上促进共同富裕等不断增进各民族的共同性，从而提升中华民族的凝聚力和向心力。

二　义利统一：义以为上义利双成

义即正当、道义，利即好处、功利，义利关系指正当、道义与好处、功利之间的关系。义在本质上代表着社会整体利益的要求，因此义利关系又是公利与私利的关系。中国古人重义，主张见利思义、先义后利、以义制利。"君子喻于义，小人喻于利"（《论语·里仁》）、"不义而富且贵，于我如浮云"（《论语·述而》）、"何必曰利？亦有仁义而已矣"（《孟子·梁惠王上》）、"先义而后利者荣，先利而后义者辱"（《荀子·荣辱》）、"万事莫贵于义"（墨子·贵义）、"君子思义而不虑利，小人贪利而不顾义"（《淮南子·缪称训》）、"不论利害，惟看义当为与不当为"（《二程集·河南程氏遗书》卷十七）等都是典型的义务论或道义论。中国伦理思想在数千年的传承发展中，始终强调国家、民族、社会等整体的利益的重要性，认为道义胜于功利、公利胜于私利，主张义利双行、兴天下利，甚至有一些统治者和思想家贵义贱利、崇义贬利。中国特色社会主义社会同样强调公义的重要性，同时主张义利统一。义是利之本，义以生利，同时，义与利相辅相成，离开了义，利无安身之所；离开了利，义会沦为空谈。社会主义一方面主张把公义放在最重要的地位，另一方面又特别重视每个个体的发展以及个体正当利益的实现。社会主义义利观主张维护大局，共同奋斗，共享成果，济困扶危，互利共赢。国内如此，国际亦如此。在国际义利观上，"义，反映的是我们的一个理念，共产党人、社会主义国家的理念。这个世界上一部分人过得很好，一部分人过得很不好，不是个好现象。真正的快乐幸福是大家共同快乐、共同幸福。我们希望全世界共同发展，特别是希望广大发展中国家加快发展。利，就是要恪守互利共赢原则，不搞我赢你输，要实现双赢。我们有义务对贫穷的国家给予力所能及的帮助，有时甚至要重义轻利、舍利取义，绝不能惟利是图、斤斤计较"[1]。

民族团结是中华民族之大义，亦是中华民族之大利。各民族同心同德，团结和睦，才有稳定的发展环境，才能应对各种风险挑战，才能守望相助，才能凝聚力量共创未来，才能实现中华民族的伟大复兴。反之，则是内乱耗散，相互敌视或自我孤立，看不到国家的前途和希望。因此，在2021年中央民族工作会议上，习近平指出："只有铸牢中华民族共同体意识，构建起维护国家统一和民族团结的坚固思想长城，各民族共同维护好国家安全和社会稳定，才能有效抵御各种极端、分裂思想的渗透颠覆，才能不断实现各族人民对美好生活的向往，才能实现好、维护好、发展好各民族根本利益。"[2] 各民族要把中华民族的整体利益放在首位，把维护中华民族整体利益作为实现自身利益的前提和基础，把中华民族大团结作为民族大义。同时，国家要制定实施各种政策，在实现好中华民族整体利益进程中实现好各民族的具体利益。这其中，最重要的就是尊重和保障各民族的正当权益、推动各民族共同走向社会主义现代化。

首先，各民族的正当权益要得到保障。政治上，在坚持中华民族大团结、维护国家统一的前提下，要保证各民族共同当家作

---

[1] 王毅：《坚持正确义利观，积极发挥负责任大国作用——深刻领会习近平同志关于外交工作的重要讲话精神》，《人民日报》2013年9月10日。

[2]《习近平谈治国理政》第4卷，外文出版社2022年版，第245页。

主、参与国家事务管理。经济上，在坚持各民族一律平等的同时，要制定实施差别化区域支持政策，扶持相对落后民族和民族地区的经济发展，决不让一个民族掉队。文化上，要大力保护传承发展少数民族优秀传统文化，比如，在推广普及国家通用语言文字（普通话和规范汉字）的同时，要"科学保护各民族语言文字，尊重和保障少数民族语言文字学习和使用"[1]。

其次，要促进各民族共同发展共同富裕。"物质生活的生产方式制约着整个社会生活、政治生活和精神生活的过程"[2]，只有通过共同发展解决经济落后民族地区的绝对贫困和相对贫困问题，缩小其与先进发达地区的贫富差距，才能真正实现各民族的平等，从而实现民族团结。共同富裕是社会主义的本质要求，是我国现代化的重要特征，也是中华民族大团结的基础。促进各民族的共同富裕要采取切实可行的措施，比如，通过改善教育、医疗条件等提升民族地区的自我发展能力；充分利用民族地区的资源优势、地缘优势等实现优质快速发展；加大对民族地区交通、水利、能源、信息化等基础设施建设。

三　德法结合：德润人心法安天下

德与法是孪生兄弟，相互区别又相互协调。维护和促进民族团结，既需要德，也需要法，还需要德与法的互融互补、协同作用。

（一）德与法是对立统一的关系

道德与法律是维护社会秩序、促进社会和睦与凝聚的两种重要手段，它们既有区别也紧密联系。一个国家的善政与善治不能

---

[1]《习近平谈治国理政》第4卷，外文出版社2022年版，第246页。
[2]《马克思恩格斯全集》第31卷，人民出版社1998年版，第412页。

仅仅依靠道德，也不能仅仅依靠法律，而要二者相互配合、共同发力。

1. 德与法具有不同的特点、功能和作用

首先，德与法的特点不同。道德依靠社会舆论、传统习俗、内心信念来维持，是一种非强制性的规范。法律由国家制定、认可和实施，是一种强制性的规范。道德是软约束，主要靠教化及个体自觉遵守，是自律，具有劝导性、包容性；法律是硬约束，主要靠监督和国家强力维护，是他律，具有惩戒性、威慑性。道德体现的是责任意识，法律体现的是规则意识。道德思维偏重善恶理念，用善恶标准去评价；法律思维判别合法与非法，法有禁止不得违，违法必究、违法必惩。

其次，德与法的功能不同。功能即功效和能力。道德与法律的调节功能不一样。道德调节以"应该怎样"为尺度，法律调节以"必须怎样"为尺度。道德调节既讲底线道德又讲道德理想和道德境界，法律调节的层次较低，只要求合法。道德调节强化人的责任感、是非感、荣誉感、羞耻感，法律调节能维护社会秩序和社会稳定，但其效用有限，约束不了人们的内心，无法使人们产生荣誉感、羞耻感等。

再次，德与法的作用不同。作用即功能的发挥和实现所产生的社会影响及实际效果。道德主要靠教育，起预防犯罪的作用，是潜移默化的，这种作用不易被察觉。法律主要靠制裁，是对犯罪后的惩罚，这种作用显而易见。因此，法律较之于道德，其作用更立竿见影。这正如西汉思想家贾谊所说："夫礼者禁于将然之前，而法者禁于已然之后，是故法之所用易见，而礼之所为生难知也。"（《汉书·贾谊传》）但是，道德治本，法律治标，只有正本清源，提升人们的思想道德素质，提高社会的文明程度，才能使法治得到有力的保证。也正是如此，贾谊在被鲁迅先生誉为"西汉鸿文"的《陈政事疏》中特别强调道德教化的重要作用。

2. 德与法相辅相成、相互促进、相得益彰

尽管道德与法律有上述区别，但它们又是密切联系、不可分割的。道德如慈母，法律如严父。道德如温和的月亮，法律如炽热的太阳。道德高洁但宽松随意、约束乏力，法律严肃但更多的是一种惩罚与制裁手段。因此，道德与法律需要优势互补、阴阳相济。一方面，道德为法律提供价值基础。良法是善治的前提，"立善法于天下，则天下治；立善法于一国，则一国治。"（宋·王安石《周公》）在立法中，要注意法律的道义基础，要保证制定的法律是良法。在法律实施中也要讲道德。比如，执法要注意方式和方法，要公正文明，不能拿法律耍威风，不能钓鱼执法，不能采用野蛮的、非道德的手段执法。又如，司法要公正，审判人员不能"和稀泥"、对各方"各打五十大板"，更不能制造冤假错案。再如，守法要讲普遍性，要强调党和政府带头守法。另一方面，法律为道德建设提供制度保障。要用相关法律保护好人，弘扬社会正气。如《民法典》第183、184条规定："因保护他人民事权益使自己受到损害的，由侵权人承担民事责任，受益人可以给予适当补偿。没有侵权人、侵权人逃逸或者无力承担民事责任，受害人请求补偿的，受益人应当给予适当补偿。""因自愿实施紧急救助行为造成受助人损害的，救助人不承担民事责任。"[①]要运用法治手段解决道德领域突出问题，对严重失德行为必须依法整治。一些最基本的道德要求，比如礼敬国歌、尊崇英烈、孝敬父母、见义勇为、节约粮食、诚实守信等，为保证所有人遵守，

[①] 《中华人民共和国民法典》实用版，中国法制出版社2020年版，第153、154页。

需直接纳入法律规范中。

法是外在的德，德是内心的法。德中有法，法中有德。德与法，就像车之两轮、鸟之两翼，一个都不能少。国家和社会治理需要德和法共同发挥作用。只有如此，才能使法律与道德相辅相成，法治与德治相得益彰。

3. 德法并举且互融互补为古今治道之要

中国人自古崇尚道德。西周时期就讲"父慈子孝""兄友弟恭""修德配命""敬德保民"等。春秋战国时期，孔子、孟子、荀子等思想家几乎深入讨论了所有重要的道德问题。但这个时期，群雄争霸，道德实践日渐势弱，法治实践逐占上风，各诸侯国纷纷变法，以图富强。严刑峻法在纷争动乱时期具有不可替代的作用。可以说，没有法治，秦国难以崛起并统一六国。但是，一个国家的长治久安，如果只用法治而不用德治，则无法维系。秦朝统一中国后，罢黜百家，独尊法术，焚书坑儒，是导致它只持续十几年就灭亡的一个重要原因。

汉朝反思秦严刑峻法以致灭亡的教训，推行德治，以德治国。自汉朝起，在中国古代几千年的封建社会，儒家思想占统治地位。儒家侧重讲德治，但这并不是说它完全排斥法治。孔子就提出"宽猛相济""德刑并用"。他所说的"宽"，就是用道德感化百姓，他说的"猛"，就是用刑罚来维护社会稳定。孟子尽管认为"善政不如善教之得民也。善政民畏之，善教民爱之。善政得民财，善教得民心"（《孟子·尽心上》），但是，他同时认为"徒善不足以为政，徒法不能以自行"（《孟子·离娄上》）。荀子作为先秦的最后一位儒学大师，在强调"礼以定伦"的同时，又提出"法以定分"（《荀子·大略》）。荀子的治国理念是"隆礼重法"，他主张治国时礼法并存、礼法并用。

中国特色社会主义新时代坚持依法治国和以德治国相结合，既强调道德对法治的支撑作用，又重视用法治承载道德理念。社会主义核心价值观是引领国家、社会和个人向上向善的基本道德，也是社会主义法治建设的主旨和灵魂。依法治国和以德治国相结合要求将社会主义核心价值观融入法治建设的一切时空领域，即"把社会主义核心价值观融入法治国家、法治政府、法治社会建设全过程，融入科学立法、严格执法、公正司法、全民守法各环节"[①]。

（二）民族团结需要德与法共同发挥作用

民族团结既离不开道德，也离不开法律。一方面，它需要用道德来沟通人心，促使各民族自愿联合。另一方面，它需要用法律来维护社会秩序，依法打击分裂活动。只有德法结合、德法并用，各民族才会像石榴籽一样紧紧抱在一起。

1. 德在民族团结中的作用

优良的民德能促进各民族和睦相处、和衷共济。一个多民族国家，如果各民族崇尚道德，社会风气良好，民族之间就会平等、团结、和谐。哪怕是在交往交流中出现一些摩擦和碰撞，也会用宽容、体谅等美德化解。优良的道德还会促使各民族相亲相爱，尤其是兄弟民族遇到灾难的时候，其他民族就会发扬"一方有难，八方支援"的仁爱精神，伸出援助之手，帮其脱离困境。相反，如果各民族道德意识淡漠，无相互亲爱的情感，民族之间便会睚眦必报，仇恨代代相传。并且，当某个民族遇到困难时，其他民族就会冷眼旁观，甚至幸灾乐祸。

优良的政德能促进各民族紧密凝聚在一起。多民族国家欲将

[①]《中办国办印发〈关于进一步把社会主义核心价值观融入法治建设的指导意见〉》，《人民日报》2016年12月26日。

各民族凝聚起来，政党和政府就要讲究政德，以民为本。这正如孔子所言："为政以德，譬如北辰，居其所而众星拱之。"（《论语·为政》）相反，如果当权者只想各民族归顺，或者对各民族进行盘剥，这些不道德的行为只能激起民族反抗与义愤。

2. 法在民族团结中的作用

法律既表现为对合法行为的肯定和保护，也表现为对违法行为的否定和制裁。用法治手段维护民族团结，一方面能够依法治理民族事务，平等维护各族群众的基本权益，妥善处理民族之间的纠纷；另一方面能够依法打击极少数蓄意挑拨民族关系、破坏民族团结、搞民族分裂和暴力恐怖活动的犯罪分子，从而保护人民群众的财产和安全，保障社会秩序、维护国家的稳定与发展。

我国的法，从宪法到其他各种法律法规，都非常重视民族团结。经过几十年的努力，我国已经建成了以宪法为根本、以民族区域自治法为主干的民族工作法律法规体系，并在实践中不断发展完善。这为维护中华民族大团结、铸牢中华民族共同体意识提供了坚强有力的法律支撑和法治保障。宪法规定，各民族一律平等，禁止破坏民族团结的行为。宪法还明确指出，维护民族团结是每个公民的基本义务。宪法是国家的根本大法，对维护民族团结具有基础作用。民族区域自治法规定各民族的干部和群众要相互学习、相互尊重，共同维护各民族的团结。其他法律法规，比如刑法规定，煽动民族仇恨和民族歧视、侮辱少数民族、侵犯少数民族风俗习惯都会受到相应的刑事处罚。各种法律法规从各领域、各方面详细规定了如何维护和保障民族团结。这些实体性的法律规范能将宪法上的总规定落小、落细、落实。

3. 德法结合对于民族团结的意义

维护民族团结既是道德义务，也是法律义务。涉及民族团结的人或事，既要进行道德教育、道德宣传，也要制定实施相关法律。民族团结教育中，既要让平等、团结、友爱、互助、和谐等道德观念家喻户晓，也要将尊重法律、学习法律、遵守法律、运用法律、捍卫法律等法治观念深入人心。

道德与法律都是协调族际关系、凝聚民族力量、抵制渗透颠覆、维护社会稳定、促进国家发展的重要手段，二者相互衔接、相互配合、不可偏废。法律是成文的道德，道德是内心的法律。离开道德仅仅依靠法律，或者离开法律仅仅依靠道德，都无法实现民族团结的目标。维护民族团结，要把德治和法治有机结合起来，以道德滋养法治精神，以法治体现道德理念。

（三）新时代要以德培育、依法守护民族团结

新时代维护和促进民族团结，必须标本兼治。这既要从人心上下功夫，使各民族人心归聚、精神相依，又要从法律上加以保障，提升民族事务治理法治化水平。

1. 德润人心促进民族团结

民族团结的主体归根到底是有血有肉、有情有义的人，人心工作是民族团结的重力和重点。维护和促进民族团结，最管用的是争取人心、凝聚民心，这正如习近平总书记指出："船的力量在帆上，人的力量在心上。做民族团结重在交心，要将心比心、以心换心。各民族同胞要手足相亲、守望相助，共同维护民族团结、国家统一"[①]。

新时代要做好人心工作，使各民族和睦友爱。"德之所由起，起于人与人之交涉。"（梁启超《新民说·论私德》）人是社会性动物，道德起源于"人与人之交涉"。"道德之立，所以利群也。"

---

① 《中华民族一家亲　同心共筑中国梦》，《人民日报》2015年10月1日。

（梁启超《新民说·论公德》）人类道德的建立，就是为了"利群"。道德的起源与作用皆与人际、人群间的交往直接相关。民族之间交流往来，各民族才能相互熟识、亲近和关爱。改革开放、发展社会主义市场经济、城镇化建设等为民族交往交流提供了前所未有的大好环境和大好机会。新发展阶段，要利用互联网、城市社区、学校等搭建更便捷、更有效的民族交流平台，促进各民族的互动通融、友好往来。习近平在 2021 年中央民族工作会议上指出，要"促进各民族广泛交往交流交融，促进各民族在理想、信念、情感、文化上的团结统一，守望相助、手足情深。"①

新时代要做好人心工作，让各民族人心凝聚。要使人们心往一处想，就要实现共同富裕，坚定共同理想信念，增进价值共识，增强国家、民族、文化、政治认同。另外，民族地区的干部对待民族群众要情感真挚、一心为民。

新时代要做好人心工作，使各民族团结奋进。民族复兴是各民族的共同目标，为此，需全体中华儿女心往一处想、劲往一处使。在各族人民的共同努力下，我国已历史性地解决了绝对贫困问题。今天，我们正在全面建设社会主义现代化强国。站在新的奋斗起点，我们比历史上任何时期都更有信心实现伟大的民族复兴梦。但是，行百步者半九十，越是紧要关头，越要不懈奋斗，越要坚定信念信心。新发展阶段的民族团结工作，要引导各民族自信自强、携手勇毅前行。

新时代要做好人心工作，使各民族安居乐业。"仓廪实而知礼节，衣食足而知荣辱"（《管子·牧民》）、"公则天下平矣，平得于公"（《吕氏春秋·贵公》），人民生活富足、事业兴旺、心平气

---

① 《习近平谈治国理政》第 4 卷，外文出版社 2022 年版，第 244 页。

和，社会才会团结稳定。"要争取人心，根本的一条是我们要增强改革发展的普惠性、包容性，缩小发展差距，使各民族都搭上现代化的快车。"① 新发展阶段要进一步推进兴边富民行动，进一步保障和改善民生，进一步完善公共服务体系，进一步做好社会稳定工作，进一步实现社会公正，从而不断增强各族群众获得感、幸福感、安全感、公平感。

2. 法安天下保障民族团结

法令行则国治，法令弛则国乱，要用宪法和法律维护和保障民族团结。首先，要教育引导各民族群众尊法学法守法用法。"只有树立对法律的信仰，各族群众自觉按法律办事，民族团结才有保障，民族关系才会牢固。"② "涉及民族因素的矛盾和问题，有不少是由于群众不懂法或者不守法酿成的。这些矛盾和问题，虽然带着'民族'字样，但不都是民族问题。要增强各族群众法律意识，懂得法律面前人人平等，谁都没有超越法律的特权。"③ 其次，要依法治理民族事务。要坚持法律面前人人平等，一切都根据法律来决断，"依法妥善处理涉及民族因素的案事件，保证各族公民平等享有权利、平等履行义务，确保民族事务治理在法治轨道上运行"④。最后，要依法严厉打击破坏民族团结的行为。"锄一害而众苗成，刑一恶而万民悦"（汉·桓宽《盐铁论·后刑》），要对民族分裂分子、暴力恐怖分子、宗教极端分子予以坚决打击。

---

① 国家民委民族理论政策研究室编《中央民族工作会议创新观点面对面》，民族出版社2015年版，第69页。
② 中共中央文献研究室编《习近平关于社会主义政治建设论述摘编》，中央文献出版社2017年版，第154页。
③ 中共中央文献研究室编《习近平关于社会主义政治建设论述摘编》，中央文献出版社2017年版，第154页。
④ 习近平：《在全国民族团结进步表彰大会上的讲话》，人民出版社2019年版，第11页。

四 自强厚德：立足中国面向世界

我国的民族团结，既要动员各族人民为国家强盛而努力奋斗，又要引导各族人民树立旷达的民族观，涵养开放包容的大国国民心态。这不仅有中华优秀传统文化的伦理根据，还有中国共产党一百多年实践的现实支撑。新时代民族团结"自强厚德"的方法论，即内要"自信自立"，外要"胸怀天下"。

（一）"自强厚德"的伦理根据

"自强厚德"即"自强不息，厚德载物"。这源于中国文化"元典"《周易》。《周易·象传上》讲："天行健，君子以自强不息；地势坤，君子以厚德载物。"意思是，天道刚健，君子要效法天，像天一样不停地自力图强；大地和顺，君子要效法地，像地一样厚重而用道德容载世间万物。当代中国著名哲学家、已故北京大学教授张岱年先生认为《周易》中的这两句话凝结了中华民族的基本精神。本书深以为然——纵观数千年的中华文明史，"自强"和"重德"始终是中华民族精神的灵魂。或许正是如此，党的十六大报告将中华民族精神概括为"以爱国主义为核心的团结统一、爱好和平、勤劳勇敢、自强不息的精神"[1]（其灵魂是自强和重德）；进入新时代，在十三届全国人大一次会议闭幕会上，习近平又将中华民族精神进一步概括为"伟大创造精神、伟大奋斗精神、伟大团结精神和伟大梦想精神"[2]（其灵魂仍然是自强和重德）。

（二）"自强厚德"的现实实践

中华民族历来倡行"自强不息，厚德载物"。正是有这种精神，中国大地上形成了伟大的中华民族、创造了伟大的中华文明。

---

[1] 《江泽民文选》第3卷，人民出版社2006年版，第559页。
[2] 《习近平谈治国理政》第3卷，外文出版社2020年版，第140~142页。

鸦片战争以来，中华民族遭受外国列强入侵，国家蒙辱、人民蒙难、文明蒙尘，但中国人民并没有屈服，而是不断寻求救国图强之路，奋起反抗、奋力抗争。中国共产党从成立之日起，就把为中华民族谋复兴作为自己的重要使命。一百多年来，党带领人民推翻了"三座大山"，建立了社会主义新中国，进行了轰轰烈烈的改革开放，开创了中国特色社会主义新时代。这走的是一条从"站起来"到"富起来"再到"强起来"的自强不息之路。

马克思主义胸怀天下，其理想是解放全人类、在全世界范围内实现共产主义。作为马克思主义政党的中国共产党不仅"为中国人民谋幸福、为中华民族谋复兴"，而且"为人类谋进步、为世界谋大同"。[①] 新时代，中国共产党不仅致力于推进中华民族伟大复兴，而且积极推动构建人类命运共同体。中国倡议和平理念、坚定维护国际公平正义、推动构建合作共赢新型国际关系、大量派遣国际维和人员、积极参与国际抗疫合作、与沿线国家共建"一带一路"、深度参与全球生态环境治理；中国不仅不以大欺小、倚强凌弱、巧取豪夺，而且对贫弱国家进行大规模的帮扶，对遭受灾难的国家提供大量的人道主义援助；中国坚持亲、诚、惠、容，坚持以邻为善、以邻为伴，与周边国家和睦相处、合作互惠。这些都体现了泱泱中华的气度，以及马克思主义政党的形象，彰显了中国这个负责任大国的担当精神。这些都是开放包容、立己达人的"厚德载物"理念的具体体现。

（三）新时代新征程上的"自强厚德"

面向未来，我们要"胸怀中华民族伟大复兴战略全局和世界

[①] 习近平：《高举中国特色社会主义伟大旗帜 为全面建设社会主义现代化国家而团结奋斗——在中国共产党第二十次全国代表大会上的报告》，人民出版社2022年版，第21页。

百年未有之大变局"①。在全面建设社会主义现代化国家和全面推进中华民族伟大复兴的新征程上，各族人民团结奋斗，要将"自强不息，厚德载物"的伟大民族精神进一步发扬光大。这体现在方法论上主要是两个方面。

一是自信自立。自信即对自身力量的确信。在民族团结中，自信要求坚定"信仰信念信心"，坚定"四个自信"。各民族只有在理想、信念、情感、文化等方面团结统一，才能紧紧凝聚在一起。新时代新征程上，各族人民要坚定对马克思主义和共产主义的信仰、对中国特色社会主义的信念，以及对实现中华民族伟大复兴的信心，要坚信中国特色社会主义道路、理论、制度和文化。马克思主义是引领人类社会进步的科学真理，是指引当代中国发展的行动指南，中国一百多年取得革命、建设、改革的诸多成功归根到底是因为马克思主义行。实现物质财富极大丰富、社会关系高度和谐、每个人自由全面发展的共产主义是历史发展的必然趋势。中国特色社会主义是我国发展的必由之路，无论是过去、现在还是将来，取得伟大成绩、创造伟大成就，都离不开这种优越的社会制度。实现中华民族伟大复兴是一百多年来各族人民的共同期盼，今天比以往任何时候都更加接近这个目标。要坚信中国特色社会主义道路是我们唯一正确的选择，坚信中国特色社会主义理论体系的科学性和真理性，坚信社会主义制度的优越性以及社会主义文化的先进性。文化是民族团结的根和魂，我们除了要对社会主义先进文化高度自信外，还要对作为其源泉和根脉的中华优秀传统文化和中国革命文化充满热爱和自信。自立即摒弃幻想，独立自主，坚持走自己的路。"独立自主是中华民族精神之

---

① 《习近平谈治国理政》第 4 卷，外文出版社 2022 年版，第 511 页。

魂，是我们立党立国的重要原则。"① 走自己的路，是中国共产党百年奋斗总结出的最宝贵的经验之一。一百多年来，中国摆脱沦为西方半殖民地的地位，在经济、政治、文化、社会等各方面取得巨大成就和进步，靠的是独立自主、自力更生。走向未来，全面建成社会主义现代化强国，还要依靠独立自主、自力更生。在未来的路上，只有各族人民团结在一起，发扬伟大的奋斗精神和创造精神，才能更好地维护国家安全、参与经济全球化、推进技术创新、推动产业升级等。

在"自强"的视域中，自信和自立相辅相成。有自信才会自立，有自立才能自信。越自信则越自立，越自立则越自信。在"自立"的视域中，独立和自主也是相辅相成的。独立才能自主，自主才能独立。越独立则越自主，越自主则越独立。

需要注意的是，"自强"不意味着封闭保守，不向别人学习。内因和外因辩证统一，在事物发展中起着不同的作用。内因是事物发展变化的根据，从内因来看，"自强"要求增强做中国人的志气、骨气、底气，要求坚定民族自尊心、自信心，要求独立自主、自力更生。外因是事物发展变化不可缺少的条件，从"外因"来看，只有虚心学习和借鉴他国的有益经验，才能更好地"自强"。

二是胸怀天下。"中华民族历来讲求'天下一家'，主张民胞物与、协和万邦、天下大同，憧憬'大道之行，天下为公'的美好世界。"② 中国共产党始终以世界眼光关注人类的前途命运，"坚持开放、不搞封闭，坚持互利共赢、不搞零和博弈，坚持主持

---

① 《中共中央关于党的百年奋斗重大成就和历史经验的决议》，人民出版社2021年版，第67页。
② 习近平：《论坚持推动构建人类命运共同体》，中央文献出版社2018年版，第509~510页。

公道、伸张正义，站在历史正确的一边，站在人类进步的一边。"①我国的民族团结，不仅讲"中华民族一家亲"，而且讲"四海之内皆兄弟"。

胸怀天下是人类文明新形态的内在要求。人类文明新形态是走中国式现代化道路所创造的文明形态。西方现代化过程中，掠夺他国资源、剥削和奴役他国人民，甚至血腥累累、罪恶重重。这是一条弱肉强食、损人利己的道路。中国式现代化则不走这条老路，而是站在现代人类文明进步的高度，走和平发展道路，主张天下为公、平等互利、合作共赢、互促共进。中国式现代化认为"你中有我，我中有你"，信奉"我为人人，人人为我"，倡行"大家好，才是真的好"。我们"在坚定维护世界和平与发展中谋求自身发展，又以自身发展更好维护世界和平与发展"②。

胸怀天下的价值观基础是全人类共同价值。全人类共同价值即"和平、发展、公平、正义、民主、自由"。全人类共同价值的伦理基础是"己所不欲，勿施于人"。具体来说，"'己所不欲，勿施于人'是'公平'的基础；'己欲立而立人、己欲达而达人'是'发展'的基础；'和而不同'倡导宽容、多元的对话，是'民主'的基础；'以德服人''协和万邦'是'和平'的基础；'天下为公'要求不以谋取私利为处世原则，是'正义'的基础"③。全人类共同价值旨在维护人类共同利益，构建人类命运共同体。它充分尊重各国的正当利益，主张在维护人类共同利益的基础上促进各国发展进步。它尊重价值的多样性，以宽广的胸怀

---

① 《中共中央关于党的百年奋斗重大成就和历史经验的决议》，人民出版社2021年版，第68页。
② 习近平：《高举中国特色社会主义伟大旗帜 为全面建设社会主义现代化国家而团结奋斗——在中国共产党第二十次全国代表大会上的报告》，人民出版社2022年版，第23页。
③ 陈来：《中华文明蕴含全人类的共同价值》，《人民日报》2017年4月26日。

理解不同文明下的价值，以开放包容的态度寻求价值共识，不会因为别人和自己有某些不一样，就想方设法去打压、改造和同化。它不搞"小圈子""小集团"，不拉帮结派，而是把全人类当作一个命运共同体，推动世界各国共商共建共享。

　　胸怀天下的立足点和出发点是胸怀祖国。我国人民只有心中时刻装着祖国、把中华民族共同体建设好、发展好，才能更好地推动构建人类命运共同体。建设民族团结，要维护国家主权和领土完整，坚决反对一切分裂活动；要维护国家安全，在原则问题上寸步不让；要把发展放在第一位，各民族团结奋斗，努力推进中国式现代化；要培育民族精神，加强爱国主义教育，引导广大公民始终把国家利益放在首位；要深化拓展全球伙伴关系，团结一切可以团结的力量，获得尽可能多的国际支持；要在国际上讲好"中国故事"，维护好国家形象。

　　"自信自立"和"胸怀天下"两种方法相得益彰。前者讲的是要奋发有为，后者讲的是要胸怀坦荡。前者讲的是要自尊，后者讲的是要承认。前者讲的是不依附别人，后者讲的是不欺侮别人。只有两者相结合，既立足本国，又放眼世界，中国这艘巨大的航船才会乘风破浪、行稳致远。

第 五 章
新时代民族团结的实践伦理展望

民族团结贵在行动,要把维护和促进新时代民族团结落实到各项具体行动实践中。伦理学是一门面向现实生活的实践哲学,它用哲学思辨等方法追问善与应当,为个人和社会的行动提供"应然"的规范与指导。民族团结伦理要走向实践,追寻民族团结政策伦理、为民族团结建设注入伦理内涵、对民族团结的未来进行伦理展望等。本章就这些问题进行思考。

第一节 新时代民族团结的伦理运用

民族团结伦理体现在经济、政治、文化、社会、生态等方方面面,它们为民族团结"立心铸魂"。政策是国家政权机关、政党组织为实现政治路线和任务而制定、颁布和实施的一系列法律、准则、措施和规章制度等。政策有全局总体性政策和局部针对性政策等高低不同的层次。与民族团结相关的政策分布在国家和地方公共行政、社会治理的各个领域。政策是解决社会问题最直接的环节,我国的民族团结建立在完备、良善的政策基础之上,研究新时代民族团结,非常有必要全面探寻政策伦理,一则为政策提供伦理支撑,二则使政策更好地蕴含伦理。

一 共同富裕：经济富强助推民族团结

贫富悬殊或两极分化是共同体及其团结的大敌，"极端富有与极端贫困都有可能导致个体斩断其与共同体的联结纽带"[①]。体现社会主义本质要求的共同富裕，是作为生产力的"富裕"和作为生产关系的"共同"的合题。在我国，全体人民的共同富裕为民族团结奠定经济伦理基础。新时代新征程在促进民族团结的各项经济政策中，都要贯彻共同富裕的理念。

（一）共同富裕的内涵和特点

共同富裕是一个内涵深刻、内容丰富的科学命题和价值目标。它既是马克思主义理论的重要组成部分，也是中国人民自古以来的美好理想和共同期盼。实现全体人民共同富裕是我国社会主义事业坚定执着、矢志不渝的追求，党和国家历代领导人高度重视。新中国成立之初，毛泽东同志明确提出，建设社会主义就是要让人民群众共同富裕起来。但是，在社会主义建设的早期探索中，搞平均主义、吃"大锅饭"的分配体制导致了生产者缺乏积极性、干活"磨洋工"的问题。十一届三中全会后，经济效率被提到了优先地位，分配上讲多贡献多获得。但是，邓小平同志在多个场合强调共同富裕，并认为它是社会主义的本质要求。之后，江泽民同志和胡锦涛同志结合实践进一步丰富和发展了共同富裕思想。进入新时代，以习近平同志为核心的党中央采取坚强有力的措施，比如推动区域协调发展、保障和改善民生、精准扶贫和精准脱贫等，不断促进全体人民共同富裕。随着全面小康社会的建成，共同富裕被置于更加突出的地位，"扎实推动共同富裕"成为新时代

---

① Charles Gide, L'Idée de solidarité en tant que programme économique, Paris, V. GIARD & E., BRIERE, 1893, p.13.

新阶段的鲜明目标和中心课题。新时代共同富裕即："全体人民通过辛勤劳动和相互帮助，普遍达到生活富裕富足、精神自信自强、环境宜居宜业、社会和谐和睦、公共服务普及普惠，实现人的全面发展和社会全面进步，共享改革发展成果和幸福美好生活。"①

共同富裕体现着社会主义的本质，蕴含着中国式现代化的奋斗目标。"社会主义的本质，是解放生产力，发展生产力，消灭剥削，消除两极分化，最终达到共同富裕"②。社会主义追求的共同富裕是生产力之"富裕"和生产关系之"共同"的统一。从生产力角度看，富裕所体现的是经济发展水平，社会主义要求生产力持续地大步推进，不断满足人民对美好生活的新期待。从生产关系角度看，共同所体现的是社会主义平等，它要求无剥削、无两极分化。或者说，社会主义要求实现全体人民的富裕，而不是一部分人的富裕，更不是少数人的富裕。"共同富裕"有一个非常形象的比喻，即"富裕"讲的是如何做好"蛋糕"的生产问题，"共同"讲的是如何分好"蛋糕"的分配问题，"共同富裕"则是二者的统一。在"共同"与"富裕"的关系中，"富裕"是基础，因为生产力决定生产关系。这就是说，分好"蛋糕"要以做好"蛋糕"为前提。否则，即使有分好"蛋糕"的想法，也无"蛋糕"可分。"共同"是方向和目标，如果只讲"富裕"而不讲"共同"，只讲经济总量而不讲合理分配，就会偏离社会主义轨道，导致"富者累巨万，贫者食糟糠""朱门酒肉臭，路有冻死骨"的情况。当代一些发达的资本主义国家很富裕，但在私有制经济制度下，贫富差距巨大而且还在不断恶化，少数人掌握绝大多数

---

① 《中共中央国务院关于支持浙江高质量发展 建设共同富裕示范区的意见》，人民出版社2021年版，第2页。
② 《邓小平文选》第3卷，人民出版社1994年版，第373页。

财富，穷人无法分到"蛋糕"，这不是社会主义所追求的"富裕"。西方现代化促成了一些西方国家及其资本家的富裕，但弱肉强食的资本主义对穷人并不友好。与西方现代化不一样，中国式现代化是全体人民共同富裕的现代化。

实现共同富裕是一项长期、复杂而艰巨的系统工程，不可能一蹴而就。准确把握共同富裕的内涵，以下几个方面非常重要。

首先，共同富裕的前提是共同发展，它的实现要靠全体人民的共同奋斗。社会是通过发展而进步的，幸福生活是奋斗出来的，没有发展和奋斗，结果只会是贫穷。只有以"创新、协调、绿色、开放、共享"的新发展理念推动高质量发展、鼓励人们用劳动创造幸福，共同富裕才不会落空。

其次，共同富裕不是平均主义，更不是劫富济贫。改革开放前，我们对共同富裕存在一些错误认识，把共同富裕等同于平均主义，致使经济发展速度缓慢、人民生活水平难以提高。对此，邓小平总结道："过去搞平均主义，吃'大锅饭'，实际上是共同落后，共同贫穷，我们就是吃了这个亏。"[①] 平均主义的问题在于，不考虑时间、地域、群体、贡献等具体情况而进行无差别的初次分配，即干多干少一个样，干与不干一个样。这样会造成打消能者积极性、"养懒汉"等问题。搞平均主义，只会导致共同落后和贫穷。新时代的共同富裕不是以平均为特征的同步或同等富裕，而是以差异为基础的普遍或全体富裕。这种富裕体现了相对平等，但对不同地区或不同的人来说，存在时空、程度等方面的差别。对此，习近平指出："不是所有人都同时富裕，也不是所有地区同时达到一个富裕水准，不同人群不仅实现富裕的程度有高有低，

[①] 《邓小平文选》第3卷，人民出版社1993年版，第155页。

时间上也会有先有后，不同地区富裕程度还会存在一定差异，不可能齐头并进。"① 共同富裕既需要通过税收、社保、转移支付等调节方式进行再分配，也需要通过民间捐赠、公益慈善事业等进行三次分配。但是，这不等同于"劫富济贫"。因为再分配不是政府包揽一切、社会保障过头的"福利主义"，而是尽力而为，量力而行，循序渐进；三次分配也不是"逼捐""均贫富"等，而是建立在自觉自愿基础上的回报社会。

最后，共同富裕是全面富裕。共同富裕最基本的是物质生活富足和充裕，但物质富裕不是全部，除了物质富裕外，还要求精神生活富裕。习近平指出，我们要实现的共同富裕"是人民群众物质生活和精神生活都富裕"②。也就是说，共同富裕除了富口袋之外，还要富脑袋。后者即人民精神富裕。另外，共同富裕也要求有舒适的居住环境、和谐的社会关系、便利的公共服务等。这些都说明，尽管共同富裕主要是从经济角度而言的，但还需要进行更宽泛地理解。

共同富裕是作为生产关系的"共同"和作为生产力的"富裕"的合题，它能增强社会主义的吸引力、凝聚力和向心力，它有发展性、共享性、持续性和全面性等特点。

（二）共同富裕是民族团结的经济伦理基石

共同富裕与民族团结是同向同行、互联互动的关系。一方面，民族团结是共同富裕的前提，只有各民族自信自强、团结奋斗，各民族之间友爱互助、齐心协力，共同富裕的美好向往才能变为现实。另一方面，共同富裕是民族团结的基础，只有实现共同富裕，各族人民衣食无忧、安居乐业，才会结成稳定可靠的利益和

---

① 《习近平谈治国理政》第4卷，外文出版社2022年版，第147页。
② 《习近平谈治国理政》第4卷，外文出版社2022年版，第142页。

情感共同体。共同富裕为民族团结奠定基础,这一点,习近平早在福建工作的时候就进行过论述:"有必要深刻地思考关于促进少数民族共同繁荣、富裕的几个问题,我们的出发点和归宿是要巩固民族大团结的基础。"[①] 共同富裕是民族团结的经济伦理基石,具体来说有以下两层含义。

第一,民族团结需要"富裕"作为物质基础。"仓廪实则知礼节,衣食足则知荣辱"(《管子·牧民》),尽管经济发展程度和民族团结并非完全一致,但是,经济富裕对民族团结十分重要。综观古今中外,民族之间的战争主要是为了争夺物质利益。物质生活是人类生活的基础,也是民族和睦的重要条件。大力发展经济,实现民族富裕,是现实民族团结的基本途径。

第二,民族团结需要"共同"作为伦理基础。"共同"的对立面是"差异""差距",贫富差距会导致民族离心力的产生。在一个民族大家庭中,如果一些民族富裕,另一些民族贫穷,二者的经济差距固化甚至不断升级,贫穷的民族就会敌视富裕的民族,甚至,富裕的民族也会鄙视贫穷的民族。这样,它们便无法和平相处,民族大家庭也不可能团结稳定。相反,如果作为国家的民族共同体采取合理的措施防止民族之间贫富悬殊,各民族通过互帮互助缩小经济差距,则民族大家庭就会团结和睦。由于自然条件、地理环境、人口分布、历史文化等方面的影响,我国存在民族地区与发达地区发展不平衡的问题。当前,民族地区与发达地区相比,无论是经济总量还是人均指标,都存在较大的差距。只有各民族的经济差距不断缩小,逐步实现共同富裕,才有中华民族的团结稳定与健康发展。这就需要国家采取优惠政策助力民族

[①] 习近平:《摆脱贫困》,福建人民出版社1992年版,第87页。

地区发展，并且，先富的发达地区要带动、帮助后富的民族地区不断进步。

共同富裕既是一个经济命题，也是一个伦理命题；民族团结既需要"富裕"，也需要"共同"。高质量的民族团结，要有丰厚的物质财富基础，而且这些物质财富必须分配合理。因此，可以说，民族团结的经济伦理基础是经济上的富足与共享，即各民族共同富裕。

（三）共同富裕理念贯穿促进民族团结的各项经济政策

社会主义制度能够将先进的理念通过一系列的政策转化为治理效能。邓小平指出："社会主义的目的就是要全国人民共同富裕，不是两极分化。如果我们的政策导致两极分化，我们就失败了"①。习近平指出："打好扶贫攻坚战，民族地区是主战场。"②正是在这些思想理念的指导下，我国千方百计积极创造各种条件、制定实施各项政策，促进民族地区经济发展。党的十八大以来，经过多年的努力，我国脱贫攻坚战取得了全面胜利。"民族地区3121万贫困人口全部脱贫，民族自治地方420个贫困县全部摘帽，历史性解决了绝对贫困问题，各少数民族和民族地区与全国一道全面建成小康社会。"③

新时代的重要使命是全国各族人民共同团结奋斗，共创美好生活，实现共同富裕。新时代扎实推动共同富裕，促进民族团结，以下几个方面特别重要。

一是大力发挥基本经济制度的优势。要坚持社会主义公有制

---

① 《邓小平文选》第3卷，人民出版社1993年版，第110~111页。
② 《中央民族工作会议暨国务院第六次全国民族团结进步表彰大会在北京举行》，《人民日报》2014年9月30日。
③ 中共中央统一战线工作部、国家民族事务委员会编《中央民族工作会议精神学习辅导读本》，民族出版社2022年版，第3页。

的主体地位，同时要鼓励、支持、引导非公有制经济发展。"共同"和"公"紧密联系，只有实行公有制，各族人民的共同富裕才有制度保障。发展非公有制经济有利于提高生产力和生产效率，有利于更好地满足人民群众各方面生活的需要。只有壮大非公有制经济，各族人民的共同富裕才有丰厚的物质基础。要确保非公有制经济肌体健康，谨防资本无序扩张。要引导非公有制经济主体遵德守法，反对靠歪门邪道致富。要强调先富带动后富、先富帮助后富，而不能为富不仁。

二是牢牢把握高质量发展这个根本。"增强民族团结的核心问题，就是要积极创造条件，千方百计加快少数民族和民族地区经济社会发展，促进各民族共同繁荣发展。"[1] 民族富裕和民族团结，关键在发展。党中央、国务院明确指出，要"把加快少数民族和民族地区发展摆到更加突出的战略位置，夯实民族团结进步的物质基础"[2]。发展是解决民族地区各种问题的总钥匙。那么，应该如何发展、怎样发展、实现什么样的发展呢？2021年中央民族工作会议指出，在实现第二个百年奋斗目标的征程上，要遵循高质量发展的要求，贯彻落实新发展理念，大力提升自主创新能力，充分发挥民族地区的资源优势、区位优势、生态优势，抓重点、补短板、强弱项，推动民族地区加快现代化建设步伐，推动民族地区融入全国统一大市场、国内国际双循环。

三是各族人民团结奋斗。首先，内因是事物发展的根据，民族地区要努力自主发展，不断追赶发达地区。其次，中央要统筹规划，政策、资金、项目等适当向相对欠发达的民族地区倾斜。

---

[1] 汪晓东、李翔、王洲：《共享民族复兴的伟大荣光——习近平总书记关于民族团结进步重要论述综述》，《人民日报》2021年8月25日。
[2] 《中共中央办公厅国务院办公厅印发〈关于全面深入持久开展民族团结进步创建工作铸牢中华民族共同体意识的意见〉》，《中国民族》2019年第11期。

最后，发达地区发扬"先富带动后富"的精神，帮扶民族地区。

四是完善促进各族人民共同富裕的经济政策体系。首先，无论是初次分配，还是再分配、三次分配，都要贯穿共同富裕的理念，并在实践中不断优化分配制度和分配政策。特别是，在促进基本公共服务均等化的过程中，要将民族地区作为重点。其次，要重点扶持经济上相对落后的民族地区，促进其与其他地区的平衡、协调发展，促进区域内广大人民群众的共同富裕。再次，要完善共享机制，增强共享能力，提升共享水平。最后，要保障和改善民生，努力实现各族人民对美好生活的向往。

二　人民民主：政治民主助推民族团结

人民民主的核心要义是人民当家作主。我国的人民民主是全过程人民民主，是与党的领导、依法治国有机统一的民主。"人民民主是社会主义的生命。没有民主就没有社会主义，就没有社会主义的现代化，就没有中华民族伟大复兴。"[①] 人民民主也是民族团结的政治伦理基石，它体现在促进民族团结的各项政治政策中。

（一）人民民主的内涵和要求

人民民主即广大人民当家作主，参与管理国家和社会的各项事务。人民民主的构成要件是人民和民主，二者缺一不可。首先，人民民主将人民置于最高地位。人民民主坚持人民立场，以人民为中心，有效维护人民的民主权利，充分发挥广大人民群众的主体作用，通过改革和发展使人民的公平感和责任感、获得感和幸福感不断增进。其次，人民民主将共同当家作主落到实处。人民民主建立在"共同"基础上，以"当家作主"为根本追求。它既

[①] 中共中央文献研究室编《十八大以来重要文献选编》中，中央文献出版社2016年版，第55页。

不同于为了维护各自的私利而相互争斗的"民主",也不同于只具形式不讲实质的"民主"。

人民民主是一种全过程的民主。首先,全过程的民主体现为完整的民主制度,它包括"人民代表大会制度、中国共产党领导的多党合作和政治协商制度、民族区域自治制度以及基层群众自治制度"①。其次,全过程的民主体现在人民当家作主的各环节,它包括"民主选举、民主协商、民主决策、民主管理、民主监督"②。再次,全过程的民主体现在完整的民主实践中,它既保证人民进行广泛的政治参与、充分的意愿表达,也表现为人民利益、人民意愿的有效实现。

实行人民民主必须坚持党的领导和依法治国。党和民主、法治的关系,正如有学者指出:"我国社会主义民主政治,好比是一场大合唱,需要人民参与,人民发声,这就是民主。但合唱不是乱唱,更不是噪音杂音,合唱还需要乐谱,这个乐谱就是法律,合唱要靠谱,依法办事,这就是法治。一个好的大合唱光有乐谱是不够的,还必须要有一个给力的指挥,这个指挥就是中国共产党。"③ 也就是说,一方面,实行民主要讲秩序。如果不讲秩序,民主就成了制造混乱的"坏东西"。法治是维护秩序最重要的手段,实行民主离不开法治的保驾护航。另一方面,实行民主要有坚强有力的领导。如果没有英明的领导,民主就无法沿着正确的航向前进,人民意志也难以凝聚。党具有"指挥棒"和"凝结核"的作用,实行民主要通过党的领导来指引方向和凝聚力量。

---

① 《中国共产党章程》,人民出版社2022年版,第7页。
② 习近平:《高举中国特色社会主义伟大旗帜 为全面建设社会主义现代化国家而团结奋斗——在中国共产党第二十次全国代表大会上的报告》,人民出版社2022年版,第37页。
③ 张会峰:《坚持走中国特色社会主义法治道路》,《教学与研究》2020年第6期。

（二）人民民主是民族团结的政治伦理基石

民主是团结的基础。矛盾即对立统一，团结是对立面的统一。团结在矛盾中形成，有矛盾才会产生团结问题。矛盾是事物发展的源泉和动力，矛盾推动团结从低级阶段不断向高级阶段发展。团结不是绝对同一、一团和气，而是各种意见的和谐统一，即矛盾各方通过相互了解和交往互动，排除分歧和对立，达到某种程度的意见一致。民主即广开言路，广泛听取民众意见，实现民众当家作主。人们有各种利益和想法，会提出不尽相同的诉求，发扬民主就是尊重差异，包容多样，存异求同。而这恰恰是团结的基础和要件。反之，如果执政者不允许民众发出不同的声音，不听取民众的合理建议和主张，我行我素，独断专行，民众就会表面同意而内心反抗，或者事不关己高高挂起，如此不会有真正的、紧密的、优质的团结。需注意的是，发扬民主，广泛听取民众意见，不意味着要实行民主的"多数原则"。所谓民主的"多数原则"，就是在产生意见分歧时，按照多数人的意见进行决策。民主的"多数原则"可能会导致"多数人的暴政"。这在民族问题上体现为"民意表决"致使少数民族的正当权益被忽视，甚至遭到侵损。如此就会激化矛盾、产生对立，从而破坏民族团结。"民主的'多数原则'，在很大程度上只能起到放大和加剧而不是缓和多数民族与少数民族之间矛盾的作用。这确实是民主理论的一个深深的梦魇！"[①] 我国的人民民主既坚持民主又坚持集中，是"民主"与"集中"的有机统一。我国在实行全过程人民民主时，坚持以人民为中心的立场，遵循"各民族不分大小一律平等""尊重和保障少数民族的合法权益""一个民族也不能少"的原则。

---

① 马德普、柴宝勇：《多民族国家与民主之间的张力》，《政治学研究》2005 年第 3 期。

发扬人民民主才能实现中华民族的团结进步。人民群众在历史创造中起决定性的作用，他们是社会物质财富、精神财富的创造者，是社会变革的决定力量。辉煌灿烂的中华文明是各族人民齐心协力共同缔造的。习近平指出："我们辽阔的疆域是各民族共同开拓的""我们悠久的历史是各民族共同书写的""我们灿烂的文化是各民族共同创造的""我们伟大的精神是各民族共同培育的"。① 一百多年来，中国共产党之所以在各方面能持续取得伟大成就，也是因为有人民作为依靠、根基和力量。中国特色社会主义民主，从实质上说就是，中国共产党和各级政府允许广大人民发表意见、提出主张，从而集中人民智慧、凝聚人民力量，实现人民当家作主。中国共产党领导各族人民发挥积极性、主动性和创造性，努力维护和实现共同利益，在此过程中，中华民族的凝聚力和向心力也不断得到加强。实现中华民族伟大复兴需要各民族共同努力，新时代要进一步发挥人民民主的优势，不断发展和完善全过程人民民主，为各民族人民广泛、有效地参与中华民族共同体建设提供坚实的政治制度保障。

人民民主及其团结作用通过各族人民广泛的政治参与得到体现。人民代表大会制度、中国共产党领导的多党合作和政治协商制度、民族区域自治制度、基层群众自治制度等一起构成的完整的人民民主制度，其有效运行，"使全体国民在国家事务的自我管理中不断提高协商合作能力。中华民族作为全体国民的共同体，也在日益成熟定型的制度框架中形成稳定的共同意志和伦理品质。"② 中国共产党作为执政党，在治国理政中坚持一个民族也不能少的原则，积极支持各民族人民参与政治生活。这其中最典型

---

① 习近平：《在全国民族团结进步表彰大会上的讲话》，人民出版社2009年版，第4~6页。
② 曹为：《民族复兴战略全局中的中华民族共同体建设》，《理论与改革》2021年第2期。

的是选举民主和协商民主。前者是人民通过选举、投票行使权利。《宪法》规定，我国年满十八周岁的公民，不分民族、种族、宗教信仰等，都有选举权和被选举权。后者是面对重大事务，人民通过协商找到最大公约数、达成一致和共识。"人民通过选举、投票行使权利和人民内部各方面在重大决策之前进行充分协商，尽可能就共同性问题取得一致意见，是我国社会主义民主的两种重要形式。"[①] 选举民主和协商民主各自发挥作用又相互补充，共同构成真实有效的人民民主体系。民主选举，一方面要选举各民族的全国人大代表参与国家事务治理，另一方面要选举地方各级人大代表参与民族自治地方的事务管理。民主协商可分为全国协商和各地方协商，协商的途径包括提案、听证、座谈等。人大、政协制度具有广泛代表性，各少数民族都有全国人大代表和全国政协委员，并且占相当大的比例，譬如，"十三届全国人大代表中少数民族代表438名，占14.7%；十三届全国政协委员中少数民族委员247名，占11.45%。"[②] 选举民主和协商民主维护了人民广泛参与国家治理的权利、加强了沟通交流，协调解决了各种矛盾，因此对维护和促进民族团结具有不可估量的作用。

（三）人民民主理念贯穿促进民族团结的各项政治政策

人民民主是具体的、真实的、全过程民主。它有完整的制度安排和丰富的实践形式。无论是总体民族政策——民族平等团结政策，还是基本民族政策——民族区域自治政策，抑或是具体民族政策——民族干部政策等，无不体现着人民民主理念。

首先，人民民主理念渗透在民族平等和民族团结之我国社会

---

① 《人民政协重要文献选编》下，中国文史出版社2009年版，第793页。
② 中华人民共和国国务院新闻办公室：《中国共产党尊重和保障人权的伟大实践》，人民出版社2021年版，第34页。

主义总体民族政策中。民族平等和民族团结极其重要，以至于国家用宪法和法律加以保障。《宪法》明确规定，我国各民族一律平等，"禁止对任何民族的歧视和压迫，禁止破坏民族团结和制造民族分裂的行为"①。民族平等和民族团结的关系，简单地说就是，前者是后者的基础和前提，后者是实现前者的根本保障，两者相辅相成、相得益彰、不可分割。人民民主理念通过实现各族人民政治地位平等加以体现，并为民族团结奠定坚实基础。2021年中央民族工作会议指出："必须坚持各民族一律平等，保证各民族共同当家作主、参与国家事务管理，保障各族群众合法权益。"②

其次，人民民主理念蕴含在民族区域自治之我国社会主义基本民族政策中。民族区域自治，其关键词和中心词是"自治"，其丰富内涵是两个"自治"（民族自治和区域自治）的结合。这种自治是社会主义民主在少数民族地区最直接、最具体的体现。民族自治地方拥有自治权力，设有自治机关。③"自治"蕴含着民族地区充分的社会主义自由、民主与法治。需注意的是，坚持和完善民族区域自治制度要做到"两个结合"。一是要做到统一和自治相结合。统一是自治的基础和前提，没有国家统一和各民族的大团结，就谈不上民族区域自治。自治是统一的手段和路径，民族区域自治把各民族的利益和国家利益结合起来，在保障充分民主的基础上实现高度集中。统一和自治相结合的核心要义是，在维护国家统一和各民族大团结的前提下，通过民族区域自治维护和保障少数民族的合法权益。二是要做到民族因素和区域因素相结合。民族自治地方未必是单一民族居住，而是往往居住着多个民

---

① 《中华人民共和国宪法》，中国民主法制出版社2018年版，第7页。
② 《习近平谈治国理政》第4卷，外文出版社2022年版，第244页。
③ 自治地方的行政首长由实行区域自治的民族的公民担任，自治机关享有立法权、变通执行权、财政经济自主权等自治权。

族。某个民族的人们也未必聚居在一起，他们可能分散居住在全国多个自治地方。因此，民族区域自治既要考虑民族因素，也要考虑区域因素。否则就会出现"自治地方为某个民族独有""杂居民族无法享受自治权利"等问题。"党的民族工作创新发展，就是要坚持正确的，调整过时的，更好保障各民族群众合法权益。"[①]过去"有些地方制定政策更多考虑对少数民族的特殊照顾，造成了同一地区不同民族之间的政策差异"[②]，这不符合"民族因素和区域因素相结合"原则，今后要科学稳妥地调整相关政策，以公平公正地保障各民族的正当权益。"两个结合"不仅很好地处理了中央和民族自治地方之间的关系，而且很好地处理了自治区内各民族之间的关系。

最后，人民民主理念体现在民族干部政策等具体的民族政策中。少数民族干部是维护民族团结的中坚组织力量，是沟通党、政府和各族群众的桥梁和纽带。党特别注重培养和选拔少数民族干部，让他们参与国家和社会事务的管理与决策。《宪法》规定："国家帮助民族自治地方从当地民族中大量培养各级干部"[③]。民族干部政策具体包括大力选拔干部并且在选拔干部时进行适当优惠、加强干部人才的培养和培训、推进少数民族干部和汉族干部双向交流等。党和国家对"什么是好干部"也进行了明确的阐释。习近平强调，民族地区的干部要做到"维护党的集中统一领导态度特别坚决、明辨大是大非立场特别清醒、铸牢中华民族共同体意识行动特别坚定、热爱各族群众感情特别真挚"[④]。大力培养和

---

① 《习近平谈治国理政》第4卷，外文出版社2022年版，第246页。
② 中共中央统一战线工作部、国家民族事务委员会编《中央民族工作会议精神学习辅导读本》，民族出版社2022年版，第63页。
③ 《中华人民共和国宪法》，中国民主法制出版社2018年版，第37页。
④ 《习近平谈治国理政》第4卷，外文出版社2022年版，第248页。

任用少数民族干部是解决民族问题、促进民族团结的关键，也是社会主义政治民主的重要方面。

新时代的民族团结是各族人民作为主人之间的团结，是各族人民共同当家作主的大团结。全过程的人民民主越完善，中华民族共同体意识越牢固，各族人民越团结。

三　尊异聚同：文化文明助推民族团结

尊异聚同即在尊重差异的基础上汇聚共同。多民族国家中，各民族的文化既有差异也有共同，尊异聚同是民族团结的伦理基石。新时代巩固和加强民族团结、铸牢中华民族共同体意识，在文化政策上，既要尊重和保护各民族文化的多样性，又要努力构筑中华民族共有精神家园。

（一）尊异聚同的内涵和基本要求

世界是差异性和共同性的矛盾统一体。首先，"物之不齐，物之情也"（《孟子·滕文公上》），世界充满差异。各事物都有个性或特殊性。一棵树上，找不到两片完全相同的树叶；一片沙漠，找不到两粒完全一样的沙子。世界上的事物千差万别，这是客观情形，也是自然规律。正是因为差异普遍存在，世界才丰富多彩。其次，"方以类聚，物以群分"（《周易·系辞上》），世界也有诸多共同。各事物并非孤立的存在，它们之间是相互吸引、相互联结、相互渗透和相互贯通的。规律之所以能被发现和利用，是因为共性客观存在；事物之所以可分为不同的种类，是因为同类事物具有共性。正是因为有共同性存在，才能形成各种各样的共同体。最后，"和羹之美，在于合异"（《三国志·夏侯玄传》），"审异而致同"［朱熹《原本周易本义（卷五）》］，世界是差异的和合与同一。差异性需要共同性来统摄或整合，否则无法形成有机统一体。世界之美,在于差异性、多样性的和合共生或和谐统一。

差异性和共同性的辩证关系,在方法论上要求尊异聚同。尊异,即尊重差异;聚同,即汇聚共同。尊异聚同,就是既要看到差异,也要看到共同;既要尊重差异,也要汇聚共同;既要在共同中把握差异,也要在差异中把握共同。不能只讲差异不讲共同,或只讲共同不讲差异。只讲差异,就没有共识和团结。只讲共同,一切都是一个模式,世界必然缺乏生机和活力。在现实中,有些人过于强调差异而忽视共同,有些人过于强调共同而忽视差异,这都违背了辩证法和客观规律。

在尊异聚同中,异是出发点,同是落脚点。差异性是基础和前提,没有差异性,则无须谈共同性。共同性是目标和归宿,没有共同性,人们就是一盘散沙,或相互斗争。尊异聚同,一是要求把多样整合起来,达到新的、更高层次的同一,即和实生物;二是承认差异、包容多样,在此基础上寻找共通和关联之处,即聚同化异。

(二) 尊异聚同是民族团结的文化伦理基石

差异性和共同性及其辩证运动是人类社会的重要特征。人类社会普遍存在差异。比如,经济领域,人们有收入差距;政治领域,各国有不同的政治体制;文化领域,各种文化万紫千红。人类社会又在不断追求共同。比如,经济伦理要求,人们的收入差距不能太大,要通过经济平等政策缩小差距;政治伦理要求,各国在互不干涉内政的基础上要努力寻求政治共识,弘扬共同价值;文化伦理要求,各种文化要交流互鉴、相生相长。差异性和共同性之间保持一定的张力,人类社会才会处于和谐状态。

我国的民族文化是多样性和共同性的统一。能够创造文化是人类与动物的根本区别之一,是人类有智慧的重要体现。文化是民族的重要标识，每个民族在长期的发展过程中都创造、积累了自己独特而丰富的文化。各民族的文化没有高下、优劣之分，只有特色、地域之别。各民族的文化代代传承，不断发展，便成为该民族绵延不息的血脉。承认民族文化的差异性和多样性，其实是承认民族文化平等。我国的民族文化绚丽多姿又整体统一。56个民族"你中有我、我中有你，谁也离不开谁"，它们像石榴籽一样紧紧结合在一起，有机统一为强大的中华民族。56个民族的文化也是"你中有我、我中有你"的关系，它们的差异性在更大更强的共同体——中华民族共同体中获得同一性，它们彼此联系、兼容并蓄、互学互鉴，集大成为源远流长的中华文化。"中华文化因海纳百川、兼容并蓄而丰富多彩，因博采众长、取长补短而永葆活力，因亲仁善邻、合作共享而影响深远。"[1] 我国藏族的《格萨尔》、蒙古族的《江格尔》、柯尔克孜族的《玛纳斯》、维吾尔族的《福乐智慧》、白族的《创世纪》、彝族的《阿细的先基》、哈尼族的《奥色蜜色》、纳西族的《创世纪》等既是各民族的文化经典，也是中华民族的文化瑰宝。它们和而不同又和合共生，并体现着勤劳勇敢、爱好和平、自强不息等共同的中华民族精神。中华文化的核心和灵魂是作为各民族文化交集的，体现共同精神、共同情感、共同价值、共同理想、共同目标等的中华共同文化。"中华共同文化是立足于中华民族形成与发展的历史与现实，在中华文化基础上汇聚、凝练、升华，中华民族全体成员所普遍追求、认可、归属的共享性、同一性、共识性文化。这种文化的认同主体是中华民族全体成员；认同的客体是共同性的中华文化。"[2] 可

---

[1] 杜青林：《和谐共生 和美天下》，《中国宗教》2011年第11期。
[2] 左岫仙：《中华共同文化的内涵、意义及建设进路》，《中南民族大学学报》（人文社会科学版）2021年第5期。

以说，中华共同文化是凝聚中华民族共同体的凝结核。中华共同文化越丰富、越深刻，中华儿女对中华共同文化的认同越强烈、越深层，中华民族共同体就越团结、越牢固。中华文化作为一个有机统一体，"从各民族传统文化价值共识中凝练成的社会主义核心价值观，是中华文化的灵魂，国家通用语言文字是多样性的中华文化交流交融的载体。"[①] 因此，要努力创造条件，使差异性不断转化为共同性，或者在尊重差异性的基础上汇聚共同性。

中华民族共同体的文化建设，既要尊异，也要聚同。一方面，各民族在文化上要相互承认和尊重、学习和借鉴，摒弃傲慢、偏见和歧视。并且，中华民族共同体要平等对待、承认和尊重、弘扬和培育每个个体民族的优秀文化。另一方面，中华民族要发掘共同文化基因，构筑共有精神家园，使各民族有共同的心灵和情感归属。这两个方面，前者即文化承认，后者即文化认同。

树立践行尊异聚同的文化理念才有民族团结。从文化承认方面看，各民族在文化上互相尊重、取长补短，不攻击和贬损其他民族的文化，民族之间才会紧密团结；共同体尊重、承认其个体的文化，个体才有成就感和自豪感，从而与共同体祸福相依、荣辱与共。从文化认同方面看，如果各民族认同民族共同体的文化，这种共同文化便成为人心凝聚、民族团结的纽带。文化承认和文化认同内在一致、相互依存、有机统一。可以说，承认是认同的起点，认同是承认的升华，承认与认同一起为民族团结奠定文化伦理基础。

(三) 尊异聚同理念贯穿促进民族团结的各项文化政策

中华民族的文化多元一体。各民族在长期的历史发展中，形成

---

① 沈桂萍：《讲清楚中华文化，铸牢中华民族共同体意识》，《中国民族报》2019年2月1日。

了本民族独具特色的文化。同时，这些文化又组成一个整体——中华文化。各民族文化和中华文化是"多"和"一"的关系："多"，精彩纷呈、百花齐放；"多"有核心，"多"而统一。

文化上的多元一体必然要求在对待文化的方法和态度上要尊异聚同。在加强中华民族大团结的视域中，文化尊异聚同需要既尊重个体、个性和差异，又注重整体、共性和同一。作为个体、枝叶的各民族优秀文化和作为整体、主干的中华文化密不可分，"要正确把握中华文化和各民族文化的关系，各民族优秀传统文化都是中华文化的组成部分，中华文化是主干，各民族文化是枝叶，根深干壮才能枝繁叶茂。"[1]

新时代民族团结文化政策，既要贯穿尊异的理念，也要贯穿聚同的理念，要在尊重个性和差异的基础上增进、汇聚共同，从而不断增强中华民族日新月异的活力与团结凝聚的合力。

一方面，"尊异"理念贯穿于促进我国民族团结的各项文化政策。各民族在文化上的差异性将长期存在，要尊重差异、包容多样。这包括各民族之间要相互尊重习俗和禁忌，国家要保护和助力传承发展各民族的文化艺术、服饰装束、特色建筑，等等。《宪法》规定："各民族都有使用和发展自己的语言文字的自由，都有保持或者改革自己的风俗习惯的自由"。[2]《民族区域自治法》规定："教育各民族的干部和群众互相信任，互相学习，互相帮助，互相尊重语言文字、风俗习惯和宗教信仰，共同维护国家的统一和各民族的团结。"[3] 除此之外，我国的选举法、义务教育法以及民族自治地方的自治条例等，对尊重各民族的语言、习俗等都有

---

[1] 《习近平谈治国理政》第4卷，外文出版社2022年版，第246页。
[2] 《中华人民共和国宪法》，中国民主法制出版社2018年版，第7页。
[3] 《中华人民共和国民族区域自治法》，《中华人民共和国全国人民代表大会常务委员会公报》2001年第2期。

规定。宪法、法律法规是国家治理的制度保障，制定各项文化政策都必须严格遵守这些规定。需要说明的是，"尊异"是有底线的。尊重差异不能在公民基本义务和法治基本要求上有差别，不能强化那些影响民族团结进步、国家和社会稳定的因素。另外，"尊异"与西方多元文化主义政策有本质差别。西方多元文化主义片面强调"分"，缺乏共同价值观念，不利于民族国家的团结统一。

另一方面，"聚同"理念是新时代民族团结文化政策的主线和主导。共同性源于差异性、多样性，又高于差异性、多样性。差异性、多样性要以共同性为指引，要受共同性制约和支配。共同性是民族共同体发展的方向，共同体越往前发展，其共同性越被强调和重视。因此，尽管要尊重和包容差异性，但差异性不能削弱甚至危害共同性。2021年中央民族工作会议指出，今后加强和改进民族工作，都以铸牢中华民族共同体意识为主线。这其中非常重要的一点就是，加强共同文化、核心文化建设，筑牢共有精神家园。这包括以社会主义核心价值观引领各民族文化的发展、加强"五个认同"教育、弘扬中华民族精神、唤醒共同的历史记忆、树立共同的理想信念、推广普及国家通用语言文字等。需注意的是，要在共同性和差异性的辩证关系中全面、准确地把握共同性，而不能把共同性理解为绝对同一，不能将其"等同于纯粹的同质性、多数的支配性和封闭的排他性等"[①]。

四　公平普惠：社会和谐助推民族团结

发展社会福利是促进社会团结的有效手段。现当代的西方社

---

① 徐欣顺：《中华民族共同性及其增进理路：一个民族政治学的解释》，《探索》2022年第1期。

会福利制度被许多人认为是走向社会团结的典范,① 尽管它在实践过程中出现了搭便车、养懒汉、消减社会活力等诸多问题。我国不会效仿西方"福利"国家,但发展社会福利始终是中国特色社会主义的重要内容。新时代新征程上,中国共产党带领全国各族人民团结奋斗的最终目的就是,不断增强人们的获得感、幸福感、公平感、安全感,让人们生活得越来越富足、幸福和美好。公平普惠乃公道平等、普遍惠及之意。公平普惠本质上是以人民为中心、让全体人民共享社会发展成果。公平普惠是民族团结的社会伦理基石,只有在各项社会政策中融入公平普惠的理念,各族人民才会紧密团结,为创造美好生活和建设美好国家而携手努力、共同奋斗。

(一) 公平普惠的内涵和理论基础

公平,从字面意思上理解即公道平等。公平在不同的领域,其具体含义不尽相同。社会领域里的公平,主要指在承认初次分配会产生收入差距的基础上,通过社会再分配缩小差距,以达到社会的相对平等。因此,在现当代的西方资本主义社会,著名伦理学家罗尔斯提出了旨在关怀社会弱势群体的"公平的正义"观念;在我国改革开放和发展社会主义市场经济的过程中,也出现了关于"公平与效率的关系"的广泛讨论。

在社会领域,公平是正义的重要体现。任何社会都有老弱病残者;人们在家庭出身、智力、体能、性格等方面有差别,在市场竞争中必然会产生收入差距;由于运气不佳等原因,市场竞争中,哪怕是十分努力的人,也可能最终一败涂地……社会是共同体,国家是公民的后盾,社会和国家有义务扶弱济困。现代社会,

---

① 需注意的是,并非一切"福利"都会促进社会团结。如果福利过度,就会影响社会公正,从而造成社会撕裂。

国家扶弱济困主要方式是社会再分配。也就是，国家通过税收等手段聚集一定的社会财富，用以帮助弱势群体克服或走出困境。一个贫富悬殊、无视弱势群体的社会肯定是不正义的社会，实行再分配、保障社会成员在经济方面相对平等是实现社会正义的重要途径。

社会领域里讲分配公平，其基础和前提是权利公平、机会公平、规则公平和救济公平。权利公平主要是说，每个人都是社会中平等的一员，每个人都享有基本的权利，每个人的生存权、发展权和人格尊严权都应该得到同等的重视和保护。机会公平主要是说，每个人都有平等的参与机会和发展机会。参与机会平等，即社会地位和职务向所有人开放，每个人都有获得某种职务、权力和财富的机会。社会成员之间存在差异，面对平等的参与机会，不是每个人都能把握。这就要求，除了参与机会平等外，还需要发展机会平等。发展机会平等，即社会为全体成员提供同等的发展机会，培养他们把握机会的能力。发展机会平等最典型的是接受教育和培训的机会平等。规则公平主要是说，面对合理合法的社会规则，每个人都要遵守，而且一视同仁。救济公平主要是说，社会要平等地对待处于相同境遇的被救济者，不能厚此薄彼。

普惠，即普遍受益、惠及全体。普惠是和社会福利相关的一个概念。西方学者讲的社会福利模式有"补缺性"和"普惠型"两种。"补缺型"认为资源有限，应该将福利资源用于最需要的人，即社会弱势群体和市场竞争中的失败者。通过实施"补缺型"社会福利，人们之间的经济差距得以缩小。"普惠型"认为公民的权利和义务平等，社会福利应该普遍惠及全体社会成员。

在新时代中国特色社会主义社会建设的语境中，普惠的对象是全体人民，普惠的目的是满足人们对美好生活的需要，普惠的方式是在共建的基础上实现共享，普惠的定位是适度——尽力而为量力而行，与时俱进，确保可持续。

公平和普惠紧密联系，相辅相成。公平重点关注的是社会弱势群体，但又不限于弱势群体。因为公平除了主张平等外，还有公道的内涵。一味偏袒弱势群体，就是不公道。从这种意义上说，公平离不开普惠。也就是，要同时兼顾到弱势群体和优势群体的利益。普惠的核心意思是普遍受益，让全体人民过上幸福美好的生活。但是，如果弱势群体跟不上来，就会出现短板，"全体人民过上幸福美好的生活"就会落空。从这种意义上说，普惠离不开公平，即实现普惠需特别注重关护社会弱势群体。另外，无论是公平还是普惠，都要以全体人民的共同奋斗为基础，都坚决反对搞平均主义、养懒汉。公平和普惠"你中有我，我中有你"，密不可分，因此，可合称为"公平普惠"。

公平普惠理念既坚持了马克思主义又吸收了中国优秀传统文化。唯物史观认为，人民群众是社会历史的主体，是历史的创造者。公平普惠，其本质是以人民为中心的共建和共享，其目的是满足广大人民对美好生活的需要。唯物辩证法认为，看问题办事情要坚持重点论和两点论相结合。公平普惠一方面关注弱势群体，解决社会不平等的短板问题，另一方面惠及全体人民，实现全民共享。这样既重点突出又全面把握，有利于复杂问题的解决。中国优秀传统文化讲仁爱、重民本、尚和合、求大同，公平普惠理念基于中国特色社会主义制度关注民生、扶危济困、追求和谐、惠及全民。可以说，后者是前者的传承与超越。

（二）公平普惠是民族团结的社会伦理基石

公平普惠是维护共同体团结的要件。利益是结成共同体的重要原动力，也是影响共同体团结的重要因素。在一个共同体中，如果出现严重的利益失衡，弱势群体和优势群体两极分化，弱势群体就会奋力反抗，共同体无法团结稳定。另外，在一个共同体中，如果只有部分人得到好处，没有做到利益普惠、利益共享，共同体也不可能团结稳定。维护共同体的团结稳定，既要保障弱势群体的利益，又要做到各群体利益共享。这就需要在共同体建设中贯彻公平普惠的理念。

公平增进民族团结。平等是公平的重要维度。民族平等主张，各民族不分大小、强弱、先进或落后，都应该一律平等。中国共产党在早期就提出了民族平等的观念，并以实际行动推动民族平等，让被压迫民族感受到了民族平等的真实性，从而实现了共同抗敌的联合与团结。新中国成立后，开展民族识别工作，广泛实行民族区域自治，帮助少数民族发展经济、文化和社会事业，充分关切少数民族的利益，坚决反对民族歧视，坚决反对大汉族主义，等等。民族平等不断落实，各族人民也越来越团结。可以说，不实行民族平等，就没有今天的中华民族大团结局面。

普惠同样增进民族团结。中国共产党认为中华民族是一个大家庭，建设大家庭需要各民族齐心协力，大家庭的建设成果也要由各民族共同分享。正是不断落实"共同团结奋斗，共同繁荣发展""改革开放和社会主义现代化建设成果惠及各族人民"等理念，中华民族共同体才日益坚固强壮。

公平和普惠共同为民族团结奠定社会伦理基石。重点关注少数民族的利益，有利于缩小民族发展差距，从而促进民族团结。但是，如果只着眼于部分民族的利益，其他民族就会感到不公平，从而影响社会团结。普遍惠及各民族，有利于优势民族心理平衡，也可以避免弱势民族产生羞愧、自卑心理，从而促进民族团结。但是，如果无区别地对待各民族，对少数民族没有特殊照顾，民族之间的差距就会越拉越大，从而影响社会团结。因此，需融会贯通、全面理解公平理念和普惠理念，以此为基础，不断加强我国的社会建设，增进各族人民团结和睦。

（三）公平普惠理念贯穿促进民族团结的各项社会政策

社会政策遍布社会建设的各个领域，涉及教育、就业、医疗、养老、居住、扶贫济困等各个方面。要在各项社会政策中贯穿公平普惠理念，使每个民族同胞都能享受到"幼有所育、学有所教、劳有所得、病有所医、老有所养、住有所居、弱有所扶"[1]，从而促进中华民族大团结。社会政策的制定实施既要考虑普遍性，又要考虑特殊性。就后者而言，"要根据不同地区、不同民族实际，以公平公正为原则，突出区域化和精准性，更多针对特定地区、特殊问题、特别事项制定实施差别化区域支持政策。"[2] 制定实施融入公平普惠理念的社会政策，以下两个方面特别重要。

第一，满足基本需要，保障基本权利。基本需要指的是吃饭、穿衣、居住等方面的生存需要，教育、就业等方面的发展需要，医疗、卫生等方面的健康需要。基本权利最主要的是生存权、发展权和健康权等。满足基本需要就是保障基本权利。满足基本需要和保障基本权利，要对尚未有劳动能力和失去劳动能力的人进行救助；要为人们提供平等的就业机会，并通过教育、培训等提升人们把握机会的能力；要高度重视医疗卫生，让人人都看得起病、吃得起药、住得起院，努力使人们不生病、少生病。满足基本需要和保障基本权利，要不断完善社会保障体系。经过多年的努力，我国已基本建成覆盖全民、统筹城乡、公平统一、可持续的多层次社会保障体系，在社会保险、社会救助和社会福利等方

---

[1] 《习近平谈治国理政》第3卷，外文出版社2020年版，第18页。
[2] 《习近平谈治国理政》第4卷，外文出版社2022年版，第247页。

面取得了一系列显著成就。但是，社会保障体系还需随着经济社会发展而不断改进和提高。

由于地理、历史等方面的原因，少数民族和民族地区相对落后，为了不让一个少数民族、一个地区掉队，在科教文卫方面，就要对其予以优惠政策。比如教育方面，高考招录时，对少数民族考生进行加分照顾；考研考博时，专设少数民族高层次骨干人才计划。差别对待表面上看起来不公平，实际上是为了实现公正和实质平等。正如有西方学者指出："只有把蒙在公正头上的布揭去，允许她看到人类个体的全部特殊性，采取必要的区别对待，以同等对待真正相同的事例，区别对待真正不同的事例，我们才能使公正达到完全的平等。"①

二是推进基本公共服务均等化。基本公共服务均等化指的是每个公民都可以获得大致相等的基本公共服务。基本公共服务均等化是普惠性的民生制度，是增强公民认同、实现社会共享的重要政策。十多年来，我国的基本公共服务均等化取得了显著进展。2006年10月发布的《中共中央关于构建社会主义和谐社会若干重大问题的决定》首次提出了实现基本公共服务均等化的政策方针。2011年3月发布的《中华人民共和国国民经济和社会发展第十二个五年规划纲要》进一步明确提出推进基本公共服务均等化。2017年3月，国务院对外公布《"十三五"推进基本公共服务均等化规划》明确建立国家基本公共服务清单制。2017年10月，党的十九大指出要加快推进基本公共服务均等化。2018年12月出台实施的《关于建立健全基本公共服务标准体系的指导意见》提到，2035年基本实现基本公共服务均等化；2022年10月，党的

---

① 〔英〕弗雷德里希·奥古斯特·哈耶克：《自由宪章》，杨玉生等译，中国社会科学出版社1999年版，第194页。

二十大重申了这一目标。

实现基本公共服务均等化，要特别关注少数民族和民族地区的利益。在民族地区和非民族地区、欠发达地区和发达地区实现基本公共服务均等化，澳大利亚的经验值得我们参考。比如，在墨尔本、悉尼等大城市，派急救车进行医疗救援 30 分钟内可以到场，但北部地区地广人稀，急救车就解决不了问题，就需要派急救飞机。北部地区派急救飞机 30 分钟内可到场，这样结果就均等化了，但成本有时候可能相差几百倍。我国的民族地区和欠发达地区条件较差，因此，在实现基本公共服务均等化的过程中，要进行更多的投入。这种投入更多考虑的是社会收益，而不是经济收益。

公平普惠理念需贯穿于促进新时代民族团结的各项政策中。习近平指出，要"为人民提高受教育程度、增强发展能力创造更加普惠公平的条件，提升全社会人力资本和专业技能，提高就业创业能力，增强致富本领。要防止社会阶层固化，畅通向上流动通道，给更多人创造致富机会，形成人人参与的发展环境，避免'内卷'、'躺平'"，要"促进基本公共服务均等化……加大普惠性人力资本投入"。[①] 情感和利益是民族团结的重要基础，在中华民族大家庭中，如果每个民族每个人都能切身感受到公道平等，都普遍受益、共享社会发展成果，那么他们就会紧密团结在一起，为实现民族复兴不断凝聚合力。

五 共筑共享：生态美丽助推民族团结

生态的最大特点是"共"，因此，人们在生态共同体中要

[①] 《习近平谈治国理政》第 4 卷，外文出版社 2022 年版，第 142、145 页。

"共筑美丽家园共享生态福祉"。新时代民族团结要实现与生态文明的有机融合,要以生态文明建设助推民族团结、铸牢中华民族共同体意识。

(一) 共筑共享的内涵和依据

共筑和共享是人类社会共同体的基本属性。共筑,即共同构建;共享,即共同享用。共筑和共享密不可分。共筑是基础,共享是目标;共筑意味着责任和担当,共享意味着权利和幸福。没有共筑,共同体无法形成;没有共享,共同体无法维系。无论是共筑还是共享,都涉及主体、客体、方式等问题,也就是由谁共筑或共享、共筑或共享什么、如何共筑或共享等。

在我国民族团结和生态文明建设的视域中,共筑共享即各族人民共筑美丽家园,共享生态福祉。这其中,作为主体的"各族人民"具有全民性:从共时性角度看,既包括少数民族人民,也包括汉族人民;从历时性角度看,既包括当代人,也包括后代人。作为客体的"家园"指的是中华民族共同的生态家园;"福祉"指的是生态资源、生态文明建设成果,或者更具体地说就是天蓝、地绿、水净、空气清新……共筑共享的方式和途径是铸牢中华民族共同体意识,建设社会主义生态文明,贯彻落实新发展理念,等等。

共筑美丽家园共享生态福祉的理论依据之一是生态环境具有整体性、公共性、有限性和共享性等特点。整体性即生态是有机整体,不可分割。公共性即大气、水资源、草原等是公共资源,大气污染、水污染、草原退化等也具有公共性质。有限性即资源有限、可污染的空间有限。共享性即无论是环境恶物还是环境善物,都为许多人共同分享。生态环境连接你我他,谁都不能置身其外。

共筑美丽家园共享生态福祉的理论依据之二是人们在生命共同体中要遵循公平正义的生活准则。与生态环境相关的公平正义主要有两个方面的内容。一是生态正义。生态正义是说，人们在开发利用生态资源的时候，要承担节约、培育、补偿的责任，以实现利用与保护的平衡。二是环境正义。环境正义是说，人们在公平享受环境权利的同时，应该公平地承担保护环境的责任。前者是就人与自然的关系而言的，后者是就人与人的关系而言的。

共筑美丽家园共享生态福祉的理论依据之三是新时代新发展阶段人们要追求生态幸福。生态幸福既是个人幸福，也是社会幸福。生态幸福超越了个人主义，反对以个人利益为中心、无视他人利益和社会利益的个人主义幸福观。生态幸福所体现的是社会性、普遍性和共享性。生态幸福既和物质幸福有关，也和精神幸福有关。生态幸福超越了物质主义，摒弃了把对物质的占有和消费作为幸福的标志的物质主义幸福观。生态幸福赞同人类合理利用自然资源，与自然进行物质和能量交换，但反对大量生产、大量消费和大量废弃。生态幸福是一种惠及全民的高质量、高境界的幸福。习近平指出："良好生态环境是最公平的公共产品，是最普惠的民生福祉。对人的生存来说，金山银山固然重要，但绿水青山是人民幸福生活的重要内容，是金钱不能代替的。你挣到了钱，但空气、饮用水都不合格，哪有什么幸福可言。"[①]

（二）共筑共享是民族团结的生态伦理基石

中华民族共同体作为命运共同体，不仅是经济共同体、政治共同体、文化共同体、社会共同体，而且是生态共同体。只有树立并践行各民族共护共用生态资源、共建共治生态环境、共享生态文明成果等理念，中华民族共同体才会团结稳定和永续发展。

共筑美丽家园共享生态福祉是由我国民族地区的客观情况决

---

① 《习近平关于全面建成小康社会论述摘编》，中央文献出版社2016年版，第163页。

定的。民族地区地域辽阔，是资源富集区、水系源头区和生态屏障区，同时也是生态脆弱区和经济落后区。民族自治地方"占国土面积的64%"，"自然资源方面，民族地区森林资源储蓄量占全国总量的47%，草原面积占全国的75%；能源资源方面，民族地区的水力资源储蓄量占全国总量的66%，石油基础储量占全国的20.5%，天然气基础储量占全国的41%，煤炭基础储量占全国的36%；矿产资源方面，民族地区的铬矿基础储量占全国的73.8%，铅矿、锌矿、铝土矿的基础储量都超过全国总储量的一半；我国盐湖资源的90%以上都集中在民族地区……"① 我国的民族地区多处于大江大河的源头，是重要的生态屏障。同时要看到，生态资源是各民族生存发展的物质前提，我国有很多少数民族生活在自然条件恶劣、生态环境脆弱的地区，如果他们靠天吃饭，比如过度砍伐森林、放牧、采矿、垦荒等，就会造成水土流失、风沙肆虐、洪涝灾害频发等问题，中华民族生态共同体就无法保持机体健康。56个民族共同居住在中华大地上，保护和美化生态环境不是单个民族的事，而需要各民族齐心协力。各民族要共同维护生态屏障，共同治理民族地区的生态问题。另外，保护好民族地区的生态环境，前提是让民族地区的同胞与全国其他地方的人民一道过上好日子。这就离不开国家的特殊照顾和经济发达地区的关爱帮扶。而这样做，也是在巩固和加强民族团结。

共筑共享的优美生态环境是民族团结的重要纽带。在我国的许多地方，各民族围绕共同的河流、湖泊、森林、草原等居住，他们世世代代和睦相处、交往交流交融，把共同的生态家园打造得如诗如画。多民族共建美丽家园是维护和促进民族团结重要路

---

① 国家民族事务委员会编《中央民族工作会议精神学习辅导读本》增订版，民族出版社2019年版，第18页。

径，今天要将其发扬光大，推动铸牢中华民族共同体意识向更深刻、更有内涵的方向发展。

具有公共性或共享性的生态环境与民族团结紧密联系，共筑美丽家园共享生态福祉是民族团结的生态伦理基石，还可以从以下几个方面得到论证。

第一，生态资源遭到破坏会导致民族冲突。生态资源对于民族地区的人们来说非常重要。比如，没有充足的水草，牧民就无法正常放牧。如果生态资源减少，人们就会你争我夺。在民族地区，这种争夺战常常发生在民族内部各成员之间，或民族与民族之间。历史上的民族不团结，很多源于资源争夺。当今世界，草原、矿产、森林、土地、淡水等资源越来越稀缺，资源争夺战已成为民族冲突的一个重要原因。

第二，环境正义缺失影响民族团结。民族地区资源丰富，对发达地区投资者产生了很大的吸引力。问题是，有些外来企业只顾赚钱而不顾当地的生态环境，他们的投资开发对当地人带来的不是福祉而是灾难。比如，污染土地、空气、水源，严重影响人们的生产与生活。又如，过度开采和过度砍伐导致地基下陷、泥石流、沙尘暴等。在这些地区，外来投资者享受生态资源，赚取暴利，破坏环境，当地人受害，承担环境责任，这一不公正的现象常常导致一些群体性事件，从而损害民族团结。

第三，生态恶化加剧贫困会导致民族隔阂。一些民族地方因自然条件差和人为破坏的双重原因，土地日渐沙漠化、水土不断流失、土壤贫瘠越来越严重，当地群众即使有政府的扶持也很难走出贫穷的困境。经济差异是影响民族团结的重要因素，过大的经济差距一方面会阻碍民族交往交流交融，另一方面会使民族之间在心理、情感上产生隔膜，变得疏远。只有从改善生态环境上下功夫，才能使这些地方的人民群众摆脱贫困，实现民族团结一家亲。

（三）共筑共享理念贯穿促进民族团结的各项生态政策

在中华民族共同体中，美丽家园由各族人民共筑，生态福祉由各族人民共享。为此，不仅要处理好人与自然的关系，做到人与自然和谐共生，而且要处理好人与人的关系，做到生态环境责任与权利的合理分配。共筑美丽家园共享生态福祉助推民族团结，要在促进民族团结的各项生态政策融入共筑共享的理念。在政策的设计制定和贯彻落实过程中，要注重以下几个方面。

一是保护和优化民族地区的生态环境。民族地区承担着守卫生态安全屏障、保护生物多样性等重任。但是，当地人的生存条件较差，当地的生态系统也非常脆弱。脆弱的生态系统一旦遭到人为破坏，则很难恢复。另外，尽管民族地区有丰富的自然资源，但由于某些资源具有非再生性，当代人的过度开发必然要影响到后代人的资源储量。因此，在公共政策制定过程中，要树立"尊重自然、顺应自然、保护自然""像对待生命一样对待生态环境""生态保护第一""绿水青山就是金山银山""环境就是民生，青山就是美丽，蓝天也是幸福"等理念；要在民族地区实施重大生态保护工程；要坚持系统观念，站在全国和全局的高度统筹规划，优化经济社会发展和生态文明建设整体布局，对生态保护区实行差别化的区域政策；要采取综合措施，加大治理污染、保护资源和优化环境的力度。生活在这些地方的少数民族先民很早就知道，脆弱的生态环境遭到破坏后他们将无法生存，因此，他们创建了许多优秀的生态伦理思想作为习惯法、村规民约等。在今天民族地区的生态文明建设中，要结合时代要求，对这些优秀的生态伦理思想进行创造性转化和创新性发展，并付诸实践。

二是合理开发利用民族地区的生态资源。人类生存和发展离不开自然物质条件，走极端生态中心主义的道路，完全不开发和利用生态资源，是不现实和不可取的。民族地区既要进行资源保护，又要发展生产，改善当地人的生活水平。也就是，"既要金山银山，又要绿水青山"①。其实，生态环境效益和经济效益是能够统一起来的。要达到二者的一致，就要转变发展方式，将过去那种粗放型发展方式转变为以技术创新为主导的、集约型的、可持续的、符合生态文明要求的发展方式，不断满足人们对美好生活的需要。民族地区丰富的生态资源，不是存而不用，而是要节约使用、合理开发利用。对此，习近平指出，要加快少数民族和民族地区发展，"提高把'绿水青山'转变为'金山银山'的能力"。②这就是说，民族地区要走生态优先、绿色发展之路，要采用合理的方式把当地的生态资源优势转化为经济发展优势。

三是建立健全生态补偿机制。广义的生态补偿包含两个方面。首先，在人与自然的生态关系方面，实现经济对环境的利益补偿。对于资源被开发利用的民族地区，要加大生态保护和环境治理的投入，还当地以蓝天白云、绿水青山。对于树木、花草等可再生的资源，利用之后要及时进行栽种、修补等。其次，在人与人的社会关系方面，实现受益者对受损者的利益补偿。一些企业到民族地区进行投资开发，消耗了资源，污染了环境，挤占了土地，对当地群众不进行相应的经济补偿，肯定是不合理的。生态资源从不发达的民族地区源源不断地流向发达的非民族地区，而发达地区没有给予不发达地区相应的补偿，这也肯定是不合理的。生态补偿，本质上是为了实现生态正义与环境正义。

---

① 《习近平谈治国理政》第1卷，外文出版社2018年版，第434页。
② 习近平：《在全国民族团结进步表彰大会上的讲话》，人民出版社2019年版，第9页。

四是改善民族地区人们的生活条件。在我国，长期以来，存在民族地区和非民族地区经济发展不平衡的问题。民族地区地处边缘地带，自然、地理条件较差，人民生活水平相对落后。人们太穷，就会为了生存去开山挖矿、砍伐森林、竭泽而渔。因此，民族地区的经济发展不起来，既解决不了当地人的生存问题，也解决不了生态环境问题。在走向共同富裕的道路上，要支持、帮助、鼓励、引导民族地区实现又好又快的发展，不断缩小民族地区和非民族地区的经济差距。公共政策必须"适合于最少受惠者的最大期望利益"①，或者说，要保障社会中处于最不利地位的人在分配过程中获利最大。制定和实施经济社会发展政策，必须把民族地区人民的利益放在优先地位。

五是转变民族地区的经济增长方式。民族地区作为后发地区，今天的跨越式发展不能走过去那种"高成本低效益""高耗能低产出""先污染后治理"的老路，而要走高效、节能、清洁的新路。"民族地区要立足资源禀赋、发展条件、比较优势等实际，找准把握新发展阶段、贯彻新发展理念、融入新发展格局、实现高质量发展"②，大力发展生态农业、生态工业和生态旅游业等。

第二节 新时代民族团结的伦理建设

我国新时代民族团结建设的最终目的是促进各民族成员友好相处、合作共存，促成各民族凝聚成强大而稳定的中华民族共同体。这不能只停留在理论层面，更重要的是进行操作实践，落到实处。为此，就要抓好民族团结教育、利用好各种民族团结建设

---

① 〔美〕约翰·罗尔斯：《正义论》，何怀宏等译，中国社会科学出版社2009年版，第65页。
② 《习近平谈治国理政》第4卷，外文出版社2022年版，第247页。

资源，扎扎实实开展好民族团结进步创建活动，并力求民族团结与中国式现代化互促共进，从而实现民族团结从理论、思想、观念到实践的转变和飞跃。

一　通情达理：以情感人以理服人做好民族团结教育

"教，上所施，下所效也。""育，养子使作善也。"(《说文解字》)教育具有引领和导向作用，能引导人们增进情感、提高认识，进而身体力行。巩固和加强民族团结，基础在于做好相关教育。民族团结教育本质上是伦理道德教育。"情"与"理"是道德及道德教育的两个相辅相成的重要维度。道之以德做好高质量的民族团结教育，既要动之以情，以情感人，又要晓之以理，以理服人。

(一)"情""理"及其辩证关系

"情"，即情感，情怀，情谊，情绪，情结等。"情"源于本能，发于本心，它所表征的是喜、怒、哀、乐、爱、憎、惧之心理状态。

"理"，即理性、理智、道理、事理、真理等。"理"谓根本、本质、本性，它所揭示的是事物的规律、根据、本来面貌，以及是非得失的标准。

"情"和"理"既对立又统一。一方面，"情"和"理"有区别。"情"具体、直观，带有较多的经验成分；"理"抽象、深刻，经得起逻辑的考察与检验。"情"产生动力；"理"明辨方向。由"情"而达到感动；由"理"而达到认知。另一方面，"情"和"理"紧密联系。"情"是"理"的基础和来源，"理"是"情"的升华和论证。"情"和"理"相互依赖、相互包含、相互渗透。

（二）道德和道德教育中的"情""理"辩证法

道德是人的道德，道德既内含"情"也内含"理"。在西方道德思想史上，长期存在情感主义和理性主义之争。亚当·斯密和大卫·休谟等情感主义者认为，人是有感情的动物，人天生就有仁爱和同情之心。亚当·斯密所说："无论人们会认为某人怎样自私，这个人的天赋中总是明显地存在着这样一些本性，这些本性使他关心别人的命运，把别人的幸福看成是自己的事情……最大的恶棍，极其严重地违犯社会法律的人，也不会全然丧失同情心。"[1] 康德和黑格尔等理性主义者认为，人是理性存在物，理性或实践理性是道德的基础。在康德看来，作为理性存在物，人能为自己颁布具有普遍性的"道德法则"，并且，人应该遵守这些道德法则，"要这样行动，使得你的意志的准则任何时候都能同时被看作一个普遍立法的原则"[2]。其实，道德上的重"情"与重"理"之别在中国古代思想家那里也有体现。孟子及陆九渊、王阳明等都非常看重道德人心的作用。孟子认为，道德来自人的仁爱和恻隐之心。他举例说，当有人看到一个小孩快要掉到井里去的时候，这个人就会主动地去救。去救的原因不是因为这个人认识小孩的父母，也不是因为想救人后得到什么好处，而是出于同情和恻隐之心，出于人天生的善良本性。陆九渊、王阳明等认为要从"人心"上下功夫，提高人的道德修养。董仲舒、朱熹等非常重视"理"的作用，他们把道德看作"天道""天理"。董仲舒认为"道之大原出于天，天不变，道亦不变"（董仲舒《举贤良对策》）。他所说的"道"，即"三纲"（父为子纲、君为臣纲、夫为妻纲）和"五常"（仁、义、礼、智、信）。朱熹认为"圣贤千言

---

[1] 亚当·斯密：《道德情操论》，商务印书馆1997年版，第5页。
[2] 〔德〕康德：《实践理性批判》，邓晓芒译，人民出版社2003年版，第39页。

万语，只是教人明天理，灭人欲"（《朱子语类》卷十二）。纵观中外道德思想可见，情感派强调情感是道德的源泉，是道德行为的动机，是道德判断的依据；理性派强调道德的推理、论证以及讲理、遵守道德准则等。情感派和理性派都有一定的道理，也都有片面性。只讲情感，可能会出现主观偏差或感情用事，而且，情感支配的行动尽管热烈但未必持久。只讲理性，道德就会成为冷冰冰的规则，甚至，道德是人之外的"神秘物"。如此这般，则难以发挥道德主体的积极性和主动性。只有抛弃唯心主义和形而上学的思维方式，从人和人的生活方式着眼，将情感和理性辩证统一起来，才能全面认识道德。

从道德的属人性和"情""理"兼具的特点出发，提高道德教育的实效性，既要动之以情，又要晓之以理。动之以情，就是以真挚的情感交流来感化人、教育人。晓之以理，就是用深刻的道理说服人，教育人。

（三）如何道之以德做好民族团结教育

民族团结教育本质上是协调各民族关系、铸牢中华民族共同体意识的民族伦理道德教育。民族团结教育的内容非常丰富，比如，马克思主义"五观"教育，"五个认同"教育，"五史"教育，"四个自信"教育，"三个主义"教育，"三个意识"教育，祖国统一教育，尊重各民族风俗习惯的教育，等等。

道之以德做好民族团结教育，"情"和"理"一个都不能少。"情"即以情动人。"情"要求教育主体有情怀，教育语言充满真情，教育方式能让人动情，教育环境能使人生情。"情"所关注的是教育的温度。"理"即以理服人。"理"要求讲理、明理、信理。"理"所体现的是教育的深度。体会真切的情感和慎思明辨的理性是民族团结教育取得实效的两个关键因素。

感人心者，莫先于情。民族团结教育首先要在"情"上下功夫，即要以情感为基础和依托，进行情感的熏陶与培养。"从行为发生学的角度讲，形成民族团结的态度、进而具备民族团结的情感是民族团结的行为基础。民族团结态度形成的基点是真诚和信任，由此才能产生亲近、友善的情感，并最终通过民族交往行为反映出民族团结的状态。"① "精诚所至，金石为开"（《庄子·渔父》），只有用真诚、亲近、友善的情感对受教育者进行引领，才能收到教育的实效。情感引领的方式多种多样，比如，以说案例、讲故事、实践体验等方式，激发受教育者，使其心灵受到震撼、思想受到触动。又如，创设良好的教育环境，增强受教育者的体认与感知。"德育实践的过程，是学生选择、理解和整合德育者所传递的各种信息的过程。学生最终形成怎样的德行，跟德育发生的情境和氛围息息相关。"② 有了良好的氛围和环境，学生会轻松自然、积极主动地融入其中，从而达到润物无声的教育效果。

民族团结的情感教育，除了情感引领之外，还要共情。"共情"即教育者和受教育者情感共鸣、情感共振。"共情"又被称为"同情""同感""感同身受"。"共情"是站在当事人的立场，考察当事人置身其中而产生什么样的情绪。亚当·斯密认为，"联想"是"共情"的基础。人同此心，对于合情之事，人们具有感受的一致性。这种一致性为人们的想象积累了丰富的经验，使人们得以在对别人的感受没有直接经验的情况下，凭借着想象也能感同身受，从而产生情感认同与共鸣。"由于我们对别人的感受没有直接经验，所以除了设身处地的想象外，我们无法知道别人的

---

① 严庆：《赋予民族团结教育润物无声的品性》，《中国民族报》2010年5月14日。
② 芮鸿岩：《高校德育亲和力的价值意蕴与实践路径》，《江苏高教》2018年第1期。

感受。"[1] 将自己置于别人的处境之中，"通过想象，我们设身处地地想到自己忍受着所有同样的痛苦，我们似乎进入了他的躯体，在一定程度上同他像是一个人，因而形成关于他的感觉的某些想法，甚至体会到一些虽然程度较轻，但不是完全不同的感受"[2]。在民族团结教育中，"共情"要求教育者，一是情怀要深厚，心中时刻装着国家、民族和人民，二是要使用饱含真情、充满激情的话语唤起受教育者的情感，引起思想共鸣和情感共振，从而形成价值共识和共同体认同。

"情"是感性的、初步的，民族团结教育中的"情"有待上升到"理"。这包括两个方面。一是要有理。马克思指出："理论只要说服人，就能掌握群众；而理论只要彻底，就能说服人。所谓彻底，就是抓住事物的根本。"[3] 民族团结教育中的"理"蕴含在民族团结教育的基本内容中，它们具有"理"的一般特征，即："任何一种理论都是三个基本维度的统一：其一，向上的兼容性，即认识史的积淀和结晶；其二，时代的容涵性，即思想中的现实；其三，逻辑的展开性，即概念发展的有机系统。"[4] 民族团结理论之所以有力量，就在于它"有理"——它是历史、现实和理论逻辑的统一。二是要讲好理。无理不能服人，但有理讲不清楚同样不能服人。因此，要把"有理"的民族团结理论诉诸"讲理"的民族团结教育过程中。讲民族团结之理，要"把'正道理'讲准，不能不着边际随意讲""把'难道理'讲清，不能笼而统之简单讲""把'深道理'讲透，不能云里雾里模糊讲""把'歪道

---

[1] 〔英〕亚当·斯密：《道德情操论》，蒋自强等译，商务印书馆1997年版，第5页。
[2] 〔英〕亚当·斯密：《道德情操论》，蒋自强等译，商务印书馆1997年版，第6页。
[3] 《马克思恩格斯文集》第1卷，人民出版社2009年版，第11页。
[4] 孙正聿：《理论课要会"讲理"——我讲"哲学通论"》，《中国高等教育》2004年第2期。

理'驳倒，不能人云亦云跟着讲"。① 讲民族团结之理，要寓理于情，哪怕是讲理，也要以深深的情感作为基础。"如果教育者板起面孔居高临下地讲道理，没有感情的交流，那么，即使道理再正确，道理讲得再透彻，恐怕效果也不会好。"② 讲民族团结之理，要使用轻松活泼、喜闻乐见的语言，要因势利导、循循善诱，使受教育者愉快地、主动地接受教育内容。讲民族团结之理，要进行深刻的分析和论证，把道理讲得透彻、清楚、明白。

情中有理，理中蕴情。情润人心，理启智慧。"情"增强亲和力、感染力、感召力，"理"增强解释力、说服力、穿透力。"没有理性支撑的情感是短暂的、易逝的、虚无的，而没有情感依托的理性是冷酷的、独断的、专制的"③。民族团结教育只有切实做到"情"与"理"的互补、并重和相融，既"合情"又"合理"，才能起到有效培养各成员的民族自尊心和自信心、增强民族凝聚力和向心力、铸牢中华民族共同体意识的作用。

二 博采众长：整合各种优秀伦理资源建设民族团结

尽管"民族""民族团结"是近现代才出现的名词，但在我国古代就存在民族及民族团结问题。尽管"民族团结"的提法在国外很少见，但世界上很多国家都存在族群整合问题。伦理学的一个重要功能是优化和调整社会伦理关系，古今中外在协调人群关系的实践中积累了丰富的伦理文化资源。这些资源精华与糟粕并存，要结合中国特色社会主义新时代的特征、主题、目标、任务和使命等，充分发挥各种资源的积极因素，广泛吸取各种优点

---

① 陈秀、独佩星：《深化教育 重在讲理》，《空军政治学院学报》1996年第4期。
② 高庆明：《正确把握思想政治工作"情"与"理"的辩证关系》，《学术交流》1996年第6期。
③ 涂文娟：《阿伦特政治哲学中的团结概念》，《天津社会科学》2009年第5期。

和长处，海纳百川，融合统一，用以推动我国新时代民族团结发展进步。

（一）新时代民族团结的思想建设要以铸牢中华民族共同体意识为核心

民族团结既要通过大力发展生产力、改善各族人民生活条件、推进民族地区公共服务均等化等物质建设来加强，也要通过直指人心、触及灵魂的思想建设来加强。后者需以铸牢中华民族共同体意识为核心。

中华民族共同体为中华民族大团结奠定了坚实的基础。这体现在经济、政治、文化等各方面。首先，经济共同体保障了民族团结。长期以来，中华民族在生产生活方面交往交流，互通有无，互相帮助，互相关爱，互相学习。这种"谁也离不开谁"的经济上的相互依赖使得各民族紧紧团结在一起。其次，政治共同体保障了民族团结。中华民族在秦汉时期就建立了"大一统"的政权，而且之后的大部分时间在政治上都是统一的。这种政治统一为民族团结稳固了制度根基。最后，文化共同体保障了民族团结。中华文化尤其是儒家文化是各民族共同崇尚并践行的文化。这种共同的文化基因将各民族紧紧地联结在一起。由此可见，中华民族大团结是中华民族共同体形成和发展的必然结果。

中华民族共同体意识是民族团结之本，是中华民族大团结的情感依托、精神基础和文化归依，是维护中华民族大团结的思想武器。中华民族以共同的利益、共同的目标、共同的情感、共同的信念、共同的价值、共同的责任等为纽带，把各民族紧密团结在一个积极进取的大家庭中。意识是对存在的反映，意识具有能动作用。如果人们能够自觉意识到或者通过接受教育感知到中华民族共同体的客观存在及其重要性，就会心生认同并付诸共筑行动，就会同呼吸、共患难，就会手牵手、心连心，从而紧密团结在一起。相反，如果各民族只认同自己，就会导致个体原子主义，产生"个体化流沙"，无法实现中华民族的凝聚和团结。

铸牢中华民族共同体意识为新时代民族团结建设指明方向、凝聚力量。从"指明方向"来说就是，今后的民族团结建设要"按照增进共同性的方向"前进。从"凝聚力量"来说就是，"牢固树立休戚与共、荣辱与共、生死与共、命运与共的共同体理念"，发挥意识的能动作用，"促进各民族在理想、信念、情感、文化上的团结统一，守望相助、手足情深"。[①] 对多民族国家来说，只有铸牢民族共同体意识，才能实现民族团结。"当今世界，一些国家的民族问题频发，核心问题还是偏离了民族共同体的目标导向，脱离了各族人民的普遍共同诉求，或是形成了一个民族对其他民族的歧视和打压，或是对一些民族的错误的思潮和行为熟视无睹，从而根本上动摇了民族共同体的制度和价值基础。"[②] 新时代中国特色社会主义民族团结的思想建设，要紧紧围绕"中华民族共同体意识"这个核心不懈努力，"要构建铸牢中华民族共同体意识宣传教育常态化机制，纳入干部教育、党员教育、国民教育体系，搞好社会宣传教育"[③]。

（二）有利于铸牢中华民族共同体意识是新时代民族团结建设资源选取的重要标准

我国的民族团结建设要坚持以马克思主义理论为指导，用马克思主义立场、观点和方法分析和解决问题，但也要博采众长，从各种相关资源中汲取养分。问题是，任何一种资源都产生于特

[①] 《习近平谈治国理政》第4卷，外文出版社2022年版，第245、244页。
[②] 夏文斌、易佳乐：《中华民族共同体视域下的民族团结》，《新疆大学学报》（哲学·人文社会科学版）2019年第3期。
[③] 《习近平谈治国理政》第4卷，外文出版社2022年版，第247页。

定的时间和空间。它可能在当时是优秀的，但在今天看来已经过时了。它也可能适合于其他国家和政治体制，但不适于社会主义中国，这就需要古为今用、洋为中用、批判继承和综合创新。

某种资源是否有利于新时代民族团结建设，一个重要的判别标准是，看它是否有利于铸牢中华民族共同体意识。习近平指出："只要是有利于铸牢中华民族共同体意识的工作就要多做，并且要做深做细做实；只要是不利于铸牢中华民族共同体意识的事情坚决不做。"[1] 对新时代民族团结建设资源的选取，必须要考虑它是否有利于铸牢中华民族共同体意识。如果不利于铸牢中华民族共同体意识，就要坚决舍弃。在"有利于铸牢中华民族共同体意识"的基础上，再考虑时代性、民族性等，用辩证取舍、创造性转化和创新性发展的方法进行加工处理。

（三）整合各种优秀伦理资源铸牢中华民族共同体意识维护中华民族大团结

民族团结既有"团结"的共性，也有"民族"的个性。古代的团结和今天的团结既有相同点，也有不同点。我国和其他一些国家既面临某些共同的团结问题，也有自己的特殊之处。因此要运用马克思主义世界观和方法论，具体问题具体分析，对普遍适用、跨越时空、超越国度、富有永恒魅力、具有当代价值的优秀资源进行整合，从而古为今用、洋为中用。整合即整理协调、重新组合。整合的过程是去粗取精、传承发展、存异求同、优化组合的过程。整合各种优秀伦理资源建设新时代民族团结，从"团结"的一般特征和基本属性观之，做到以下两个方面尤为重要。

---

[1] 《习近平在参加内蒙古代表团审议时强调 不断巩固中华民族共同体思想基础 共同建设伟大祖国 共同创造美好生活》，《思想政治工作研究》2022年第3期。

1. 用好有关差异性、共同性和相互性的伦理资源

人类社会是"差异""共同""相互"的统一体。马克思主义、中国传统伦理文化和西方伦理文化对"差异""共同""相互"及其关系都有丰富而深刻的论述。"差异""共同""相互"是团结的重要内涵，搞好民族团结，客观上要求处理好差异性、共同性和相互性问题。这需要从各种文化中汲取营养，进行综合创新。

差异性资源。差异是团结的前提，无差异则无须言团结。马克思主义讲多样性、对立、斗争等，中国古代有"和而不同""和而不流""执两用中""和实生物，同则不继"等思想，西方也有如何处理经济差异、政治差异、文化差异，实现社会团结的思想。研习这些思想，有利于在民族团结建设中尊重差异、包容多样，有利于正确把握差异性和共同性的关系。

共同性资源。共同性是共同体的生命，失去共同性则共同体不复存在。无论是共同体还是团结，都要以"共同"为旨归。马克思主义有"统一性""共同体""自由人联合体""集体主义""爱国主义"等，中国古代有"和合""大同""心同""理同""天下为公"等，西方有"共同善""承认""认同""协同"等。研习这些思想，有利于在民族团结建设中认识共同体、增进共同性、凝聚价值共识。

相互性资源。团结从根本上说是合理协调个体和个体之间的关系，以达到有机统一。这就涉及个体和个体之间的"相互性"。马克思主义讲普遍联系、社会交往理论，中国文化讲"己欲立而立人，己欲达而达人""己所不欲，勿施于人""爱人者，人恒爱之""兼相爱，交相利""老吾老以及人之老，幼吾幼以及人之幼"，西方文化讲主体间性或交互主体性，等等。研习这些思想，

有利于在民族团结建设中优化民族和民族之间、各民族内部成员之间的关系。

2. 用好有关仁爱、正义、民本、爱国的伦理资源

中华优秀传统文化博大精深。习近平强调："要认真汲取中华优秀传统文化的思想精华和道德精髓，大力弘扬以爱国主义为核心的民族精神和以改革创新为核心的时代精神，深入挖掘和阐发中华优秀传统文化讲仁爱、重民本、守诚信、崇正义、尚和合、求大同的时代价值"[①]。中华优秀传统文化中的仁爱、正义、民本、爱国思想等是美德资源库中光彩夺目的瑰宝，要对其进行大力挖掘和整理，实现其创造性转化和创新性发展，运用于新时代民族团结建设。

仁爱是民族团结的重要情感基础。中华传统美德推崇仁爱原则。"仁，爱也""仁者爱人""仁者人也""爱人者人恒爱之""仁者爱其类也""泛爱众而亲仁""仁者以天地万物为一体""杀身成仁""亲亲而仁民""仁者自爱""恻隐之心，仁也""仁之实，事亲是也""不以仁政，不能平治天下""天子不仁，不保四海；诸侯不仁，不保社稷""克己复礼为仁""我欲仁，斯仁至矣"等，都是中华传统美德中关于仁爱的重要表述。从仁爱精神出发，古人倡导团结互助，主张各民族和衷共济、和睦相处。仁爱是各民族团结在一起的黏合剂，新时代民族团结建设要结合时代要求和社会主义社会的特征将其发扬光大。

正义是民族团结的重要理性基石。如果说仁爱侧重于情感，是"仁者爱人"，那么正义则侧重于理性，是"义者循理"。"义，人之正路也"（《孟子·离娄上》），正义要求个人沿正道而行，不

---

① 《习近平谈治国理政》第1卷，外文出版社2018年版，第164页。

损害他人、国家和民族的利益。"君子喻于义，小人喻于利""利者，义之和也""义以生利""义以建利""义以导利""以义制利""见利思义""先义而后利者荣，先利而后义者辱""君子义以为上""君子义以为质""义然后取""不义而富且贵，于我如浮云""舍生取义""禽兽有知而无义""天下有义则治，无义则乱""私义行则乱，公义行则治""当以忠义报国"等，都表达了中华民族正义至上的理念。正义是社会大厦的基础，是各族人民的道德共识，是团结的力量之源。新时代弘扬传统正义思想，有助于维护民族大义，促进民族团结，铸牢中华民族共同体意识。

民本凸显了民众在国家民族共同体中的重要地位。"民贵君轻""民惟邦本，本固邦宁""德惟善政，政在养民""水则载舟，水则覆舟""政善民安，则天下之心和""制民之产""生民之本，足食为先""不患寡而患不均，不患贫而患不安"等思想道出了民众对民族共同体兴衰存亡的决定作用，以及官员为民族共同体成员谋幸福的责任和义务。中华民族的生活家园是各族人民共同筑造的，中华文明史是各族人民共同书写的。中华民族的繁荣发展是为了各族人民，也要依靠各族人民。今天"以人民为中心"的发展理念是对传统民本思想的传承与超越。正是"以人民为中心"，全国各族人民才为自己的美好生活，也为中华民族整体的兴盛繁荣而团结奋斗。

爱国是维护民族团结的牢固精神纽带。爱国主义是历史上无数中国人最深厚的民族情感。"捐躯赴国难，视死忽如归""长太息以掩涕兮，哀民生之多艰""王于兴师，修我戈矛。与子同仇！""以身许国，何事不敢为？""中夜四五叹，常为大国忧""愿得此身长报国，何须生入玉门关""爱国如家""苟利国家，不求富贵""苟利社稷，死生以之""国利国家生死以，岂因祸福避趋之""位卑未敢忘忧国""王师北定中原日,家祭无忘告乃翁""天下兴亡,匹夫有责""寸寸山河寸寸金""只解沙场为国死,何须马革裹尸还"等,都是中华儿女表达爱国之情的肺腑、铿锵之言。中华民族在数千年的历史长河中,各民族大部分时间都紧密团结在一起,风雨同舟,砥砺前行,靠的就是这种拳拳爱国心,殷殷报国情。实现中华民族伟大复兴,维护祖国团结统一,要大力传承和弘扬传统爱国主义文化。

三 形神兼备:注重伦理内涵深化民族团结进步创建

以"政府主导、各族群众广泛参与、创造性地推动"为特征的民族团结进步创建是新时代维护和增强民族团结的必然要求。创新推进民族团结进步创建,既要丰富外在形式,又要注重内在精神。民族团结进步创建中的精神,本质上是伦理精神。民族团结进步创建注重内在精神,就是要重视创建活动的伦理内涵、弘扬爱国团结互助勤劳等民族伦理精神、培育各族群众的伦理情感。

(一) 民族团结进步创建及其基本要求

民族团结进步不能只写在纸上,挂在墙上,说在嘴上,而要内化于心,并落实到久久为功的行动中。为达到民族团结进步"入脑入心、见行见效"之目的,就要全面深入持久地开展实实在在的创建工作。

新时代民族团结进步创建以习近平新时代中国特色社会主义思想为指导,其总目标是"中华民族一家亲,同心共筑中国梦",其主题是共同团结奋斗、共同繁荣发展,其根本方向是铸牢中华民族共同体意识,其主要途径是加强各民族交往交流交融,其基本理念是"重在平时、重在交心、重在行动、重在基层",其总要求是人文化、实体化和大众化,其主要内容包括深化民族团结进步宣传教育、传承发展中华优秀传统文化、搭建促进各民族沟通的文化桥梁等。

新时代民族团结进步创建要坚持以人民为中心。民族团结进步创建是以"人"为行动者的群体性社会实践活动。民族团结进步创建，要为了人民——表达人民心声，回应人民期盼，维护人民利益，创建成果由人民共享，成果方式为人民喜闻乐见。民族团结进步创建要依靠人民——让广大人民参与其中，充分发挥人民的能动性和创造性。民族团结进步创建，要做好人心工作，让各族人民群众认识到手足相亲、守望相助的重要性，并不断增进各族群众对伟大祖国、中华民族的认知和认同。

新时代民族团结进步创建要以基层工作为重心。民族团结之树稳固的关键在根系，民族团结建设的基础在基层。基层在铸牢中华民族共同体意识、反分裂斗争、维护社会稳定、带领各族群众走向共同富裕等方面都能发挥极其重要的作用。基础不牢，地动山摇。民族团结进步创建，要将重心下沉到社区等基层单位。

（二）民族团结进步创建中的多样形式与伦理精神

外是内之显，内是外之隐。"形者神之质，神者形之用"（范缜《神灭论》）。外与内、形与神是内在统一的。"神之于质，犹利之于刃"（范缜《神灭论》），精神对于物质形体的功用来说，就像锋利对于刀刃，离开了锋利就谈不上刀刃。

1. 民族团结进步创建中的"形"

中国特色社会主义进入新时代，民族团结进步创建不断创新推进，其形式丰富多彩。全国各地特别是边疆民族地区，做了很多工作。比如，创建民族团结进步示范州、示范县，民族团结进步创建进机关、进企业、进社区、进街道、进医院、进部队等，开展全行业、全系统的民族团结进步创建，在边境沿线打造民族团结进步创建联盟，以党建引领民族团结进步创建，等等。习近平指出："要把民族团结进步创建全面深入持久开展起来，创新方式载体，推动进机关、进企业、进社区、进乡镇、进学校、进连队、进宗教活动场所等。"① 这些年，全国各地的民族团结进步示范村、示范街、示范广场、示范公园、示范社区、示范学校、示范寺院等创建得有声有色，到处都是"民族团结进步"亮丽风景线。这些标杆能起到很好的引领、激励、感召作用。

步入新时代新征程，全国各地积极打造民族团结进步创建升级版，进一步丰富民族团结进步创建的形式，创新民族团结进步创建的方式、方法和载体。比如实施"石榴红"工程、全面开展各民族交往交流交融"三项计划"、全力建设边境民族团结进步模范长廊、全面推进现代化边境幸福村建设等。又如，探索"主题党日+民族团结""互联网+民族团结""民族团结+乡村振兴""民族团结+校园文化"等模式。全国各地结合本地实际情况，不断创新民族团结进步创建形式，使民族团结进步和铸牢中华民族共同体意识日益走向全面和深入。

2. 民族团结进步创建中的"神"

民族团结进步创建既有外在形式，又有内在精神。这种内在精神本质上是该民族共同体的思想观念、气质气节、风度风貌、价值取向、共同理想、道德追求、社会风尚等伦理精神。这种伦理精神是民族团结的纽带、民族进步的动力、民族自信的支柱。因此，民族团结进步创建要特别注重伦理内涵的发挥以及伦理精神的培育。

新时代民族团结进步创建中的伦理精神，总体上可分为民族

---

① 习近平：《在全国民族团结进步表彰大会上的讲话》，人民出版社2019年版，第10页。

团结精神和民族进步精神两个相辅相成的方面。

民族团结精神。民族团结精神是"中华民族紧紧凝聚在一起的一种齐心协力、风雨同舟的精神状态"[1]。民族团结精神最重要的有两个方面。一是重视整体利益。与西方文化更重视个体利益相比，中华文化更重视整体利益。中华文化认为个体是整体的一部分，整体利益体现着个体根本的、长远的利益，个体有维护整体利益的责任和义务。中华民族共同体意识便是这种整体意识的体现。这种意识具有强大的凝聚作用，"中华民族共同体意识是国家统一之基、民族团结之本、精神力量之魂。"[2] 二是重视和谐关系。与西方文化相比，中华文化更强调和谐、反对冲突。中华文化尚"和"，认为"和也者，天下之达道也"（《中庸·第一章》）——"和"是天下最行得通的道理。和谐体现在民族关系上，即各民族要和睦相处、亲如一家，要仁爱互助、携手共进，要相互尊重、相互包容。重视整体利益是中华民族整体团结的伦理基础，重视和谐关系是各民族内部团结、民族之间团结的伦理基础。这两个方面是内在一致、辩证统一的。

民族进步精神。民族进步精神是一个民族开拓进取、奋发有为、求新求变、勇往直前的精神状态。勤劳勇敢、自强不息是中华民族的传统美德，中华民族历来追求向上向善、革新进步。商汤古盘上刻有"苟日新，日日新，又日新"的铭文，《周易·系辞上》讲"日新之谓盛德"，《周易·系辞下》讲"穷则变，变则通，通则久"。管仲改革、商鞅变法、王安石变法、张居正改革等都是中华民族谋求进步、变法革新的典型。作为进步动力源泉的

---

[1] 沈向兴等：《新时代民族团结精神：建构与解析》，《云南社会科学》2022年第1期。
[2] 《中共中央办公厅国务院办公厅印发〈关于全面深入持久开展民族团结进步创建工作铸牢中华民族共同体意识的意见〉》，《中国民族》2019年第11期。

"创造""奋斗""梦想"精神与"团结"精神一起构成伟大的中华民族精神。"筚路蓝缕,以启山林"(《左传·宣公十二年》),正是这些伟大的精神,推动中华民族生生不息,不断发展壮大。

民族团结精神和民族进步精神有机统一。首先,整体的进步离不开各部分的团结。中华民族的进步不是某个或某些民族进步,而是指各民族共同进步。因此,它以民族团结为前提。其次,民族团结也离不开民族进步。利益是团结的重要基础,各民族团结在一起的一个重要目的,就是获得更大的力量,彼此生活得更好。反之,如果联合在一起得不到任何好处,甚至使自己利益受损,团结就不复存在。因此,团结需要进步提供源源不断的动力。民族团结和民族进步犹如车之两轮、鸟之两翼,它们缺一不可,平衡协调而共同推动民族向前发展。中华民族复兴梦的实现需要各民族共同团结奋斗共同繁荣发展。全面建成社会主义现代化强国是继全面建成小康社会之后的第二个百年奋斗目标。第二个百年奋斗目标的实现,其中一项重要任务是各族人民携手努力逐步实现共同富裕。

新时代民族团结进步创建中的"精神"有丰富和系统的表达。社会主义核心价值观对铸牢中华民族共同体意识具有价值引领作用,它不仅内含"和谐""爱国""友善"等团结精神,而且内含"富强""敬业"等进步精神。中华民族共同体意识是民族团结进步精神的"纲"。在中华民族共同体意识的统领下,还有更具体的精神,比如"五个认同""四个与共""两个共同"等。这些精神又可以细分,比如,对中国共产党的认同可分为情感认同、组织认同和价值认同等。各种各样、各层次的精神,一起构成完整的民族团结进步精神体系。

(三)形神合一深化民族团结进步创建内涵

形与神是中国哲学中的一对范畴。形,即形式、形状、形体、肉体、身体、容貌。"形"是一个象形字，其左边是"开"、左边是"彡"，原意为张开的羽毛，引申为呈现的容貌。或者说，"形"指的是某事物呈现出的样子，这样子是外显的，而不是内隐的。神，即精神、神明。"神"是不同于物质、肉体等具体形象的灵气、灵魂、心灵、思想、道理或规律等。与"形"相反，"神"是内隐的，看不见摸不着。

神寓于形，形彰显神。在形与神的辩证统一关系中，一方面，神由形而生，神离不开形。另一方面，神是主要的，创造形是为了表达神。这就要求形神兼备、形神合一，并且能由形传神。

民族团结进步创建需要外在形式和内在精神合而为一。如果只注重形式，就会多而不精、效果甚微，或华而不实、徒有其表，就会缺乏内涵和灵魂。如果搞成了休闲娱乐等其他活动形式，而不是民族团结进步创建的形式，就"跑调"了。只有形式去契合精神，与精神有机统一，才能抓住本质和关键，体现价值和意义。内在精神重要，外在形式也不是可有可无的。如果没有形式或形式不完美，那么精神的表达就缺乏载体，或吸引力不够，就达不到教育人、塑造人、感化人、激励人的效果。新时代深化民族团结进步创建，既要丰富外在形式，也要深化精神内涵。前者是为后者服务的。前者力求生动活泼、惟妙惟肖、喜闻乐见、多彩多样，后者力求立意高远、思想深邃、主题鲜明、催人奋进。

新时代形神合一深化民族团结进步创建，要将民族团结精神和民族进步精神以生动、具体的形式表达出来。要结合创建地的实际情况，充分挖掘、整合相关历史文化资源，创新发展活动方式，充分运用现代传媒手段，让"精神"深入人心。要结合本地的过去、现在和未来，用老百姓看得见、听得懂、记得住的形式，宣传民族团结进步的精神和理念。要提升人们的体验感，让人们在切身体验中提高政治觉悟和思想境界。要培育人们的参与意识，让人们在广泛的参与互动中增进情感、增强认同。要形成社区、校区、园区、商区、街区、小区等融合的立体互嵌式民族交往交流交融生动局面，着力打造"多方合作""多位一体"的民族团结进步示范区。

新时代形神合一深化民族团结进步创建，要树立和突出各民族共享的中华文化符号和中华文化形象，并深刻体现其厚重的精神意蕴。中华文化符号和中华民族形象不仅包括国旗、国徽、国歌、天安门、钓鱼岛、布达拉宫、长城、泰山、昆仑山、珠穆朗玛峰、大运河、都江堰、坎儿井、三峡工程、长江、黄河、大熊猫、中国龙、中国结、中国功夫、唐诗、宋词、四大名著、春联、年画、年糕、筷子、龙舟等，而且包括革命圣地、英雄模范人物、伟大杰出人物等。这其中蕴含着丰富的团结、和谐、和平、正义、大同、民本、爱国、梦想、创新、奋斗、奉献等精神追求和精神特质。"形神合一"要求将上述"神"从上述"形"中提炼出来，并借助现代视听工具、网络媒体等具象化地表达出来，融入各族群众的生产生活，根植于其心灵深处，从而起到团结人心、凝聚共识、汇聚合力的作用。

四　立桅扬帆：民族团结与中国式现代化的互促共进

新时代新征程，我国的中心任务是努力实现中国式现代化、不断推进中华民族走向伟大复兴。民族团结是实现中国式现代化的前提条件和动力之源，中国式现代化推动民族团结进步事业高质量高水平发展，二者协同一致、相互促进、相得益彰。

（一）民族团结为中国式现代化提供力量源泉

团结聚力，分裂散力，内斗耗力。纵观古今中外，民族的兴旺、国家的崛起，都是因为这些民族、这些国家的人民大众有组织地团结奋进，而民族的衰落、国家的衰败，则从动乱、纷争、分裂开始。一百多年来，中国人民在中国共产党的带领下，靠团结奋斗捍卫了民族独立和国家尊严，取得了革命、建设、改革和复兴事业的伟大成就。"大厦之成，非一木之材也；大海之阔，非一流之归也。"（冯梦龙《东周列国志》）"积力之所举，则无不胜也；众智之所为，则无不成也。"（刘安《淮南子·主术训》）今天，中国全面建设社会主义现代化国家需要各族人民同心同德、团结如磐、踔厉奋发、勇毅前行。

人口规模巨大对实现国家现代化既是优势也是挑战。我国56个民族14亿多人口，这在世界上绝无仅有。"人多力量大"，"众人拾柴火焰高"，各族人民精诚团结、共同奋斗，"人心齐，泰山移"——国家现代化的目标就容易实现。人口规模巨大也意味着实现现代化艰巨而复杂。一个国家，缺少团结要件，人口数量再多，也无法凝聚成强大的力量。如果人们普遍缺少团结奋斗精神，松散慵懒，精神不振，那么国家的发展就会像负重且动力不足的汽车艰难爬坡，前行迟缓甚至时有后退，这样无法实现众多人口的共同富裕，无法整体迈进现代化社会。为确保大而坚强有力，或者说，为确保大而不散、大而不弱，我们必须加强民族团结。

实现中国式现代化的力量源于中华民族大团结。人民既是民族团结的根本主体，也是实现中国式现代化的主体力量。"团结就是力量，团结才能胜利。全面建设社会主义现代化国家，必须充分发挥亿万人民的创造伟力。"[①] 中华民族向来具有伟大的团结奋斗精神，正是靠这种精神，我们建立了统一的多民族国家，建设

[①] 习近平：《高举中国特色社会主义伟大旗帜 为全面建设社会主义现代化国家而团结奋斗——在中国共产党第二十次全国代表大会上的报告》，人民出版社2022年版，第70页。

和护卫了美丽的家园。"团结奋斗是中国人民创造历史伟业的必由之路"①，要大力弘扬伟大团结精神和伟大奋斗精神，不断巩固全国各族人民大团结，动员全体中华儿女为实现社会主义现代化而尽心竭力，要"促进海内外中华儿女团结奋斗，为全面建成社会主义现代化强国、实现中华民族伟大复兴汇聚磅礴伟力"②。

人的力量在心上，加强团结关键要在"心"字上下功夫。"奋力推进中国式现代化，就要增强信心、构筑同心、铸凝民心、砥砺人心，凝聚全民族的共识、意志、信念，把精神力量转化为物质力量，为中国式现代化提供不竭的力量源泉。"③ 新时代新征程，要通过牢固树立"四个与共"、增强"五个认同"、加强民族"三交"等铸牢中华民族共同体意识、巩固和发展中华民族大团结。各民族团结一心，众志成城，拼搏进取，全面建设社会主义现代化国家便有了源源不断的磅礴力量。

（二）以中国式现代化全面深入推进民族团结

中国式现代化包括不断推进民族团结现代化。中国式现代化具有鲜明的中国特色和丰富的科学内涵，其本质要求是"坚持中国共产党领导，坚持中国特色社会主义，实现高质量发展，发展全过程人民民主，丰富人民精神世界，实现全体人民共同富裕，促进人与自然和谐共生，推动构建人类命运共同体，创造人类文明新形态"④。在中国式现代化进程中，实现这些要求的同时，也全面深入地推进了民族团结。

---

① 习近平：《高举中国特色社会主义伟大旗帜 为全面建设社会主义现代化国家而团结奋斗——在中国共产党第二十次全国代表大会上的报告》，人民出版社2022年版，第70页。
② 《习近平在中央统战工作会议上强调促进海内外中华儿女团结奋斗为中华民族伟大复兴汇聚伟力》，《人民日报》2022年7月31日。
③ 骆郁廷：《铸强中国式现代化的精神力量》，《思想理论教育》2023年第2期。
④ 习近平：《高举中国特色社会主义伟大旗帜 为全面建设社会主义现代化国家而团结奋斗——在中国共产党第二十次全国代表大会上的报告》，人民出版社2022年版，第23~24页。

政治方面。坚定对中国共产党、中国特色社会主义的高度认同是中国式现代化的基本要求，也是新时代民族团结的基本要求。坚持和完善民族区域自治制度、发展基层民主和协商民主等是现代化进程中发展全过程人民民主的重要内容，也是巩固和加强民族团结的重要内容。推动构建人类命运共同体是中国式现代化对世界的庄严承诺与责任担当。人类命运共同体坚持"胸怀天下"，秉承"天下一家"的理念，与中华民族共同体同向同行、协同共进。中国立足本国、面向世界，同时倡导这两个"共同体"不仅不会产生中华民族共同体对内包容、对外排斥的"共同体团结悖论"，而且有助于从一国团结升华到世界团结。

经济方面。实现高质量发展、促进共同富裕是实现中国式现代化的关键，也是改善民族地区生产生活条件从而增进民族团结的关键。由于特殊的地理环境、历史原因等，民族地区经济社会发展相对落后，是全面建设社会主义现代化国家的短板。因此，要"支持各民族发展经济、改善民生，实现共同发展、共同富裕""要推动各民族共同走向社会主义现代化。要完善差别化区域支持政策，支持民族地区全面深化改革开放，提升自我发展能力……要加大对民族地区基础设施建设、产业结构调整支持力度"。[①] 经济发展是民族团结的物质基础，民族地区发达、富裕了，各族人民都过上了好日子，民族团结就有了坚实的根基和保障。

文化方面。实现中国式现代化，要通过文化建设不断丰富人民的精神世界、增强人民的精神力量。优秀文化具有凝聚和鼓舞人心的作用，要"用中国式现代化伟大成就增强信心，用中国式现代化美好愿景构筑同心，用中国式现代化创新理论铸凝民心，

[①] 《习近平谈治国理政》第4卷，外文出版社2022年版，第244、247页。

用中国式现代化奋斗精神砥砺人心"[①]，要努力建设中华民族共有精神家园，要用共同的历史记忆和文化传统增强各族人民的中华民族共同体成员身份认同，要用社会主义核心价值观统一思想、凝聚共识，要"促进各民族在理想、信念、情感、文化上的团结统一"[②]，要"引导各族群众在思想观念、精神情趣、生活方式上向现代化迈进"[③]。这些也是新时代巩固和加强民族团结的重要举措。

社会方面。中国式现代化旨在让全国各族人民过上更加幸福美好的生活。这就需要着力维护社会公平正义。从社会公平方面来说，要实现全体人民共同富裕，而不只是少数人的富裕。共同富裕惠及全国各民族各地区，"中华民族是一个大家庭，一家人都要过上好日子。没有民族地区的全面小康和现代化，就没有全国的全面小康和现代化"[④]。从社会正义方面来说，社会和谐安宁是人民幸福的必要条件，以中国式现代化全面深入推进民族团结，要提升民族事务治理体系和治理能力现代化水平。"要依法保障各族群众合法权益，依法妥善处理涉民族因素的案事件，依法打击各类违法犯罪行为，做到法律面前人人平等。"[⑤] 公平正义是民族团结的重要守护神，公正之下民族团结之花才会艳丽绽放。

生态方面。中国式现代化要求促进人与自然和谐共生。从社会主义生态文明角度看，人与自然是生命共同体，我国各民族是生态共同体。各族人民共筑美丽家园、共享优美生态环境的中国式现代化图景也是中华民族大团结的温馨和谐图景。民族地区是

---

① 骆郁廷：《铸强中国式现代化的精神力量》，《思想理论教育》2023年第2期。
② 《习近平谈治国理政》第4卷，外文出版社2022年版，第244页。
③ 《习近平谈治国理政》第4卷，外文出版社2022年版，第246页。
④ 习近平：《在全国民族团结进步表彰大会上的讲话》，人民出版社2019年版，第8页。
⑤ 《习近平谈治国理政》第4卷，外文出版社2022年版，第247页。

我国重要的生态屏障区和生态功能区，抓好民族地区的生态文明建设，不仅对民族地区而且对整个国家都至关重要。要完善生态补偿机制，支持民族地区绿色、协调、可持续发展，要优化民族地区的经济社会发展和生态文明建设整体布局，使中国式现代化"生活富裕"和"生态良好"的目标同时得到实现。

第三节　新时代民族团结的伦理愿景

愿景即希望看到的情景。它是人们从现实出发，通过实践而能达到的理想彼岸。中国人热爱正义和团结。中华民族不仅讲民族大义，而且讲人间大义，不仅讲国家团结，而且讲世界团结。北京天安门城楼上自中华人民共和国成立初期就镌刻着两句醒目的标语，一句是"中华人民共和国万岁"，另一句是"世界人民大团结万岁"。这两句标语表达了中国人民对国家团结稳定和世界和平安宁的美好期望。大变局中的中国与世界在联系互动中发展。"世界好，中国才能好；中国好，世界才更好。"[①] 铸牢中华民族共同体意识，实现国家团结，并且努力构建人类命运共同体，实现世界团结，逐步达到著名社会学家、人类学家、民族学家费孝通先生晚年所倡导的"三美一同"，即"各美其美、美人之美、美美与共、天下大同"[②]，这是胸怀世界和未来的中国在这个机遇与危机并存时代的民族团结的伦理愿景。

一　中华和美：民族团结的伦理画卷

中华民族是一个大家庭，家和万事兴，家齐国安宁。中华和

[①] 《习近平谈治国理政》第2卷，外文出版社2017年版，第545页。
[②] 费孝通：《人的研究在中国：个人的经历》，《读书》1990年第10期。

美，是新时代民族团结的伦理画卷。新时代绘制这一壮美画卷最重要的工作是，铸牢中华民族共同体意识，基于"四个共同"推动各民族厚植"四个与共"、坚定"五个认同"，为中华民族大团结凝聚精神力量、巩固思想基础。

（一）"中华和美"的新时代民族团结伦理画卷

"和美"是合规律性与合目的性的统一，是一个集真、善、美于一体的词语。"和美"，顾名思义，就是和睦美满、和谐美好。新时代"中华和美"的伦理画卷，即中华民族大家庭和睦美满与中国特色社会主义社会的和谐美好。

首先，"中华和美"是中华民族大家庭和睦美满。这具体表现为：香港、澳门繁荣稳定，大陆和台湾两岸一家亲，海外华侨华人心系祖国，各民族像石榴籽一样紧紧抱在一起，国家领土、主权完整，各族人民共同维护边疆安宁、社会和谐和国家安全，等等。"中华和美"是中华民族伟大复兴的前提和保障，中华民族伟大复兴是全体中华儿女的共同期盼，"只要我们不断巩固和发展各民族大团结、全国人民大团结、全体中华儿女大团结，铸牢中华民族共同体意识，形成海内外全体中华儿女心往一处想、劲往一处使的生动局面，就一定能够汇聚起实现中华民族伟大复兴的磅礴伟力。"[①]

其次，"中华和美"是中国特色社会主义社会的和谐美好。这种和谐美好表现在经济、政治、文化、社会、生态等各个方面。经济方面，各民族共同走向社会主义现代化，共同发展，共同富裕。政治方面，推进全过程人民民主，完善民族区域自治制度，保障各民族共同当家作主、参与国家事务管理。文化方面，发挥

---

① 《中共中央关于党的百年奋斗重大成就和历史经验的决议》，人民出版社2021年版，第70页。

中国特色社会主义政治和价值观的引领作用，坚持增进共同性、尊重和包容差异性的原则，既大力支持帮助各民族发展本民族的文化，又全面推进中华民族共同精神家园建设。社会方面，各族群众共居共学共事共乐，交往交流交融，平等团结互助和谐。生态方面，人与自然和谐共生，各族群众共建美丽家园、共享绿色发展成果。上述五个方面"五位一体"，构成一幅多姿多彩的现代和美画卷。

"中华和美"的前提和结果皆为中华民族大团结。"和美"乃因"和"而升华到"美"，因"大团结"而升华到"美满美好"。"中华民族大团结"既有"和"的伦理意蕴，又有"美"的美学意蕴，是一幅"和美"的伦理美学画卷。

（二）绘制"中华和美"的民族团结伦理画卷要求铸牢中华民族共同体意识

"中华和美"，一方面有其客观的自然、人文条件，没有这些条件，无法达至"和美"；另一方面，走向至善至美、尽善尽美，需要主观努力。就后者而言，最重要的是要铸牢中华民族共同体意识。

1. 中华民族共同体意识与中华民族大团结的核心要义

共同体意识是个体对共同体的认同心理与态度，团结是一种有意联合或结合的社会生存状态。二者有区别但又密切联系。

中华民族共同体意识主要体现为"休戚与共、荣辱与共、生死与共、命运与共"的"四个与共"中华民族共同体理念。"与共"即在一起、同呼吸、共命运，无论发生什么事情都不分开。"休戚与共"即有福同享、有难同当，这是从情感、利益方面说的。"荣辱与共"即共享荣耀、共担耻辱，这是从荣誉、尊严方面说的。"生死与共"即生和死都在一起，这是从情谊、忠诚方面说的。"命运与共"即共同面对遭遇、共同把握未来,这是从合作、前途方面说的。四个"与共"蕴含着中华民族伦理的情感温度与精神力量。"四个与共"的历史根基是"四个共同",即各民族共同开拓疆域、共同书写历史、共同创造文化、共同培育精神。厚植"四个与共"理念的实践路径是坚定"五个认同",即推动各民族坚定对伟大祖国、中华民族、中华文化、中国共产党、中国特色社会主义的高度认同。

中华民族大团结是全体中国人民的紧密团结。详细地说就是,"中国共产党同全国各民族工人、农民、知识分子团结在一起,同各民主党派、无党派人士、各民族的爱国力量团结在一起,进一步发展和壮大由全体社会主义劳动者、社会主义事业的建设者、拥护社会主义的爱国者、拥护祖国统一和致力于中华民族伟大复兴的爱国者组成的最广泛的爱国统一战线。不断加强全国人民包括香港特别行政区同胞、澳门特别行政区同胞、台湾同胞和海外侨胞的团结。"[1] 中华民族大团结,是全国各民族的大团结,是海内外中华儿女的大团结。只有全体中国人勠力同心、携手同行共建美好生活共创美好未来,中华民族共同体才牢不可破、坚不可摧。

2. 铸牢中华民族共同体意识对巩固和加强中华民族大团结的意义

意识具有能动作用,思想是行动的先导。铸牢中华民族共同体意识可为新时代民族团结建设指明发展方向,为民族团结主体构筑起强大的精神家园。铸牢中华民族共同体意识,能促进全国各族人民团结一致,为实现祖国繁荣昌盛、人民安定富足的共同目标而努力奋斗。

---

[1] 《中国共产党章程》,人民出版社2022年版,第9页。

一方面，铸牢中华民族共同体意识是民族团结的主线、方向和遵循。首先，铸牢中华民族共同体意识要求民族团结将"共同"一以贯之。要树立"共同"理念，倡导"共同"奋斗，促进"共同"发展，实现"共同"富裕，进行"共同"管理，有事"共同"商量，有利"共同"分享，有责"共同"担当，等等。其次，铸牢中华民族共同体意识要求民族团结朝增进共同性的方向前进。任何事物与其他事物相比，都有共性和个性。共性即共同性，个性既包括差异性也包括共同性。共同性是共同体的命脉，筑牢共同体最重要的是维护和增进共同性。铸牢中华民族共同体意识，尽管要尊重和包容差异性，但归根到底是要增进共同性。为此，过去那些削弱甚至危害共同性的观点和做法，都要抛弃。再次，铸牢中华民族共同体意识要求树立整体团结高于部分团结的意识。民族团结不仅指各民族内部的团结、民族和民族之间的团结，而且指各民族构成的共同体的整体团结。铸牢中华民族共同体意识意味着部分团结要服从整体团结，要以中华民族的整体利益为最高利益，任何狭隘民族主义、小团体主义主张对立或分裂都是不允许的。最后，铸牢中华民族共同体意识要求以"中华民族一家亲、同心共筑中国梦"为新时代各族人民的共同奋斗目标。"中华民族一家亲、同心共筑中国梦，与铸牢中华民族共同体意识是一体两面的关系，前者为后者提供明确的目标指引，后者为前者提供了具体的路线遵循，二者相辅相成、互为表里"[①]。各民族手拉手、心连心，为实现中华民族伟大复兴而共同奋斗，这种中华民族大团结的氛围正是铸牢中华民族共同体意识的根本目的所在。

[①] 国家民族事务委员会编《铸牢中华民族共同体意识——全国民族团结进步表彰大会精神辅导读本》，民族出版社2021年版，第16~17页。

另一方面，铸牢中华民族共同体意识有利于凝聚人心、坚定共识和认同，从而增进民族团结。中华民族共同体意识和民族团结正相关。中华民族共同体意识越强，各民族越紧密相连。反之，如果中华民族共同体意识薄弱，民族团结便得不到保障。铸牢中华民族共同体意识，构筑各民族共有精神家园，推动各民族对自己的国家、民族、历史、文化、政治等高度认同，促进各民族的理想、信念、价值、情感一致，使各民族人心归聚、精神相依，这本身就是巩固和加强民族团结的过程。"铸牢中华民族共同体意识是巩固和发展平等团结互助和谐社会主义民族关系的必然要求，只有铸牢中华民族共同体意识，才能增进各民族对中华民族的自觉认同，夯实我国民族关系发展的思想基础，推动中华民族成为认同度更高、凝聚力更强的命运共同体。"[1] 思想引领行动，打牢共识与认同之思想基础是把14亿多中国人有效聚合在一起的重要举措。

综上所述，铸牢中华民族共同体意识，有利于夯实爱国主义、社会主义根基，维护国家统一、领土完整、经济自主、政治独立等。铸牢中华民族共同体意识，有利于全国各族人民互助互济、和谐共处，维护和促进各民族的紧密团结。铸牢中华民族共同体意识，有利于整合纷繁复杂的思想意识，凝聚全国各族人民的价值共识，激励各族人民为强国建设、民族复兴而共同团结奋斗。只有铸牢中华民族共同体意识，中华民族大家庭才会和谐美好、幸福美满。

（三）铸牢中华民族共同体意识巩固和加强中华民族大团结的方法和路径

无论是共同体还是团结，都包含诸多矛盾。正确认识和解决

---

[1] 《习近平谈治国理政》第4卷，外文出版社2022年版，第245页。

矛盾是铸牢共同体意识、维护团结的有效路径。新时代铸牢中华民族共同体意识，巩固和加强中华民族大团结，要以马克思主义方法论为指导，辩证对待和处理好各种矛盾关系。尤其要注意的是，在物质和精神（意识）的关系中，物质具有决定作用，铸牢中华民族共同体意识要取得实效，除了加强思想建设外，还需夯实物质基础。

第一，在"共"和"同"上下功夫。"共"和"同"既有区别也有联系。区别在于，"共"侧重于"一起"，"同"侧重于"一样"。联系在于，它们都指"属于大家的""大家一起（做）"。总的来说，它们的联系大于区别。因此，二者便组成"共同"一词。在中华民族共同体和中华民族大团结视域中，抓住了"共"和"同"，就是抓住了主要矛盾，以及要点和关键。"共"要求各民族在中华民族大家庭中共商、共建、共治、共享、共富、共担、共进、共生、共融、共识、共休戚、共存亡、共荣辱、共命运、共祸福等。"同"要求各民族在国家、民族、历史、文化、政治等各方面有高度的认同。各族群众"同村寨共小组、同社区共单元、同学校共班级、同机关共单位、同车间共班组"[①]是促进各民族相互嵌入、铸牢中华民族共同体意识的具体要求。各民族共同当家作主，共同奋斗，共同发展，共同走向社会主义现代化，共同维护好国家安全和社会稳定，是中华民族大团结的具体体现。

第二，正确把握共同性和差异性的关系。无论是对共同体还是对团结而言，差异性都是前提和起点，共同性都是方向和终点。只有尊重和包容差异性，增进共同性，才能铸牢共同体意识并巩固和加强团结。试图人为取消民族差异的做法，只会带来新的民

---

① 中共中央统一战线工作部、国家民族事务委员会编《中央民族工作会议精神学习辅导读本》，民族出版社2022年版，第145页。

族不平等,并激发民族矛盾。无视差异、固化差异甚至人为放大差异的做法,更是不利于共同体和民族团结建设。新时代要按照增进共同性的方向改进民族工作,同时要认真对待差异。从各方面看,要实现共同富裕,也要反对平均主义;要增强"四个意识"、做到"两个维护",也要坚持和完善民族区域自治制度;要大力传承和发展中华民族共同文化,也要维护各民族文化的多样性;社会福利要普惠、公共服务要均等化,也要防止出现"养懒汉""等靠要"等问题;要共筑共享共有生态家园,也要注重生态补偿和环境正义等。

第三,正确把握单个民族和民族共同体的关系。中华民族共同体是一个系统,56个民族是组成这个系统的要素。不能简单地认为中华民族是56个民族的机械相加,更不能认为"中华民族"是根据需要杜撰出来的虚无缥缈的名词。要看到"多元一体"中要素和系统之间的关联,通过共同体建设维护和促进中华民族的整体团结;还要看到要素和要素之间的关联,通过交往交流交融的方式维护和促进各民族之间的团结。正确把握单个民族和民族共同体的关系,最重要的是要正确把握两对关系,即中华民族共同体意识和各民族意识的关系、中华文化和各民族文化的关系。为论述方便,下文将前者简称为"意识关系",将后者简称为"文化关系"。

意识关系。各民族要"始终把中华民族利益放在首位,本民族意识要服从和服务于中华民族共同体意识,同时要在实现好中华民族共同体整体利益进程中实现好各民族具体利益"[①]。为此,我党历来坚决反对大汉族主义(大民族主义)和地方民族主义

---

① 《习近平谈治国理政》第4卷,外文出版社2022年版,第246页。

（狭隘民族主义）。新中国成立前通过的《共同纲领》规定："反对大民族主义和狭隘民族主义"①。新中国成立后，毛泽东指出："无论是大汉族主义或者地方民族主义，都不利于各族人民的团结，这是应当克服的一种人民内部的矛盾。"② 邓小平指出："两个主义一取消，团结就出现了。"③ 进入新时代，习近平指出："加强民族团结，要坚决反对大汉族主义和狭隘民族主义。"④ 2021年中央民族工作指出："大汉族主义和地方民族主义都不利于中华民族共同体建设。"⑤ 这两种"主义"都是民族团结的大敌。大汉族主义会造成汉族对少数民族的歧视，容易侵犯少数民族的正当权益。地方民族主义只看到本民族的利益，没看到中华民族的利益，容易滋生离心倾向、造成民族隔阂与对立。

文化关系。文化是民族的记忆，文化同民族一样古老。在漫长的历史发展中，我国各民族创造了精彩纷呈的文化。这些文化交相辉映，共同构成了博大精深的中华文化。不能把各民族文化和中华文化对立或割裂开来。要认识到它们是部分与整体的关系，离开部分就没有整体。也不能把中华文化看成是各民族文化的简单相加，而要看到各民族文化之间的互鉴融通，正是这种互鉴融通，使得各民族文化交融汇聚成中华文化这样一个有机整体。新时代既要保护、发展好各民族的优秀传统文化，也要用这些优秀传统文化增强"五个认同"、坚定"信仰信念信心"、培育共同的价值和道德观念等，筑牢中华民族共有精神家园。

---

① 参见《中国人民政治协商会议共同纲领》，金炳镐主编《民族纲领政策文献选编》（第一编），中央民族大学2006年版，第416页。
② 《毛泽东文集》第7卷，人民出版社1999年版，第227页。
③ 《邓小平文选》第1卷，人民出版社1994年版，第163页。
④ 中共中央文献研究室编《习近平关于社会主义政治建设论述摘编》，中央文献出版社2017年版，第155页。
⑤ 《习近平谈治国理政》第4卷，外文出版社2022年版，第246页。

第四，正确把握物质和精神的关系。"人们头脑中发生的这一思想过程，归根到底是由人们的物质生活条件决定的。"[1] 物质是基础，物质决定精神。如果没有物质，精神就成了空中楼阁，谈精神就毫无用处。帮助各民族大力发展经济、改善民生，缩小民族之间、地区之间的经济社会发展差距，支持民族地区全面深化改革开放，推动民族地区加快建设步伐等，是铸牢中华民族共同体意识的物质前提。同时，精神对物质有反作用，积极向上的精神会推动物质发展，消极落后的精神会阻碍物质进步。正是因为积极的精神有能动作用，才有必要通过理想信念教育、爱国主义教育、国家安全教育、"五史"教育、马克思主义"五观"教育、"五个认同"教育、公民道德教育、时代新人培育、社会文明创建等铸牢中华民族共同体意识，从而巩固和加强民族团结，促进社会繁荣稳定和国家长治久安。

物质很重要，但物质发展不会自动带来民族团结和国家认同。世界上有不少国家，其部分地区经济发达，但这些地区并不必然就认同自己的国家，并不自觉维护国家的团结统一。究其原因，就是没做好国家认同、族际整合、社会团结等精神层面的工作。"维护民族团结，反对民族分裂，要重视少数民族和民族地区经济发展，但并不是靠这一条就够了。应该说，问题的成因主要不在物质方面，而是在精神方面。坦率地讲，一个时期以来，我们物质力量的运用强一些，精神力量的运用弱一些；维护稳定做得多一些，争取人心做得少一些。"[2] 人心是最大的政治，精神就是力量，加强和改进民族团结工作、深化铸牢中华民族共同体意识教

---

[1] 《马克思恩格斯文集》第4卷，人民出版社2009年版，第309页。
[2] 国家民委民族理论政策研究室编《中央民族工作会议创新观点面对面》，民族出版社2015年版，第68~69页。

育，一定要重视精神。

物质力量和精神力量如鸟之双翼、剪之双刃，缺一不可。这两个层面，要具体问题具体分析，解决问题时要对症下药。对中华民族共同体和民族团结来说，物质和精神都很重要。2021年中央民族工作会议指出："要正确把握物质和精神的关系，要赋予所有改革发展以彰显中华民族共同体意识的意义，以维护统一、反对分裂的意义，以改善民生、凝聚人心的意义，让中华民族共同体牢不可破。"[①] 建设中华民族共同体，不仅要推动民族地区加快经济现代化建设步伐，而且要引导各族群众在主体意识、人生追求、价值理念、道德观念等方面大踏步地走向现代化。

在全面建设社会主义现代化国家的新征程上铸牢中华民族共同体意识巩固和加强中华民族大团结，需多位一体全面用力。这些在本书其他地方有详细论述，此处摘其要点言之。经济方面，要推动民族地区经济高质量发展，逐步实现全体人民的共同富裕，打牢中华民族大团结的物质基础。政治方面，要坚持党的领导、人民当家作主，坚持依法治理民族事务，坚持和完善民族区域自治制度，增强人们的国家认同和政治认同，维护国家安全和祖国统一。文化方面，要尊重文化的差异性和多样性，大力弘扬中华民族共同的优秀文化，构筑各民族共有精神家园，传承中华民族大团结的文化根脉或基因，增强中华民族文化自信。社会方面，要持续改善民生增进民生福祉，促进社会公平正义，加强各民族交往交流交融，构建各民族相互嵌入式社会结构和社区环境。生态方面，要奏响"民族团结进步＋生态文明建设"的和美乐章，保护和建设好各民族共有的美丽生态家园。这些方面相互联系，

[①] 《习近平谈治国理政》第4卷，外文出版社2022年版，第246页。

整体统一，协同共进。

二 世界大同：民族团结的伦理境界

马克思主义把推动人类发展进步、谋求人类解放作为自己的崇高理想。马克思主义的奋斗目标是在全世界实现共产主义，完成世界人民大团结的伟大事业。作为全世界最大的马克思主义政党，中国共产党不仅立足中国，奋力实现中国梦，而且放眼世界，为人类世界求大同。世界大同是民族团结从"小我"到"大我"的升华，携手构建人类命运共同体是新时代维护和促进世界团结的中国智慧和中国方案。

（一）"世界大同"的新时代民族团结伦理境界

"大同"是中华民族对善美人类社会的经典表述和不懈追求。描绘社会理想的"大同"概念出自儒家经典《礼记》的《礼运篇》。儒家《礼运》之"大同"吸收了道家、墨家、兵家、法家、杂家等的相关思想，"是以儒家思想为主体、兼综众家的思维成果和结晶，换言之就是说，它是儒家思想与其他学派思想的混合体。"[①] "大同"理想世代传承，历久弥新。近代以来，洪秀全、康有为、孙中山等人对其进行了可贵探索。新时代，习近平提出的"中国梦"和"人类命运共同体"，也蕴含着"大同"的基本理念。

"大同"的意义重在"同"。"大同者，同人我，同外内，民无贵贱贫富之别，国无文野夷夏之殊，同情盛而争心泯，道德进化之最上乘也。"[②] 这个"同"不是同一、同化、全同，而是"和、平"[③]，即天下为公、社会和谐、人人平等。大同社会的基

[①] 裴植、鲁德平：《大同·〈礼运〉大同·大同主义》，《孔子研究》2015年第4期。
[②] 黄建中：《比较伦理学》，人民出版社2011年版，第292页。
[③] 《礼记·礼运》："是故谋闭而不兴，盗窃乱贼而不作，故外户而不闭，是谓大同。"汉代郑玄注为："同，犹和也，平也。"

本特征是天下为所有人共有、天下太平、选贤举能、亲如一家、互助友爱、讲求诚信、崇尚和睦、丰衣足食、安居乐业、货尽其用、人尽其力等。

"大同"作为一种社会理想在现代社会具有广泛的适用性。它不仅适用于中国，而且适用于全世界。后者即"天下大同"或"世界大同"。在大同世界里，全人类平等共处，互相关爱，互相帮助，没有战争，责任共担，利益共享，和而不同，尊重差异，包容多样，等等。也就是，"国无大小，族无强弱，其制度文化各因地理民性而有殊异，可以相资相剂而不可以强同；凡为世界之所需而有贡献于人类者、皆有保存发扬之价值。积各国民族之制度文化，以为世界人类之制度文化；分而成全，同而容异，是之谓和。"①

中国古代的"大同"在某些方面与马克思的共产主义社会理想多有契合之处。共产主义的创始人马克思的志向是为全人类幸福而工作。"马克思主义博大精深，归根到底就是一句话，为人类求解放。"②《共产党宣言》要回答的问题是人类向何处去，其文末高呼"全世界无产者，联合起来!"中国古代的"大同"可谓原始共产主义。马克思的共产主义以其科学性、实践性超越了中国古代"大同"。在马克思描绘的共产主义社会中，生产资料公有，物质财富极大丰富，不再有工业和农业、城市与乡村、脑力劳动和体力劳动的差别，不再有战争和暴力，人们自觉地为他人、集体和社会服务和奉献，人人平等，团结友爱，各尽所能，按需分配。

从团结的角度看，"世界大同"就是世界人民大团结。"世界

---

① 黄建中：《比较伦理学》，人民出版社 2011 年版，第 294 页。
② 习近平：《在纪念马克思诞辰 200 周年大会上的讲话》，人民出版社 2018 年版，第 8 页。

大同"是"中华和美"(即中华民族大团结)的境界升华。中华民族以"仁"为本、以"和"为贵,倡导"爱人""泛爱众""亲仁善邻""睦邻友邦""协和万邦""和而不同""化干戈为玉帛"等,主张与世界上的其他民族在平等相待、互相尊重的基础上协同发展、友好合作、互利共赢。中国共产党是马克思主义政党,她关注人类命运,反对霸权主义和强权政治,倡导世界和平与人类团结。

当今世界正在经历百年未有之大变局,我国也处于近代以来最好的发展时期。新时代,中国作为马克思主义政党领导的、流淌着"仁""和"文化基因的大国,一方面要立足中国,铸牢中华民族共同体意识,巩固和加强中华民族大团结,另一方面要放眼世界,推动构建人类命运共同体,努力促进世界人民大团结。"中华民族的先人们早就向往人们的物质生活充实无忧、道德境界充分升华的大同世界"[①]。"世界大同"即新时代民族团结的伦理境界。

(二)通达"世界大同"的民族团结伦理境界要求构建人类命运共同体

"共同体"一词表达的是对团结和集体行动等的寻求。团结与共同体有着天然、密切的亲缘关系。构建人类命运共同体是促进世界各国各民族团结的必由之路。为达到"构建"促"团结"的目的,要认真分析共同体和团结的结构、特点,并采取相应的有效措施。

1. 伦理视域中的人类"命运与共"

人类是离心离德、各行其是,甚至零和博弈,还是同心同德、

---

① 习近平:《出席第三届核安全峰会并访问欧洲四国和联合国教科文组织总部、欧盟总部时的演讲》,人民出版社2014年版,第17页。

命运与共、风雨同舟？人类有共同的未来吗？人类应该向何处去？

（1）问题

人类只有一个地球。人类在地球上能否命运与共，现当代西方社会有两种典型的看法，一是"太空船伦理"，二是"救生艇伦理"。

"太空船伦理"。20世纪下半叶，西方一些环保主义者认识到地球就像一艘太空船，其资源、能源、空间都是有限的，因此要对太空船里的人口增长、经济发展、资源使用、污染物排放进行限制。他们认为，太空船里的穷人和富人是平等的，富人有帮助穷人的义务，要对穷人进行援助。无论是对资源的使用进行限制，还是富人帮助穷人，都不是强制的，而要靠富人们自发地改变生活方式，并进行价值观变革。这就是"太空船伦理"。

"救生艇伦理"。与"太空船伦理"针锋相对，美国学者哈丁提出了"救生艇伦理"。哈丁把地球上的国家比喻为漂浮在大海上的救生艇。富国由于人口有限，救生艇比较安全。穷国由于人口众多，救生艇上会出现落水者。这些落水者纷纷游向富国的救生艇。哈丁不主张对穷国的落水者进行施救。理由是：第一，如果让所有的落水者上船，富国救生艇就会因为超载而沉没，这就是"彻底的正义意味着彻底的灾难"[①]。第二，如果让一部分落水者上船，可每个落水者都有平等的生存权，让谁上船就成了伦理难题。第三，如果自己下船，让落水者上船，这会导致利他主义者死亡、利己主义者反而活下来的道德困境。基于以上三点，哈丁认为"太空船伦理"是不可能的。在他看来，作为富国，从自身利益考虑，不能对穷国的落水者进行施救。这就是"救生艇伦理"。

---

① 〔美〕斯特巴：《实践中的道德》，程炼译，北京大学出版社2006年版，第114页。

（2）原因

"太空船伦理"看到了人类面临的问题，但解决问题主要诉诸人们价值观变革和良心作用，因此陷入了理想主义，也遭到了哈丁的反驳。

"救生艇伦理"是一种以自由主义、个人主义、利己主义为基础的理论。"救生艇伦理"的提出者哈丁曾提出"公地悲剧"假设：倘若有一个对所有牧民都开放的大草原，牧民们可以在这个草原上自由放牧。如果牧民们是自利的"经济人"，那么就会尽量增加自己牲畜的头数。每个人都这样做，其结果是过度放牧，毁掉草原，最终大家一起倒霉。从某种意义上说，大气、河流、海洋等生态环境就是"公地"，如果每个企业都为了自己的私利，不受限制地自由排放污染物，竭泽而渔式地掠夺公共资源，那么"公地"将很快破坏殆尽。哈丁认为，解决"公地悲剧"的办法是将"公地"卖掉，使之成为私有财产，或将其作为公有财产保留，但准许进入。这种解决问题的思路是站在富人立场上的，没有顾及穷人的利益。

与哈丁的"公地悲剧"类似的，还有萨默斯的"污染转移说"。20世纪90年代，世界银行首席经济学家、美国财政部长萨默斯认为，应该尽量把污染严重的工厂建立在贫穷国家。因为在他看来，如果旧金山发生污染问题，造成一名市民死亡会损失3万美元，而在菲律宾，死一个人只需要500美元就可以了结。这显然是在为富国、富人说话，完全不顾穷国人民的身体健康。这是不公正的。

"太空船伦理"是乌托邦，"救生艇伦理""污染转移说"等不具有道德性。依据自由主义、利己主义的理论，富裕与贫穷两个世界的人们没有共同命运、共同未来。

（3）出路

从事实角度看，人类只有一个地球，从价值角度看，人类应该只有一个世界，而不是两个世界。21世纪，中国首次倡导并得到国际社会广泛认同的"人类命运共同体"理念是解决问题的出路所在。

"人类命运共同体"理念是说，人类社会是一个相互依存的整体，世界各民族各国家的命运紧密相连，人们应该团结一致，同心协力，同舟共济，共建美好世界，共创美好生活。人类命运共同体的世界图景是持久和平、普遍安全、共同繁荣、开放包容、清洁美丽，世界各国应为实现这些美好目标而携手奋斗。

"人类命运共同体"理念认为人类是一个利益共同体，世界各国要真诚合作、互利互惠，要维护共同利益、承担共同责任。这种理念在自我与他者、个体与群体的对立中寻求平衡和统一，"是一种将利己与利他、利国与利群有机结合起来的己他两利主义和己群诸重主义，是一种共生共赢共发展的伦理精神的集中体现和确证"①。因此，对协调复杂的国际利益关系来说，它具有直接现实性。

构建人类命运共同体是顺应世界历史规律的正确选择，是世界各国人民前途所在。近代以来的市场经济不同于以往自给自足的自然经济，它具有开放性，会促成各民族各国家普遍交往。马克思恩格斯在《共产党宣言》中指出："由于开拓了世界市场，使一切国家的生产和消费都成为世界性的了……过去那种地方的和民族的自给自足和闭关自守的状态，被各民族的各方面的互相

---

① 王泽应：《命运共同体的伦理精义和价值特质论》，《北京大学学报》（哲学社会科学版）2016年第5期。

往来和各方面的互相依赖所代替了。"① 随着经济全球化的推进，各民族各国家相互联系、相互依存的程度不断加深，人们相互碰撞、利益交织、兴衰相伴，便不断形成水乳交融、难分难解的命运共同体。这时，自觉构建人类命运共同体促成团结合作、互惠共赢就提上了议事日程。习近平指出："当今世界，相互联系、相互依存是大潮流。随着商品、资金、信息、人才的高度流动，无论近邻还是远交，无论大国还是小国，无论发达国家还是发展中国家，正日益形成利益交融、安危与共的利益共同体和命运共同体。"② 世界开放合作的潮流浩浩荡荡，形成全球共同体势不可挡。"各国相互协作、优势互补是生产力发展的客观要求，也代表着生产关系演变的前进方向。在这一进程中，各国逐渐形成利益共同体、责任共同体、命运共同体。无论前途是晴是雨，携手合作、互利共赢是唯一正确选择。这既是经济规律使然，也符合人类社会发展的历史逻辑。"③ 实践的需要推动思想进步和理论创新，我国国家主席习近平提出的构建人类命运共同体的重要战略思想和理论是时代的产物，符合世界历史演变的内在逻辑。

2. "人类命运共同体"及与"中华民族共同体"的关系

西方学术界有学者认为，共同体存在团结悖论，即倡导共同体有利于内部团结，但不利于外部团结。或者说，共同体是有边界的，其内部包容而外部排斥。斯特杰诺指出："团结的内在悖论长期以来一直非常明显。一方面，它具有统一和普遍的意义，强调对他人的责任和归属感；另一方面，在和其他群体的对抗关系

---

① 《马克思恩格斯文集》第2卷，人民出版社2009年版，第35页。
② 习近平：《论坚持推动构建人类命运共同体》，中央文献出版社2018年版，第271页。
③ 习近平：《登高望远，牢牢把握世界经济正确方向——在二十国集团领导人峰会第一阶段会议上的发言》，《人民日报》2018年12月1日。

中，它常常以一种绝不妥协的方式强有力地展示自身。"① 近几年来，中国强调中华民族共同体，提出铸牢中华民族共同体意识，于是有人认为，这是在宣扬激进民族主义，会对世界其他国家和民族造成威胁。其实，这是一种"胡思乱想"。暂且不论共同体团结悖论是否存在，单就中华民族有博大的胸怀而言，也不会出现这种情况。新时代，我国在强调铸牢中华民族共同体意识时，还致力于推动构建人类命运共同体。

中国是世界的一员。中华民族是中国人走进世界民族之林，参与世界竞争合作的共同民族身份。努力建设中华民族共同体与致力倡建人类命运共同体相辅相成。一方面，中国作为世界大国，把自己建设好、发展好，保持团结稳定，是构建人类命运共同体的重要组成部分。"铸牢中华民族共同体意识的进程和成效，决定着中国倡导构建人类命运共同体的进程和成效"②。另一方面，倡建人类命运共同体，促使世界团结和平，会为建设中华民族共同体提供良好的国际环境。包括中国在内的世界各国应该携手合作，共同开辟光明未来，"我们应该倡导人类命运共同体意识，在追求本国利益时兼顾他国合理关切，在谋求本国发展中促进各国共同发展，建立更加平等均衡的新型全球发展伙伴关系"③。

3. 人类命运共同体的世界团结意义

习近平指出："人类命运共同体，顾名思义，就是每个民族、每个国家的前途命运都紧紧联系在一起，应该风雨同舟，荣辱与

---

① S. Stjernø, *Solidarity in Europe: The History of an Idea*, Cambridge: Cambridge University Press, 2004, p. 2.
② 郝时远:《改革开放四十年民族事务的实践与讨论》,《中央社会主义学院学报》2018年第4期。
③ 习近平:《弘扬传统友好共谱合作新篇——在巴西国会的演讲》,《人民日报》2014年7月17日。

共，努力把我们生于斯、长于斯的这个星球建成一个和睦的大家庭，把世界各国人民对美好生活的向往变成现实。"[1] 这个精准的定义蕴含着世界民族大团结的愿景。

共同体主义与个体主义相比更能促进团结，但不是所有的共同体都能促进一切团结。个体主义相信个体的力量，不相信共同体的力量，很难形成团结的合力。另外，个体主义以个体为中心，当与其他个体的利益发生冲突时，就会极力维护自身的利益，这样会造成个体之间的不团结。从这种意义上，个体主义是与团结背道而驰的。与之相反，共同体主义相信共同体的力量，在共同体内，大家心往一处想、力往一处使，就会凝聚成强大的共同体。共同体成员之间互帮互助、互谅互让，也会形成和谐团结的关系。但是，共同体的团结也有限度，它主要限于共同体内部。一般来说，共同体及其成员会把自己的利益看得高于一切，这样很容易造成共同体之间的不团结。究其根本，这还是一种个体主义，是一种放大的个体主义。即使在共同体内部，共同体主义也未必能处理好团结关系。如果共同体主义过于强调共同性，忽视或抹杀差异性，就会引起共同体成员的冷漠或反抗，从而导致共同体内的不团结。

人类命运共同体不会出现上述团结问题。首先，人类命运共同体以共同体主义为价值导向，反对个体主义，这样会避免排斥、孤立或分离。其次，人类命运共同体认为作为整体的全人类只有一个地球、一个世界，其他共同体都从属于它，都应该服从或服务于它。而且，它兼容并包，既重视人类的共同利益，又重视各民族各国家正当的个体利益；既重视共同价值，也尊重各民族各

---

[1] 《习近平谈治国理政》第3卷，外文出版社2020年版，第433页。

国家正当的特殊价值。这样会避免共同体的整体不团结。最后，人类命运共同体认为各子共同体都是平等的主体，它们是人类命运共同体的共同主体，它们之间是"交互主体"的关系，主张各子共同体和谐共生、携手共进、平等协商、交流互鉴、互利共赢。这样，就会避免共同体之间的不团结。

总之，人类命运共同体既注重整体，又尊重个体，还重视个体之间的关系，以人类命运共同体理念为指引，就是"把全人类都包括在内，使全人类作为一个团结一致的兄弟社会"[①]。

（三）如何构建人类命运共同体促进世界人民大团结

构建人类命运共同体促进世界人民大团结，既要在"共同"上下功夫，努力增进共同性、激发共同责任、弘扬共同价值、促进共同繁荣，又要在改善共同体成员的关系上进行努力，树立和谐理念、建立和谐关系、反对影响和谐关系的一切因素。

第一，推进生产方式变革。作为生产力、生产关系结合与统一的生产方式是社会存在的基础，是社会历史发展的决定力量。人类团结既与生产力密切相关，也与生产关系密切相关。从生产力方面看，人类社会早期，生产力极不发达，人类必须团结一致才能生存延续；随着生产力的发展，产品有了剩余，出现了阶级，阶级的对立意味着社会分裂，这时的团结仅限于阶级内部；未来社会生产力高度发展时，物质财富极大丰富，消费资料按需分配，全世界的人们又在利益一致的基础上完全团结起来。由此可见，生产力是人类团结的物质基础，只有生产力高度发达，人类才能真正实现大团结。今天，人类社会诸多不团结都源于物质稀缺导致的利益之争，大力发展生产力是走向世界人民大团结的根本路

---

① 《马克思恩格斯文集》第10卷，人民出版社2009年版，第413页。

径。从生产关系方面看，公有制有利于社会团结，私有制不利于社会团结。经济全球化是现当代世界经济的一个重要特征。不幸的是，从过去到现在，它被发达资本主义国家主导。这样的全球化以资本主义私有制为基础，由此导致发展中国家与发达国家的地位和收益不平等，从而影响世界团结。全球化蕴含着对私有制的否定因素，作为世界第二大经济体的社会主义中国应致力于推动和引领新型经济全球化的发展，为建立更加公正合理的国际经济秩序、为构建人类命运共同体促进世界人民大团结作出贡献。

第二，努力增进共同性。共同性是共同体的基础，也是世界团结的基础。构建人类命运共同体首先要增进共同性。不同的民族和国家有不尽相同的利益追求和有不尽相同的价值观。但是，既然同为人类，既然人们生活在同一星球上，就在利益、价值、情感上具有某种程度的共同性和相通性。这正如卢梭所说："看一看世界上的各民族，并浏览古今的历史：在许多不合乎人情的怪诞的礼拜形式中，在千差万别的风俗和习惯中，你到处都可以发现相同的公正和诚实的观念，到处都可以发现相同的道德原则，到处都可以发现相同的善恶观。"[1] 构建人类命运共同体要努力维护安全、环保、健康等方面的共同利益，要在自由、平等、正义等价值方面达成最大共识，要培育人类的团结、友爱、互助等共同情感。

第三，激发共同责任。在人类命运共同体中，人们一损俱损、一荣俱荣。发生金融危机、核战争、重大传染性疾病、生态灾难等，谁也不能独善其身。因此，共同体成员都要树立责任意识，并勇于承担责任。当然，承担什么责任、承担多大的责任、如何

---

[1] 〔法〕卢梭：《爱弥儿》下卷，李平沤译，商务印书馆1978年版，第414页。

承担责任等,都要具体问题具体分析。比如,在环境保护方面,各国要承担"共同但有区别的责任"。一方面,每个国家都要承担责任;另一方面,发达国家和发展中国家承担的责任是有区别的。发达国家应该承担更多的责任,因为历史上它们在成为发达国家的过程中对环境造成的破坏更大,而且现实中它们耗费的资源也更多。

第四,弘扬共同价值。中国认为,和平、发展、公平、正义、民主、自由是全人类的共同价值,要弘扬这些价值,"坚持合作、不搞对抗,坚持开放、不搞封闭,坚持互利共赢、不搞零和博弈,反对霸权主义和强权政治,推动历史车轮向着光明的目标前进"[①]。和平方面,要坚持"和平共处五项原则"[②]。发展方面,要用发展消除冲突的根源,用发展保障人权,要实现可持续发展,发达国家要帮助落后国家实现跨越式发展。公平方面,"所有国家主权一律平等,反对任何国家垄断国际事务"[③]。正义方面,要树立正当合理的义利观,"做到义利兼顾,要讲信义、重情义、扬正义、树道义"[④]。民主方面,"各国都应成为全球发展的参与者、贡献者、受益者"[⑤],要共同协商,解决人类面临的难题。自由方面,要尊重发展道路的多样化和世界文明的多样性。每个国家都有自主选择发展道路和发展模式的权利,"每个国家、每个民族不分强弱、

[①] 《习近平谈治国理政》第4卷,外文出版社2022年版,第12页。
[②] "和平共处五项原则"即"互相尊重主权和领土完整,互不侵犯,互不干涉内政,平等互利,和平共处"。
[③] 习近平:《弘扬和平共处五项原则 建设合作共赢美好世界——在和平共处五项原则发表60周年纪念大会上的讲话》,《光明日报》2014年6月29日。
[④] 《习近平谈治国理政》第2卷,外文出版社2017年版,第443页。
[⑤] 习近平:《谋共同永续发展 做合作共赢伙伴——在联合国发展峰会上的讲话》,《人民日报》2015年9月27日。

不分大小，其思想文化都应该得到承认和尊重"①。上述全人类共同价值，是在全球化时代形成和发展的普遍伦理原则，是全球化时代人类普遍交往的伦理遵循，是构建人类命运共同体的伦理基础。

第五，促进共同繁荣。"天空足够大，地球足够大，世界也足够大，容得下各国共同发展繁荣"②，构建人类命运共同体要开放包容、携手合作、同舟共济，而不能封闭狭隘、画地为牢、党同伐异。各国应该相互支持，相互帮助，共同发展，共享发展成果，"只有各国共同发展了，世界才能更好发展。那种以邻为壑、转嫁危机、损人利己的做法既不道德，也难以持久。"③ 构建人类命运共同体要将本国经济和社会发展的成功经验推广到全世界，引领世界各国走向共同繁荣，要以开放姿态与其他国家的人民共创美好幸福生活，共享发展成果。在这方面，中国倡议并与相关国家共建"一带一路"就是成功典范。

第六，以"和"为基本理念构建命运共同体。"和"是中华文化的核心和精髓，是中国人骨子里的思维方式和伦理特质。"和"即"以和为贵""和而不同""和实生物""协和万邦""人心和善""天人合一"等。"和"主张尊重差异、包容多样，和衷共济、风雨同舟，和睦相处、和合共生……"和"不仅是中华民族共同体的重要文化支撑，而且有助于克服西方文化中的二元对立论，为构建人类命运共同体提供世界观（天人合一）、方法论（和实生物）、价值观（和而不同）、道德观（以和为贵）基础。

---

① 习近平：《在纪念孔子诞辰2565周年国际学术研讨会暨国际儒学联合会第五届会员大会开幕会上的讲话》，《人民日报》2014年9月25日。
② 习近平：《弘扬和平共处五项原则 建设合作共赢美好世界——在和平共处五项原则发表60周年纪念大会上的讲话》，《光明日报》2014年6月29日。
③ 《习近平谈治国理政》第1卷，外文出版社2018年版，第273页。

正如有国外学者指出："中国至高无上的伦理品质中的一些东西，现代世界极为需要。这些品质中我认为和气是第一位的。"① 当今世界正在经历百年未有之大变局，面对各种复杂严峻的挑战，人类比以往任何时候都更加需要"和"。要用"和"解决人类面临的各种难题，用"和"构建新型国际关系，建设持久和平、幸福安宁、互惠互利、开放包容、绿色环保的人类家园。

第七，以平等为基础加强交往交流。平等是各民族国家精诚团结、互利共赢的基础。恩格斯指出"国际合作只有在平等者之间才有可能"②。交往互通有无，交流加深了解，在平等基础上，各民族各国家应该在各方面加强交往交流。经济方面要加强贸易往来，促进共同繁荣，共同进步。政治方面要加强交流沟通，促进相互理解，相互尊重。文化方面要加强交流合作，促进相互欣赏，相互借鉴。交往交流是共同体凝聚和发展的前提，是增进团结的有效手段。交往交流使得各民族各国家的心态更包容，使得它们之间的情感更亲近、关系更紧密、友谊更深厚。

第八，反对阻碍团结的一切因素。要反对民族利己主义、极端民族主义、霸权主义、种族歧视、不公正不合理的国际经济秩序等。民族利己主义只在意本民族的利益，不考虑其他民族和人类命运共同体的利益，甚至为了自己的利益而损害他者利益和公共利益。极端民族主义偏激和极端，认为本民族文明、先进、高贵，其他民族野蛮、落后、卑贱，于是歧视、拒绝、排斥甚至用残忍的方式伤害其他民族。"民族偏见和民族优越感，这些极端有害的东西归根到底只是大规模的利己主义。"③ 民族偏见不利于民

---

① 〔英〕罗素：《中国问题》，秦悦译，学林出版社1996年版，第167页。
② 《马克思恩格斯全集》第35卷，人民出版社1971年版，第261页。
③ 王炳煜：《马克思主义民族思想史》，中央民族大学出版社1998年版，第95页。

族团结,"民族偏见一经形成就可能在族际间长期存在并代代相传,影响到民族间的交往与团结,甚至引起民族间的冲突,因为偏见往往会成为人们对待其他民族的态度并体现在社会行为中。"[1]霸权主义表现为大国欺负小国、强国欺负弱国、富国欺负穷国,不尊重他国的主权,用强权进行控制和统治。霸权主义危害世界和平,要坚决抵制和反对。种族歧视是指一个人对除本身所属的人种外的人种,采取歧视的态度。种族歧视会造成不同人种之间的不团结,甚至还会造成相当严重的种族冲突。不公正不合理的国际经济秩序表现为垄断、贸易保护主义、不等价交换等。只有改变这种旧秩序,按公平公正的原则行事,共同体成员才能团结一致、合作共赢。

---

[1] 郑晓云:《文化认同论》,中国社会科学出版社1992年版,第108页。

结　语

实现中华民族的伟大复兴是全体中华儿女的共同期盼、共同光荣和共同使命，促进民族团结是推动中华民族伟大复兴的基本要求。中华民族共同体意识是维系民族团结的强大精神纽带，是国家统一之基和民族团结之本。新时代民族团结建设的关键在于，铸牢中华民族共同体意识，以巩固和加强中华民族大团结。世界人民大团结是中华民族大团结的自然延伸，也是中华文化和马克思主义的题中应有之义。构建人类命运共同体是增进世界人民大团结的中国方略。

一　民族团结是民族伦理的重要研究内容

"伦理"是处理人伦关系的道理或规则。人们的利益关系问题，即个人与个人、个人与集体、集体与集体之间的利益关系问题，是伦理学基本问题的重要方面。"团结"是一个表示"际"或"群"关系的概念，它有内部团结、整体团结和外部团结等形式。内部团结是共同体内个体与个体的团结，整体团结是个体与共同体的团结，外部团结是共同体与共同体的团结。由此可见，"伦理"和"团结"的基本精神是一致的，"团结"理应纳入伦理学的考量范围，成为伦理学的重要研究对象。民族伦理作为伦理学的一个分支，它的一个基本问题就是民族利益关系问题。民族团结的关键在于处理好民族利益关系，它是民族伦理的重要研究内容，需要用民族伦理的理论和方法进行深入探讨。

不同的民族，有不同的伦理观念。这个民族认为是好的，其他民族可能不以为然。但是，人同此心，心同此理，不同的民族在伦理情感上有相通之处，在伦理认识上有相同之处。我国各民族皆有丰富的伦理观念，并且这些伦理观念同中有异、异中有同。因此，从伦理角度入手，研究各民族的伦理观念之异同，寻求各民族的伦理价值共识，培育各民族的共同伦理情感，是实现民族团结的重要路径。从这一点看，民族团结也离不开民族伦理的研究视角。

二　民族团结是我国各族人民的生命线

"团结就是生命，团结就是力量，团结就是形象，团结就是希望，团结就是胜利。""对于我们这样一个统一多民族国家，民族团结就像阳光、空气和水，受益而不觉，失之则难存。"[1] 阳光、空气和水对生命至关重要，没有这些基本要素则生命无法存续。民族团结之于我国各族人民，如同人类赖以生存的阳光、空气和水，具有不可替代、弥足珍贵的伦理价值。

民族团结关乎国家统一，从而关乎各族人民的最高利益。从人类历史来看，民族团结和国家统一同向同行。民族争斗、隔绝往往造成国家四分五裂，各民族交往交流交融、和衷共济和睦相处则国家完整统一。我国960万平方公里的辽阔大地上生活着56个民族，各民族呈现大散居、小聚居的特点，近60%的少数民族

---

[1] 国家民族事务委员会编《中央民族工作会议精神学习辅导读本》增订版，民族出版社2019年版，第73、75页。

居住在边疆省区，80% 以上的陆地边界线在民族地区。只有各民族团结和睦，中华人民共和国这个统一的多民族国家才坚如磐石、牢不可破。只有两岸同胞相互理解、携手同心，"台独"分裂势力才无立足之地，西方反华势力的阴谋才不会得逞，祖国完全统一才能最终实现。祖国统一是各族人民的最高利益，民族团结是其重要保证。

民族团结关乎社会稳定，从而关乎各族人民的安身立命。从古到今，人类社会发生的诸多战争和动乱都与民族问题有关。民族对抗和冲突会造成社会动荡不安、兵荒马乱，造成各民族人民的流离失所甚或大规模的伤亡，造成人民积贫积弱、衣不蔽体、食不果腹。一部中国古代史，从总体上看是团结统一的，但也时常出现一些民族不团结不和谐的问题。"人世难逢开口笑，上疆场彼此弯弓月，流遍了，郊原血。"（毛泽东《贺新郎·读史》）一旦发生民族冲突和纷争，便是哀鸿遍野、生灵涂炭。社会稳定是各族人民的根本利益，民族团结不仅是其重要表现，而且是其前提和保障。

民族团结关乎国家繁荣发展，进而关乎各族人民的幸福生活。"民族团结既是国家软实力的核心要素，也是国家硬实力的核心构建，是衡量一个国家竞争力的核心内容。"[①] 新中国成立以来，各民族共同团结奋斗，共同繁荣发展，中华民族大家庭的每个成员都过上了好日子，各民族的获得感、幸福感、安全感不断增强。在团结拼搏的浓厚氛围下，经过全国各族人民长期不懈的共同努力，我国如期全面建成小康社会，消除绝对贫困；目前正乘势而上，阔步迈向全面建成社会主义现代化强国新征程。国家繁荣发

[①] 国家民族事务委员会编《中央民族工作会议精神学习辅导读本》增订版，民族出版社 2019 年版，第 74 页。

展是各族人民的共同利益，民族团结是其重要基石。

团结就是生命，团结就是力量，团结就是希望，团结就是胜利。"我国是统一的多民族国家，各民族团结和谐，则国家兴旺、社会安定、人民幸福；反之，则国家衰败、社会动荡、人民遭殃。"[1] 只有不断巩固和加强民族团结，我们的国家、民族和人民才有美好的未来。

三　中华民族共同体意识是民族团结之本

中华民族共同体意识是中华民族大家庭意识，是各族人民休戚与共、荣辱与共、生死与共、命运与共的意识，是各民族共同团结奋斗、共同繁荣发展意识，是各民族共同富裕、共同当家作主、共建共治共享的意识。

民族团结的基础是"共同"。如果没有"共同"之物质基础和思想意识，各民族就会各自为政，无法团结在一起。精神层面的认同是民族团结的深层根基。共同的文化是民族团结的精神纽带。文化认同是民族团结的根和魂。同文化认同一样，国家认同、民族认同和政治认同等对民族团结都有基础作用。

本固才能枝荣，根深方能叶茂。"中华民族共同体意识的发展与民族团结之间，前者是因，后者是果。当中华民族共同体意识得以铸牢，其凝聚起的精神力量必将促进民族团结。"[2] 只有各族人民的中华民族共同体意识坚不可摧，民族团结的参天大树才会常青、健壮，并硕果累累。为此，要在尊重差异、包容多样的基础上努力增进共同：要明确共同义务，确立共同目标，树立共同

---

[1] 《习近平在参加内蒙古代表团审议时强调 不断巩固中华民族共同体思想基础 共同建设伟大祖国 共同创造美好生活》，《思想政治工作研究》2022年第3期。
[2] 何星亮：《"铸牢中华民族共同体意识"理念的形成与创新》，《中央民族大学学报》（哲学社会科学版）2021年第4期。

理想，凝聚共同信念，培育共同情感，弘扬共同精神，规范共同准则，践行共同价值；要反对与中华民族共同体意识背道而驰的大汉族主义和极端民族主义；要促进各民族广泛交往、全面交流、深度交融。

四 从中华民族大团结走向世界人民大团结

中国是世界的中国，我们不仅是中华民族大家庭中的一员，而且也是世界大家庭中的一员。"中国人民的梦想同各国人民的梦想息息相通，实现中国梦离不开和平的国际环境和稳定的国际秩序。"① 在中华民族大家庭中，各民族要和睦友好，风雨同舟，携手前行，要像石榴籽一样紧紧抱在一起，为实现中国梦而团结奋斗。在世界大家庭中，中华民族要胸怀天下，承担大国责任，彰显大国风范，做世界和平的宣传者、引领者和建设者，为实现世界梦而贡献自己的力量。

巩固和加强中华民族大团结，最关键的是铸牢中华民族共同体意识，使各民族人心归聚、精神相依。促进世界人民大团结，最主要的是推动构建人类命运共同体，维护世界公平正义，促成各国人民相互尊重、合作共赢。从中华民族大团结走向世界人民大团结，是新时代民族团结的境界升华。

---

① 《习近平谈治国理政》第3卷，外文出版社2020年版，第20页。

参考文献

一 著作类

《马克思恩格斯选集》，人民出版社2012年版。
《马克思恩格斯文集》，人民出版社2009年版。
《马克思恩格斯全集》，人民出版社2016年版。
《毛泽东文集》，人民出版社2004年版。
《邓小平文选》，人民出版社1994年版。
《江泽民文选》，人民出版社2006年版。
《胡锦涛文选》，人民出版社2016年版。
《习近平谈治国理政》（第1、2、3、4卷），外文出版社2018、2017、2020、2022年版。
习近平：《论坚持推动构建人类命运共同体》，中央文献出版社2018年版。
习近平：《在纪念马克思诞辰200周年大会上的讲话》，人民出版社2018年版。
习近平：《在全国民族团结进步表彰大会上的讲话》，人民出版社2019年版。
习近平：《高举中国特色社会主义伟大旗帜 为全面建设社会主义

现代化国家而团结奋斗——在中国共产党第二十次全国代表大会上的报告》，人民出版社2022年版。

中共中央文献研究室编《习近平关于社会主义政治建设论述摘编》，中央文献出版社2017年版。

国家民族事务委员会编《中央民族工作会议精神学习辅导读本》（增订版），民族出版社2019年版。

中共中央统一战线工作部、国家民族事务委员会编《中央民族工作会议精神学习辅导读本》，民族出版社2022年版。

国家民族事务委员会编《铸牢中华民族共同体意识——全国民族团结进步表彰大会精神辅导读本》，民族出版社2021年版。

《伦理学》编写组：《伦理学》（第二版），高等教育出版社2021年版。

本书编写组：《思想道德与法治》，高等教育出版社2023年版。

《新时代公民道德建设实施纲要》，人民出版社2019年版。

《新时代爱国主义教育实施纲要》，人民出版社2019年版。

《孙中山全集》（第6卷），中华书局2011年版。

《康有为全集》（第5、7集），中国人民大学出版社2007年版。

《罗国杰文集》，中国人民大学出版社2016年版。

康有为：《大同书》，中国人民大学出版社2010年版。

钱穆：《国史大纲》（修订本），商务印书馆1996年版。

费孝通主编《中华民族多元一体格局》，中央民族大学出版社2003年版。

梁漱溟：《中国文化要义》，上海人民出版社2016年版。

冯友兰：《中国哲学史新编》，商务印书馆2020年版。

张岱年：《中国伦理思想发展规律的初步研究 中国伦理思想研究》，中华书局2018年版。

庞朴:《文化的民族性与时代性》,中国和平出版社 2005 年版。

罗国杰主编《中国伦理学百科全书》(应用伦理学卷),吉林人民出版社 1993 年版。

罗国杰主编《中国传统道德》,中国人民大学出版社 2012 年版。

宋希仁等编《伦理学大辞典》,吉林人民出版社 1989 年版。

唐凯麟主编《中华民族道德生活史》,东方出版中心 2016 年版。

苏昌培主编《团结学》,社会科学文献出版社 1992 年版。

夏伟东:《道德本质论》,中国人民大学出版社 1991 年版。

姚新中:《道德活动论》,中国人民大学出版社 1990 年版。

焦国成:《中国古代人我关系论》,中国人民大学出版社 1991 年版。

伍雄武:《中华民族的形成与凝聚新论》,云南人民出版社 2014 年版。

郑晓云:《文化认同论》,中国社会科学出版社 1992 年版。

徐杰舜主编《中国民族团结考察报告》,民族出版社 2004 年版。

郝时远:《中国特色解决民族问题之路》,中国社会科学出版社 2016 年版。

李静:《中华民族共同体概论》,商务印书馆 2023 年版。

黄建中:《比较伦理学》,人民出版社 2011 年版。

熊坤新:《民族伦理学》,中央民族大学出版社 1997 年版。

杨国才、李伟等:《民族伦理与道德生活研究》,中国社会科学出版社 2016 年版。

汪怀君:《人伦传统与交往伦理》,山东大学出版社 2007 年版。

徐柏才:《民族思想政治教育学导论》,民族出版社 2011 年版。

金炳镐:《民族理论通论》(修订本),中央民族大学出版社 2007 年版。

孙正聿:《哲学通论》(修订版),复旦大学出版社 2020 年版。

俞可平：《社群主义》（修订版），中国社会科学出版社2008年版。

许倬云：《说中国：一个不断变化的复杂共同体》，上海三联书店2021年版。

葛兆光：《宅兹中国——重建有关"中国"的历史论述》，中华书局2011年版。

陈来：《中华文明的核心价值——国学流变与传统价值观》，三联书店2015年版。

许纪霖：《家国天下：现代中国的个人、国家与世界认同》，上海人民出版社2017年版。

赵汀阳：《天下体系——世界制度哲学导论》，中国人民大学出版社2011年版。

黄兴涛：《重塑中华——近代中国"中华民族"观念研究》，北京师范大学出版社2017年版。

高瑞泉：《中国的现代性观念谱系》，广西师范大学出版社2015年版。

任平：《走向交往实践的唯物主义——马克思交往实践观的历史视域与当代意义》，北京师范大学出版社2017年版。

郭湛：《公共性哲学——人的共同体的发展》，中国社会科学出版社2019年版。

贺来：《"主体性"的当代哲学视域》，北京师范大学出版社2013年版。

孙伟平主编《家园——中华民族精神读本》，广西人民出版社2015年版。

欧阳康主编《思想碰撞与方法借鉴——民族精神的比较研究》，人民出版社2009年版。

李义天主编《共同体与政治团结》，社会科学文献出版社2011

年版。

邹诗鹏主编《哲学视野中的民族与中华民族共同体研究》，中国社会科学出版社2023年版。

王德强、袁智中、陈卫东编著《亲历与见证：民族团结誓词碑口述实录》，社会科学文献出版社2018年版。

陈玉瑶：《国民团结：法国的理念与实践》，社会科学文献出版社2019年版。

王凤才：《承认·正义·伦理》，上海人民出版社2017年版。

杜帮云：《分配公平论》，人民出版社2013年版。

〔古希腊〕亚里士多德：《尼各马可伦理学》，廖申白译，商务印书馆2017年版。

〔古希腊〕亚里士多德：《政治学》，吴寿彭译，商务印书馆1965年版。

〔英〕休谟：《道德原理探究》，王淑芹译，中国社会科学出版社1999年版。

〔英〕亚当·斯密：《道德情操论》，蒋自强等译，商务印书馆1997年版。

〔德〕康德：《实践理性批判》，邓晓芒译，人民出版社2003年版。

〔德〕黑格尔：《精神现象学》，商务印书馆1979年版。

〔法〕埃米尔·涂尔干：《社会分工论》，渠敬东译，三联书店2017年版。

〔德〕斐迪南·滕尼斯：《共同体与社会》，张巍卓译，商务印书馆2019年版。

〔英〕齐格蒙特·鲍曼：《共同体》，欧阳景根译，江苏人民出版社2007年版。

〔德〕马克斯·韦伯：《经济与社会》，林荣远译，商务印书馆2004

年版。

〔加拿大〕查理斯·泰勒：《自我的根源》，韩震等译，译林出版社 2012 年版。

〔美〕罗尔斯：《正义论》，何怀宏等译，中国社会科学出版社 2009 年版。

〔美〕夸梅·安东尼·阿皮亚：《认同伦理学》，张容南译，译林出版社 2013 年版。

〔法〕埃德加·莫兰：《伦理》，于硕译，学林出版社 2017 年版。

〔美〕露丝·本尼迪克特：《文化模式》，王炜等译，生活·读书·新知三联书店 1988 年版。

〔德〕哈贝马斯：《包容他者》，曹卫东译，上海人民出版社 2002 年版。

〔美〕罗蒂：《偶然、反讽与团结》，徐文瑞译，商务印书馆 2003 年版。

〔德〕阿克塞尔·霍耐特：《为承认而斗争》，胡继华译，上海世纪出版集团 2005 年版。

〔美〕丹尼尔·贝尔著：《社群主义及其批判者》，李琨译，三联书店 2002 年版。

〔美〕艾丽斯·M. 杨：《正义与差异政治》，李诚予等译，中国政法大学出版社 2017 年版。

John Rawls, *A Theory of Justice*, Harvard University Press, 1999.

Jürgen Habermas, *Inclusion of the Other*, Polity Press, 2002.

Richard Rorty, *Contingency, Irony, and Solidarity*, Cambridge University Press, 1989.

Charles Taylor, *Sources of the Self*, Harvard University Press, 1992.

二 论文类

乌小花：《习近平新时代民族团结进步思想的多维度与新内涵》，《中央民族大学学报》（哲学社会科学版）2017年第6期。

童世骏：《关于"重叠共识"的"重叠共识"》，《中国社会科学》2008年第6期。

高丙中：《社会合作与中国公民社会的有机团结》，《中国社会科学》2006年第3期。

樊浩：《中国社会价值共识的意识形态期待》，《中国社会科学》2014年第7期。

贺来：《"关系理性"与真实的"共同体"》，《中国社会科学》2015年第6期。

项久雨：《新时代美好生活的样态变革及价值引领》，《中国社会科学》2019年第11期。

曹刚：《团结与友善》，《伦理学研究》2015年第1期。

左高山、段外宾：《论团结问题》，《伦理学研究》2020年第3期。

张国清：《论人类团结与命运共同体》，《浙江学刊》2020年第1期。

王泽应：《命运共同体的伦理精义和价值特质论》，《北京大学学报》（哲学社会科学版）2016年第5期。

李建华、江梓豪：《铸牢中华民族共同体意识的伦理之维》，《吉首大学学报》（社会科学版）2022年第5期。

杨国荣：《论伦理共识》，《探索与争鸣》2019年第2期。

胡敏中：《论价值共识》，《哲学研究》2008年第7期。

罗骞：《作为交往活动领域根本价值的正义概念》，《中国人民大学学报》2020年第5期。

毕文波：《当代中国新文化基因若干问题思考提纲》，《南京政治学院学报》2001 年第 2 期。

周桂钿：《论大同思想的理论价值和实践意义》，《北京师范大学学报》（社会科学版）1994 年第 5 期。

杨须爱：《马克思主义民族融合理论在新中国的发展及"民族交往交流交融"提出的思想轨迹》，《民族研究》2016 年第 1 期。

青觉：《制度自信视阈下的中西民族团结制度比较》，《中央民族大学学报》（哲学社会科学版）2019 年第 4 期。

严庆：《中国民族团结的意涵演化及特色》，《民族研究》2019 年第 1 期。

郑杭生：《民族团结与和谐社会建设——一种社会学的解读》，《创新》2009 年第 12 期。

邹诗鹏：《从国家民族及其认同建构看现代中华民族共同体之建构》，《中央民族大学学报》（哲学社会科学版）2022 年第 1 期。

周平：《中华民族：中华现代国家的基石》，《政治学研究》2015 年第 4 期。

陈坤：《"民族团结"概念释义》，《西华师范大学学报》（哲学社会科学版）2017 年第 5 期。

吴潜涛、杨峻岭：《大力弘扬"一方有难、八方支援"的社会主义互助精神》，《思想政治工作研究》2008 年第 7 期。

张会峰：《坚持走中国特色社会主义法治道路》，《教学与研究》2020 年第 6 期。

韦兰明：《民族团结教育逻辑论纲》，《民族教育研究》2019 年第 3 期。

沈向兴、周月、李娅婕、尤功胜：《新时代民族团结精神：建构与解析》，《云南社会科学》2022 年第 1 期。

周子伦、刘樊德：《"共同体"概念词源、译介及人类命运共同体思想脉络考察》，《北京社会科学》2022年第11期。

杜帮云：《中华民族大团结的伦理基础及其夯实方略》，《道德与文明》2022年第6期。

杜帮云：《论分配公平中的收入差距问题》，《伦理学研究》2014年第4期。

杜帮云：《略论社会主义道德建设中传统美德的继承问题》，《思想理论教育导刊》2008年第9期。

杜帮云：《通过加强交往促进新时代民族团结——基于马克思恩格斯交往理论的视角》，《哈尔滨工业大学学报》（社会科学版）2022年第3期。

杜帮云、彭翔：《社会主义核心价值观引领少数民族优秀传统文化传承发展》，《社会主义核心价值观研究》2019年第4期。

杜帮云：《扎实推动共同富裕的价值引领》，《社会主义核心价值观研究》2022年第5期。

杜帮云：《社群主义社会团结观探析》，《当代中国价值观研究》2020年第6期。

三 报纸类

习近平：《在纪念孔子诞辰2565周年国际学术研讨会暨国际儒学联合会第五届会员大会开幕会上的讲话》，《人民日报》2014年9月25日。

《坚持依法治疆团结稳疆长期建疆 团结各族人民建设社会主义新疆》，《人民日报》2014年5月30日。

《习近平在中央统战工作会议上强调促进海内外中华儿女团结奋斗为中华民族伟大复兴汇聚伟力》，《人民日报》2022年7月

31 日。

汪晓东、李翔、王洲:《共享民族复兴的伟大荣光——习近平总书记关于民族团结进步重要论述综述》,《人民日报》2021 年 8 月 25 日。

后 记

本书是我承担的国家社会科学基金项目"新时代民族团结的伦理研究"（18BZX127）的最终研究成果。

本书写作历时四年。这是我继《分配公平论》（人民出版社2013年版）之后，独立完成的第二本学术专著。我在该书上面花费的心血比第一本还多。原因有三：一是它更具有开拓性、原创性，需认真推敲和琢磨；二是它涉及更多的政治与政策，需精准把握；三是它的覆盖面广，涉及方方面面，需广泛阅读和汲取。这四年来，我心无旁骛、专心耕耘，因此，也多少耽误了其他成果的产出。

本书有以下三个特点。第一，以民族团结为研究对象。民族团结是全面建成社会主义现代化强国的保障，是实现中华民族伟大复兴的前提，其研究价值和意义毋庸赘言。第二，以伦理为研究视角。民族团结归根到底是伦理问题，但迄今为止，很少有人从该角度进行研究，很少能查到可直接使用的资料。其研究创新性显而易见、研究难度不言而喻。第三，重"通情达理"。做民族团结工作最管用的是争取人心。争取人心就要"陈情"和"说理"相结合。另外，伦理的出发点和落脚点也在"情""理"二字上。因此，本书的研究特别注重"情"与"理"。第四，重

"共同性"。"共同性"是团结的命脉。深化民族团结，就是在尊重差异性的基础上增进共同性。因此，本书研究新时代民族团结，以中华民族共同体为最重要的论述对象。

本书在写作过程中，参阅和消化吸收了学界大量研究成果，在此谨向这些成果的作者表示衷心感谢。另外，本书还有诸多有待完善之处，恳请学界同人不吝赐教，批评指正。

写作本书前，我敬爱的博士指导老师、著名伦理学家罗国杰先生已驾鹤西去。要不是先生在世的时候为学生传道授业，学生根本无法写出本书。在此深切缅怀先生，并衷心感谢先生的栽培之恩！

本书的写作得到了民族伦理学专家杨国才教授、高力教授（我的硕士导师）、蒋颖荣教授的精心指导。本书的出版得到学院领导的大力支持。在此深表感谢！

写作注定是孤独的，"爬格子"中两耳不闻窗外事，难免会怠慢家人、老师、学生和朋友，在此致以诚挚歉意。

本书的出版得到了我的工作单位云南大学马克思主义学院的资助，我将继续努力工作，用实际行动回报学校学院的大力支持。

本书得以出版，要感谢"中国特色民族团结进步事业丛书"主编、云南师范大学校长王德强教授和社会科学文献出版社的周志静编辑。感谢周编辑不辞辛劳、加班加点逐字逐句校阅书稿，并提出宝贵修改建议。

我们有幸生活在中国共产党带领全国14亿多人民团结奋进、共创幸福生活的时代，有幸生活在中华民族蒸蒸日上、日益强盛的时代，有幸生活在世界各国交往越来越频繁、联系越来越紧密的时代。在此感恩伟大的党，伟大的人民，伟大的祖国，伟大的民族，伟大的世界，伟大的时代！衷心祝愿党永远年轻，祝愿祖国繁荣富强，祝愿各族人民幸福安康，祝愿世界和平美好！

杜帮云

2023 年 9 月 1 日于云大东陆园

图书在版编目(CIP)数据

交互与共同：新时代民族团结的伦理路向 / 杜帮云著 . -- 北京：社会科学文献出版社，2024.4（2025.2重印）
（中国特色民族团结进步事业丛书）
ISBN 978 - 7 - 5228 - 3400 - 9

Ⅰ.①交… Ⅱ.①杜… Ⅲ.①民族团结-中国 Ⅳ.①D633

中国国家版本馆CIP数据核字（2024）第060816号

中国特色民族团结进步事业丛书
交互与共同：新时代民族团结的伦理路向

著　　者 / 杜帮云

出 版 人 / 冀祥德
责任编辑 / 周志静
责任印制 / 王京美

出　　版 / 社会科学文献出版社·人文分社（010）59367215
　　　　　地址：北京市北三环中路甲29号院华龙大厦　邮编：100029
　　　　　网址：www.ssap.com.cn

发　　行 / 社会科学文献出版社（010）59367028

印　　装 / 唐山玺诚印务有限公司

规　　格 / 开本：787mm × 1092mm　1/16
　　　　　印张：20.75　字数：252千字

版　　次 / 2024年4月第1版　2025年2月第2次印刷

书　　号 / ISBN 978 - 7 - 5228 - 3400 - 9

定　　价 / 128.00元

读者服务电话：4008918866

版权所有 翻印必究